播音与主持艺术专业
"十三五"规划教材·实训系列

即兴口语

姜 燕 著

中国传媒大学出版社
·北京·

图书在版编目（CIP）数据

即兴口语／姜燕著. --北京：中国传媒大学出版社，2018.5（2022.4重印）
（播音与主持艺术专业"十三五"规划教材·实训系列）
ISBN 978-7-5657-2236-3

Ⅰ.①即… Ⅱ.①姜… Ⅲ.①汉语—口语—语言表达—教材 Ⅳ.①H193.2

中国版本图书馆 CIP 数据核字（2018）第 055970 号

即兴口语
JIXING KOUYU

著　　者	姜　燕
丛书策划	秋　实
责任编辑	李水仙
封面设计	风得信设计·阿东
责任印制	李志鹏
出版发行	中国传媒大学出版社
社　　址	北京市朝阳区定福庄东街 1 号　　邮　编　100024
电　　话	010-65450532　65450528　　传　真　65779405
网　　址	http://cucp.cuc.edu.cn
经　　销	全国新华书店
印　　刷	唐山玺诚印务有限公司
开　　本	787mm×1092mm　1/16
印　　张	17.75
字　　数	321 千字
版　　次	2018 年 5 月第 1 版
印　　次	2022 年 4 月第 6 次印刷
书　　号	ISBN 978-7-5657-2236-3/H·2236　　定　价　49.00 元

版权所有　　翻印必究　　印装错误　　负责调换

目　录

微信扫码，
加入本书读者圈，
查看配套视频与课件

序　芝麻开门　/ 1

第一章　即兴口语语言样态解析　/ 1
　　第一节　即兴口语的界定　/ 1
　　第二节　即兴口语的特征　/ 13
　　第三节　即兴口语的表达标尺　/ 18

第二章　即兴口语的快速生成　/ 27
　　第一节　言语的即兴生成环节　/ 27
　　第二节　即兴口语语脉推进　/ 35
　　第三节　推动言语顺利生成的核心要素　/ 58
　　第四节　即兴口语模块连缀技巧　/ 64
　　第五节　即兴口语的话轮转换策略　/ 72
　　第六节　即兴口语的语境化处理　/ 85

第三章　即兴口语与思维训练　/ 95
　　第一节　即兴思维与语言编码　/ 95
　　第二节　思维种类与即兴口语的形成　/ 105
　　第三节　空间思维与线性语言的转化　/ 122

第四章　即兴口语语流失畅的矫正　/ 132
　　第一节　口语的线性和文本意识的阻碍　/ 132
　　第二节　言语缺失　/ 142

第三节　即兴口语中的口误　/ 152

　　第四节　口头禅的成因及规避　/ 160

第五章　即兴口语专项训练　/ 168

　　第一节　即兴演讲专项训练　/ 168

　　第二节　即兴问答专项训练　/ 188

　　第三节　即兴论辩专项训练　/ 210

　　第四节　即兴主持专项训练　/ 216

　　第五节　即兴评述专项训练　/ 226

第六章　即兴口语全息训练　/ 236

　　第一节　复述与描述　/ 236

　　第二节　听语训练　/ 250

　　第三节　即兴口语调频训练　/ 257

第七章　即兴口语审美空间的提升　/ 266

　　第一节　即兴口语韵味美的提升　/ 266

　　第二节　即兴口语的韵外之致　/ 272

序　芝麻开门

你会说话吗？

你会说话，是指会使用基本的即兴口语，而并不意味着你有很强的即兴口语能力。

本书所涉及的即兴口语，是指带着一定目的而使用的经过加工提炼的现想现说的口头语言。

书面语言是一幅画，它是平面的。你可以随时随地在上面用笔勾勒，还可以变化不同的颜色、线条、形状来突出重要部分。两千多年前，秦始皇统一中原，"书同文"之后的文字逐渐形成了汉民族的书写规范共识，人们克服了交往障碍，实现了传播和接受的"共同体意识"，可以更好地理解和沟通。多年来，出于对文字的依赖，人们普遍认为思维重要，写作重要，而有声语言大部分只是"照本宣科"，说话只是"随心所欲"，似乎它没什么学问，也不必严格要求。

然而今天，当你站在即兴口语表达的大门外，你可能已经认识到"芝麻开门"这一口诀是多么重要。

口头语言是一条索道，它是线性的。你的缆车出发了，就只能前进，不能回头，几乎没有分支分叉和并行的东西。这和阅读、看视频差别很大。我们不可以像阅读一本书那样，随时翻到任何一页；也不能像看视频那样，随时停下来倒回去重看。所以，稍微复杂一点的结构都不适合口语表达，听众容易迷失方向。最了不起的口头表达者莫过于说书艺人，他们要描绘作战场景、打斗场面、人物关系，"疏处好跑马，密处不透风"。这些线是怎么牵的？他们是如何保证说书的缆车有条不紊地运行？我们顶多听到"花开两朵，各表一枝"，这是说书人在两个并行的故事线索之间进行切换。再复杂的口述叙事也就到这个程度了，如果结构再复杂些，说书人也搞不定了。然而每当听到"花开两朵，各表一枝"时，很多听书者都会感到兴奋，因为他们知道，这代表着情节的大幅推进，预示着他们将进入一个更精彩的新世界。

所以，要记住即兴口语的这个线性结构。把我们要传达的信息在头脑中压扁，经过加工、提炼、浓缩和扁平化之后，再送上缆车。

好的，往前走吧，"芝麻开门"——即兴口语表达的大门开了！

第一章　即兴口语语言样态解析

关于口语和书面语，古希腊智者柏拉图曾假借苏格拉底之口在《斐德罗篇》里说："文字没有人情味。"和自然的口语相比，文字成了人为的东西，严格说来它就是一种技术，它塑造了现代人的智能活动。

在中国的先秦时代，口语曾有和古希腊时期相同的辉煌，口语和书面语的地位是大致相等的。那时人们注重论辩和演讲，书面语记载的大多为经过粗略加工的讲稿和辩词，比较真实地反映了当时口语的面貌。然而六朝之后，口语和书面语的距离开始拉大，书面语和口语、文言和白话双轨并行，这种语言传播的传统给中国的思想文化和社会生活造成了极大的影响。因为比起口语的松散随意，书面语有着严格的范式和语法，在传播思想方面准确性强，所以这种人为设置的语言障碍，一直是上层统治阶级保持优势的法宝，甚至是统一社会思想和行为的重要工具。恐怕还没有哪个国家会像中国这样，为了争取能够用白话文写作而开展一场如火如荼的思想文化运动。

汉语口语是词性自由、语序自由以及无时态、超时态的灵动的语言。因此，对即兴口语的世界进行探究是非常有意义的。

第一节　即兴口语的界定

人不可能在每次讲话前都深思熟虑。人的语言样态是多种多样的，语言交流通常有两个层次：最基本的是口语交流，这种交流一般是张口就来，十分随意；第二层就是文字传播，它克服了口语的随意性，增强了传播信息的确定性。如果不严格划分，语言还有一个更高级的层次，就是文学语言，即用语言文字作为物质材料，按照一定规则进行加工，以求表现形象、思想的艺术形式。这三个层次的传播形式依次固定，规则性越来越强。口语是一切语言的源泉，是语言中最活跃、最有生气、发展最快的部分。就口头语言来说，它来源于生活，它的直接可感性使得即兴口语的社会功能更为便捷和强大。

一、即兴口语表达的分类

从广义上说,即兴口语是自然状态中的口头语言现象;从狭义上说,即兴口语指的是较严肃场合中带着一定目的而使用的经过加工提炼的现想现说的口头语言,以此区别于纯生存空间中的口语。"边想边说"是即兴口语的典型状态,即兴口语要求口语表达主体在有限的时间里同时达到两个要求:尽可能多地增加语言信息量;传达信息的语言同时还要具有高度的准确性。为更好地展开对即兴口语表达的分析,下面就从语境要求和生成性两方面对即兴口语表达作一下划分:

(一)按照即兴口语表达的语境要求来划分

按照即兴口语表达的语境要求来划分,即兴口语大致可以分为规范口语和日常口语。规范口语主要指即兴生发的会议讲话、论辩、谈判、演讲、主持人语言、面试语言等;而日常口语是在非正式场合出于交际需要而采用的即兴语言。如表 1-1 所示。

表 1-1

	规范口语	日常口语
界定	大众传播的言语行为	人际交往的言语行为
对象	表达对象的公众性	表达对象的选择性
个性	言语个性受媒介意志制约	言语个性受交际语境制约
语体	有时带有书面语色彩	不带有书面语色彩
语音	讲究语音规范	不讲究语音规范
思维	有准备地边想边说	无准备地边想边说
内容	表达内容有规定性	表达内容无规定性
信息	强调信息含量和密度	不强调信息含量和密度

在充满即兴色彩的现场交流中,语言交流的局限性时常能够显现出来。对于口语表达者来说,在规范的口语表达场合中,往往要在"即兴"中完成规范化,有时甚至是艺术化的语言组接活动,在有限的时间里,尽可能多地增加语言信息量,同时要求传达信息的语言具有高度的准确性,这就表现出了即兴口语表达的难度。

(二)按照即兴口语表达的生成性来划分

按照即兴口语表达的生成性来划分,即兴口语基本上包含两大类:原生口语和次生口语。没有受到文字影响的原生态的口头语言现象被称为"原生口语",即"自发口语",没有文字依据。次生口语是"非自发口语",把书面文本转化成口头语言就是次生口语,即有一定的文本做依据。

本书涉及的即兴口语,有的指原生的基本没有文字稿件依据的即兴说出的口语,而有的并不完全是语言的"纯自然"状态,而是有一定准备、经过加工提炼的次生口语。日常生活中的口语多为原生口语,次生口语则包括有一定提纲、草稿或台本做依据的面试答问、即兴演讲、报告、主持人语言等。即兴表达的应用既要服从于听众听觉认知的规律,还要服从于语言表达的规律。这种"出口成章"的技艺就是现代人语言交流能力的一个重要部分。在求职面试、谈判答辩、招生面试、竞聘上岗等口语活动中,即兴口语往往是决定成败的重要一环。可以说,考查一个人语言能力如何,主要是看他的即兴口语表达能力如何。

二、即兴口语的构成要素

对大多数人而言,日常即兴口语较为简单,对即兴口语表达能力的要求似乎并不高;而在应聘面试、谈判演讲、会议报告、论辩争鸣以及播音主持等活动中,即兴口语表达不能降低到日常生活的口语交际水平,它是在现场交流中"即兴"完成的规范化、艺术化的创作活动。

口语表达的特点使即兴语言形成了独特的表达过程,即从内部言语向外部言语的瞬间转换。即兴口语讲求的是声音形式与思维过程的匹配性,要求即兴口语表达者的声音形式能顺利地反映其思维轨迹。即兴口语的表达过程分为三个步骤:思维、言语化和表达,这三者是互相依存而又连贯的。思维是言语化和表达的基础,言语化是过程,表达是思维和言语化的最终结果。要达到即兴口语声音形式和思维过程的完美匹配,要有两点作依托:

(一)口语表达者思维的流畅度

即兴口语表达的关键一环是内部言语向外部言语的转化。内部言语是人们在思维过程中运行于内心的语言,它可能是一些抽象理论、形象的画面、图形和特定的声音等。人们的思维过程也就是内部言语复杂运动的过程,它的运动形式包括:无声语言在心中的闪现;形象画面(包括人物、事件、场景等)在脑海中的再现;各种声音在脑海中的唤醒;抽象理论(包括概念、判断、推理等)在内心中的连接、推演等。这种语言并不为他人所感知。内部言语具有片段性和简略性的特征,有时一个词或词组就能代表一个完整的意思,甚至是一个系统的意思。在外化为外部言语的过程中,往往要根据这一个词或词组而展开语言链条,这就要求即兴口语表达者在遣词造句时,由点到线,在步步拓展的过程中始终保持逻辑的清晰和思维的统一。训练可以使思维品质得到综合改善,使思维向语言过渡的途径更加畅通,如图1-1所示。

即兴口语的表达终端是语言,但通过图1-1可以看出其间经历了口语表达者内部

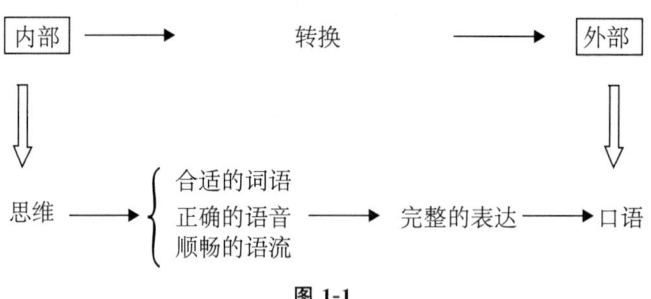

图 1-1

言语向外部言语的转化,如果任何一环出现问题,都会造成语流不畅、表达失误。即兴口语表达不像书面语表达那样具有可修改性,有时一个意想不到的失误就可能带来无法补救的后果。在 2008 年四川汶川大地震过后,留下了很多闪光的名字,但也有一些人的名声因为各种原因遭到重创,中央电视台派往都江堰的记者徐娜就是其中的一个。徐娜因为一个 4 分钟的连线报道而引发了轰动一时的"徐娜事件"。以下文字来源于 2008 年 5 月 13 日徐娜在灾区接受直播连线的录音记录,坐在直播间的是主持人张羽和董倩。徐娜即兴口语表达的失败原因在录音记录后的括号中以点评的形式标出:

张羽、董倩与徐娜的电话连线

董倩:刚才我们通过一些短片了解了一下聚源镇中学的情况,现在我们就来连线此刻正在聚源镇中学,在都江堰采访的中央电视台记者徐娜。徐娜你好。

徐娜:你好主持人。

董倩:请你现在给我们介绍一下你现在具体的位置是在什么地方。

徐娜:是这样的,我现在更正一下,我现在是在成都。因为现在都江堰的所有通信的信号都已经切断。所以我现在……嗯……刚刚从聚源中学返回了成都,在一个酒店里在接受……嗯嗯……在……在做这个连线。(失败一:口语表达极为不顺畅,"信号中断"是最关键的信息点,然而却被放在前面,且一带而过。)

董倩:嗯,那我问一下你为什么要在这个地方返回成都呢?你是不是到了前线去了?返回成都的目的是什么?

徐娜:嗯……是因为要做我们这一个……一个……要把我们……(失败二:短时间内无法组织起有效的语言,使得"信号中断"这一关键信息继续空白。)

董倩:我明白了我明白了。

张羽:那信号原来是通的,为什么这时候又断了呢,是出现新的灾情了吗?

徐娜:啊……没有没有没有。是这样的,这个……嗯……嗯……现在那边的信号……有的时候这个会断,有的时候会好。现在正在这个嗯……抢修过程当中。我说的是这个手机的信号,说的是这个手机的信号啊。(失败三:语言啰唆,与播报的灾情信息无关,且没有进一步讲明是"因为要到有信号的地方做连线才回成都"这一重要原因,直接导致网民骂其"临阵脱逃"。)

董倩:徐娜你今天是否观察到了整个聚源镇中学的一些救援情况? 你是否在现场?

徐娜:我今天下午和晚上都在现场。嗯是这样的,我觉得这个中学的情况,嗯,现在这个救援的情况呢,嗯……整个的情绪氛围还是比较……毕竟还是个灾难吧,我觉得还是比较嗯,比较悲伤的哈。就像这里的天气一样,我觉得今天的温度虽然在18度左右,但今天一直在下着雨,而且气温也非常地冷,那很多这个爸爸妈妈……嗯从昨天出事到现在,他们一直在学校的操场一直在等自己的孩子。嗯……那今天我遇到了一个妈妈,她在这个学校已经等了30多个小时,她而且她今天告诉我说,她说因为这个学校是住校,孩子一直在住校嘛,那刚好那星期天那天是她孩子的生日,那在她送这个孩子回学校的时候,孩子特别高兴地跟她说了一句话,他说这是他14年以来……孩子是14岁哈,14,14年以来的,嗯……他妈妈送他的第一个生日蛋糕。然后今天他妈妈说到这一点的时候,我真的我当时心里特别难过,因为我能够体会到她那种,他妈妈的那种,那种悲伤……(失败四:以感性播报代替大灾时候人们最渴求的刚性信息需求。)

董倩:徐娜我想了解一下,今天因为有些学生被救出来了,那么对于那些被救出来的学生的家长,当然他们会感到很庆幸,但是对于那些他们的孩子还是在底下生死未卜的那些家长,他们今天又是……你今天观察他们又是怎么样的状态?

徐娜:嗯……我觉得是这样……嗯……现在的情况比我想象的要……要好,因为我觉得,嗯,很……现在的救援情况还是比较有序,因为很多这个……嗯,我们也看到,解放军跟警察他们带着大量的仪器还有警犬在这里已经奋战了有30多个小时都没有休息。那我觉得这个救援工作今天我也问了一下,救援工作,嗯,应该是已经接近了尾声,所以我觉得嗯,在接下来的这个过程当中应该还是比较,比较顺利的。而且,但是我特别想表达的一种情绪是这样,就是其实我今天到了这个都江堰之后我看到每一个人的脸上这种表情都是非常沉默,真的……这个脸上而且都带着一种疲倦,因为我觉得从昨天开始到现在没有人,没有人真正地睡过,所以昨天……今天有人在说,他说这个是一个,对于成都来讲对于这个都江堰来讲这是一个不眠之夜。而且在这个城市当中就是很多这个不管是受灾的群众还是救护人员,30多个小时都没有合眼……(失败五:继续啰唆,大多是感性信息,导致网民认为"她根本没到过现场,而是一直待在酒店里做的连线",没有表达清楚最关键的信息——"当日"救援工作告一段落。)

董倩:徐娜我想了解一下,刚才你说到了一个细节,你说对于聚源镇中学的这个救援工作已经接近尾声,因为刚才我们在演播室里面采访专家,他说在震后的72个小时都是黄金救援期,你为什么说已经接近尾声了呢?

徐娜:嗯……嗯……因为是这样子,就是我今天晚上,因为我刚刚从那边回来大概一个……嗯不到一个小时哈,那他现在嗯已经……我今天问了一下我们这边的救援的人员,他现在嗯……嗯……就是说他现在死伤的人数现在正在统计过程当中,而且现场已经基本恢复了正常的状态。(失败六:每一次主持人都给其提供了解释和澄清的机会,然而都没有抓住。)

董倩:好的,谢谢徐娜从成都给我们带来的关于聚源镇中学救援的一些最新情况。

这次直播连线,让年轻的女记者徐娜为千夫所指。直播后不到24小时,网友将这段连线视频和文字发到各大论坛,声讨徐娜,"逃兵""脑残"……骂声一片。据说搜索"央视徐娜",居然有100多万条相关内容,而海量的网页内容充斥的是指责和漫骂的词条。徐娜的表达究竟错到什么程度?她的错误真的如此不可原谅吗?同年6月11日,徐娜的同事张羽在博客中为她做了辩护,张羽首先承认"徐娜的报道是不合格的",因为"信息有限而人们极度关注的情况下,作为现场记者应尽量收集一切相关信息,同时包括现场描述、人物采访,都可以作为报道内容,做到有点有面。但显然,徐娜的报道信息贫乏而模糊,更多的是模棱两可的个人感受和判断"。张羽认为这首先是因为徐娜从没有刚性新闻的现场报道经历,也缺少这样的训练,她在台里的工作更多地是从事软性人文故事的记录与表述;其次是灾情紧急,在巨大的压力下,准备不足。张羽一再强调徐娜不是逃兵,而是缺少知识储备和现场经验,这只是因职业上的不成熟而导致的状态失控。徐娜的"状态失控"在于对即兴口语的使用处于幼稚状态,未具备现场播报应有的基本语言组织及表达能力。然而,这段由于"业务失准"造成的播报失败得不到特殊时期网友和观众的原谅,张羽的文章也在数日后被删除。

附:"央视张羽"博客原文摘录

必须澄清集中在徐娜身上的两个误会:

一,逃兵,从都江堰救援现场逃回成都宾馆里享福。

当时都江堰所有信号中断,无法进行连线。而且当时所有拍完的新闻片,都是记者从灾区紧急赶回成都从川台传送回北京,第一时间播出。那时徐娜就是在完成这样的任务。

二,冷漠,地震发生30多个小时就说聚源镇中学的救援已接近尾声。

没有新闻现场报道经验的她在表达自己的感性判断,而非客观理性判断。可惜,当主持人进一步追问,她没有抓住机会弥补反而更加慌乱。

但错误的表达并不是源于内心的冷漠,而是缺少知识储备和现场经验。

徐娜是突然被抽调做现场报道的,身份临时转换为即兴报道者,这种衔接和调配工作的瑕疵,显然是这次她表现失常的重要原因。其紧张焦虑和词不达意,在新闻技法选择上的失当,被以上因素叠加和突袭后,造成了之后的影响。讲"蛋糕"的故事,其实是试图用做新闻专题的方法来做动态消息报道,在当时的情况下显然不妥。接下来的一个重大表述失误,是说聚源镇中学的现场救援已经接近尾声,估计徐娜当时想表达的是当日这一批救援人员的救援工作告一段落,下一拨队伍马上就要上来接替。很可惜,在被主持人追问时,徐娜未能抓住机会把自己的意思补充清楚、交代完整。这就是即兴口语不达标带来的巨大影响。

从徐娜的遭遇可以看出,即兴口语表达必须一次性完成,它具有无法"擦除"和"修补"的特点,需要迅速完成从组织内容到思维理顺再到语言表达这一流程。由于即兴口语从思维到口舌的距离最短,所以最能体现一个人语言的"本色",无法"包装"。由于强烈的现场感和可变性,即兴口语表达的局限性和高难度是显而易见的。

(二)口语表达者即兴表达的聚合力

子在川上曰:"逝者如斯夫!"这是"水"带给圣人的感触。其实,生活中许多东西具有水的特质,除了时间,口头语言也因其"一维性"而具有水一般的流动特质:单向、线性。语流顺畅是获得良好的即兴口语表达的重要一环,是将散乱的语料转化为语流的必备的过程。

前面分析了即兴口语的内部言语,这里要说到外部言语。外部言语指的是人们用听觉可以感知的语言,见诸声音,有时也包括动作等感性形式的态势语言。口头语言、书面语言以及态势语言都是外部言语的主要形式。外部言语必须具备三个基本要素:语音、词汇和语法。

人与人之间的语言交流包括单向交流、双向交流和多向交流三种形式。一个人在正常的谈话状态中无论经过哪种交流环节,整个语言的聚合过程都应该是这样的:

理清思路—选词组句—表情达意—收集反馈—调整思路—选词组句—表情达意……

这是一个周而复始的循环过程。这个过程中的各个环节也不是互相脱离的,而是流畅又富于聚合力的。口语表达必须遵循语言表达规律,把内部言语扩展、编码为一定的语句之后,借助发音器官把信息传递出去,听者则凭借听觉器官收到的声音信息来辨认、理解对方的意思,并做出相应的反应,这反应又反馈给表达者,使表达者边说边监听自己的话,通过听众的反应及时对自己的语量、语调等进行调节。在传送与反馈的过程中,具备良好的声音状态、娴熟的发音和语言表达技巧,并认真同听者交流,及时调节、整理语言的运行方能顺利达成口语即兴表达。有清晰话题的即兴口语可以概括为这样的流程：

抓话题—定语点—扩展语点—查漏补缺

除内部言语失败，徐娜在即兴表达的聚合环节上也出了问题。在话筒前即兴进行的报道，不应信口开河，跟着感觉走，而应在收集准备好充分的信息点的前提下，现场扩展信息点并将形象性的东西词语化、序列化，最终完成表达活动。凡是以即兴口语表达为职业的人都应当具备这种能力。

语言作为交际的工具，是以思维为前提的。作为思维载体的是语言的内部形态，作为语言交际工具的是语言的外部形态。语言的内部形态转换为外部形态的过程是一个较为复杂的转换编码过程。内部言语是在观察和感受的过程中，受生理、心理等多方面因素的影响而产生的，它可能是一种"浮动的意念"，一种"具体的表象"，一些感觉或色彩的"碎片"，一些简单的"语点"。因此，它具有不完整性和不连贯性。内部言语是外部言语产生的基础，而外部言语则是对内部言语加工处理的结果和外在表现。"加工处理"的过程即转换编码的过程，也就是调动语言积极地参与思维活动，用确切的词语与思维内容相契合，使思维逐渐清晰化、具体化并最终穿上"合体"的语言外衣的过程。这一过程的任务是：按照事物的内在联系，将所要描述的事物进行梳理排列，将散乱的"碎片"串成一条明晰的"线索"，调动知识储备用以丰富内容。一个人想要表达的意思需要接收到从头脑中的概念编码为言语中枢的发音指令，驱动发音器官的动作，产生言语声波，从而说出话来。

转换编码要靠思维与语言的紧密结合才能完成。思维品质的高低，会直接影响转换编码的速度与质量，而转换编码的速度与质量，又会直接影响即兴口语表达的最后环节能否顺利完成。因此，转换编码是即兴口语表达基础训练中的重点之一。

三、即兴口语表达进程中的核心言语定式

听众容易走神，这是即兴口语表达者所要面对的重要问题。听演说或报告的时候，看手机、聊天、发呆、打瞌睡、想入非非、东看西看的大有人在。如果你不会表达，请不要为听众的这些行为感到生气，打理好你的口语表达内容，让它要点清晰。在即兴口语表达过程中，追求的是一种合理的表达结构，这是一种动态平衡结构。调控口语中的动态平衡，靠的是中心语义定式的主宰。只有形成合理的言语定式，才会有合理的同类后继的表达；失去言语定式就破坏了表达中的动态平衡，说话必然会杂乱无章。

现在就解析一下即兴口语表达的基本定式：

(一)即兴口语表达中的首句导向定式——抽线头

即兴口语表达过程应当是像缆车一样的线性的过程,很多人之所以不能做流利的即兴语言表达,是因为他无法理出这个线性的进程,一条线上挂着许多无关的东西。许多人在说话的时候,要么心里一团乱麻,要么舌头上一团乱麻,不在正确的线性进程上。如果把想说的话比作一团线,讲第一句话就好比抽线头,抽准了,话就会越说越顺。首句导向定式实质上就是以"片言居要"的形式对一个句群来做定向,第一句定准调,后面的表达就会源源不断地由此生发。培养即兴口语表达中的首句导向的定式意识,可以用一句提纲挈领的话为发端,围绕它说好一个语段。

在即兴口语表达时,如果表达的主导意识还没有形成,不应急于开口,否则这团线会越抽越乱。后面要讲到的即兴口语"语脉推进",就和"抽线头"能对应起来,"线"和"脉"本身就具有某种相似之处。

(二)即兴口语表达中的首字导向定式——起线头

从语言表达的细化角度来看,首字定音,在每一句话说出的时候要有轻重处理。很多重要场合中的即兴口语表达,首字定音作用非常重要。有经验的口语表达者通常会特别注意首个字的选用,因为第一个字起音的强弱决定了后面整句话的基调。

(三)即兴口语表达中的句间依存定式——理线条

句间依存定式指的是口语表达中的"定向推进"意识。在同一话题的表述中,这种"中心语义定式"制约着一连串的语句。如果以清醒的思路把握句与句之间的定向推进和逻辑关系,就会形成比较稳定的句间依存定式和语脉导向;熟练运用起纽结作用的关联词和起语篇衔接作用的回指词,可以显示出句间良好的衔接和依存关系。

(四)即兴口语表达中的句群向心定式——挂车厢

在即兴口语中存在着一种指向性确定的表达意念。虽然口语表达中某个句群的几个句子处于不同的地位,发挥不同的作用,但都应该指向中心语义、陈述中心语义。在首句不能发挥语义导向作用时,句群向心定式对中心语义的表达就起决定作用。因此,说话时不能把两种表达意念搅在一起,因为中心语义只能有一个。为了增强表达者的向心组合意识,在陈述性表达中仍可以在适当的地方直接点明中心语义,以此作为意核组织表达的内容。

本节先对口语表达的核心言语定式做一下简要阐述,在后面的章节中再进行具体分析,并提供相应的训练方案。

感悟与训练

一、词语接龙

词语接龙是一个有趣的练习,可以一个人,也可以双人或多人进行。词语接龙就是在随便一个词语的基础上,以这个词的最后一个字为开头,再组出一个新的词语,如此不停地组词。词语接龙可以是两个字的,可以是三个字或者四个字的,可使用同音不同字来降低难度。如两字词的接龙:

即兴—兴致—致意—意见—见解—解除—除法—法规—规矩—矩形—形式—式子—子夜—夜晚—晚上—上帝—帝王—王室—室内—内容……

再如四字词的接龙:

即兴口语—语流音变—变化多端—端端正正—正大光明—名垂青史—始料不及—继往开来—来者不拒……

二、成语接龙

成语接龙就是将成语按照一定的规律连接成一条龙,它们有的像前面的词语接龙一样首尾相连,如:

一马当先—先人后己—己所不欲,勿施于人—人心齐,泰山移—移樽就教—教学相长……

有的接龙不一定是首尾相接,而是遵循某种其他的连接规律,如以数字相连的接龙:

一日千里—二分明月—三心二意—四面楚歌—五湖四海……

还有的接龙以生肖相连,如:

鼠目寸光—对牛弹琴—狐假虎威—兔死狐悲—龙飞凤舞……

采用成语接龙的方式进行练习,可以从上面的接龙接起,也可以自己再发明一些其他规律的接龙方法。

三、话题接龙

在前面两种接龙练习的基础上,可以展开话题串词接龙。话题串词接龙就是提供一个话题给一组练习者,从第一个人开始,每一个人围绕这个话题说一段话,每段话要跟上一位练习者的话接上,而且要以上一个人的最后一句为下一个人第一句的展开话题。如:

1.过劳死　　2.低头族　　3.网络暴力　　4.抑郁症　　5.广场舞
6.暴走族　　7.共享时代　　8.网购　　9.穷游　　10.丁克族

四、新闻串联

这里提供几段新闻材料,要求练习者模拟一档"新闻串联"节目:把几个新闻按照一定的联系串接起来播出,每两段新闻中间要加上一段口语表述,使两段新闻衔接得更加自然顺畅。

材料一 "单车热"带动销售自行车摊点生意火

2017-04-14 来源:《兰州晚报》

随着兰州街头越来越多的共享单车出现,兰州兴起了一股"单车热",不止"小黄""小绿"备受青睐,原本位于庆阳路西北书城前售卖自行车的摊点也迎来了销售"春天"。

4月13日,记者来到庆阳路西北书城门前看到,人行道上摆满了自行车。这里的自行车大多是运动单车,上前询问的也多是青年人,甚至有人专门到这里选购自行车。在与摊点老板刘师傅交谈中,记者得知这里的自行车价格从100-800元不等,新车价钱比较高,但也比专卖店里低出好多;有的则是二手车,价钱相对比较便宜。

上班族小马说,共享单车刚进入兰州,他就尝了鲜,就图平时上下班骑车方便。但是问题太多,骑车10分钟,找车却要半小时,急用车时找不到可用的。虽然比较方便、便宜,但好不容易看到一辆,走近才发现不是被报修就是零部件缺失损坏,还有的没有二维码,有些车甚至连车座都被人卸走了。"共享单车方便的前提是得有车可骑,与其每次都长时间找车,我还不如直接买一辆,一劳永逸。"小马坦言。

老板刘师傅介绍,他一直在这里卖自行车好多年,生意一直很清淡。但随着政府大力宣传绿色出行这一概念后,越来越多的人选择骑车出行。"有嫌借车麻烦的,直接来我这里买车的人也多了起来。"

材料二 共享单车怎能变"私享"

2017-02-17 来源:《北京晚报》

共享单车随意停放,打乱城市公共秩序;地铁站外单车频频遭虐,黑车司机为护生意痛下黑手;用户放弃单车使用,发现押金和余额退费不畅。如果说,以上问题反映出大家对新生事物监管、自身权益保障问题的担忧,那么当我们关注"单车乱象"时,也要看到,还有一部分人正通过侵占、盗窃、改装的方式,把共享单车变为"私享单车"。这种野蛮行径,直接考验城市文明程度和市民文明素质。

陋象1:"私享"单车

赵女士是摩拜单车的用户。她说,摩拜单车装有带GPS定位功能的智能锁,用户操作手机软件后,能迅速掌握周边单车的停放数量、停放位置,还可以预约使用某辆单车。但赵女士多次发现,有时软件上有很多辆车,但眼前却难觅车踪。原因就是,这些车被人搬入平房大院、住宅楼内部，有人甚至将车搬进家里。"好几次我坐电梯，看到有人在运车。如果我知道车的信息，就会立即投诉，让平台扣除用车者的信用分。"

但是，当共享单车的二维码和带有车身编号的贴纸被人划坏或撕掉后，这些车就不能被共享，市民也无法对车辆故障和不良占用行为进行举报。市民张先生是"ofo"单车的用户，他发现，由于"ofo"单车是不带GPS功能的机械锁，所以用户掌握某辆车的密码后，就可以不通过平台，实现对车的长期使用，有人甚至给单车加了"私锁"。张先生说："未成年人是不能注册共享单车的，但我们小区里很多家长，他们用自己的账号解锁共享单车，然后把车身信息毁掉给孩子骑。'ofo'品牌有24寸的小单车，这些车成了小孩的玩具。他们成群结队地骑单车出行，然后把车推回家，骑多少次都不交钱。"

陋象2："改造"单车

同样让人不齿的，是有人出于私利改造单车。"很多共享单车没有车筐和后置物架，但有人占用这辆车，就把东西全装上了。"市民林女士告诉记者，还有人觊觎共享单车的车把手、车座和脚蹬子，把它们全拆除，剩下一堆车辆残骸。有的车被拆掉某一侧的车闸，导致骑车人需要紧急刹车时，才发现车闸不灵甚至没法刹车，这样出了事故也不知(是)谁的责任，"因为故障本身就说不清楚"。

记者此前也报道过，像"ofo"单车投放的"小黄车"，它的外形类似一般自行车，于是有人动了邪念，先给车身重新喷漆，再暴力拆锁，把车送到市场里或放在电商平台上当二手车售卖。尽管单车平台会向警方报案，警方对嫌疑人进行行政处罚或刑事立案，但因单车破坏行为较多，如不是事件特别恶劣，或实施犯罪时被警方抓到现行，很多改造、盗窃共享单车的行为没得到有力约束。

追问：此风如何止？

业内人士称，"由于共享经济的前景被普遍看好，在过去一年中，国内有几十家单车公司获得了总数超过30亿元的风险投资。但目前，整个单车行业都处在'烧钱'阶段，没有公司展示出盈利能力。为了拿到新投资，行业对车辆折损率普遍缄默，只能闷头完善车辆技术和运营制度。"比如，近期"ofo"单车就推出了带智能锁的新版本，而摩拜单车早就建立了信用积分制度，但这仅是遏制不良风气的辅助手段，如果实现有效打击，还要依靠政府部门的执法力量。

某单车公司公关总监认为，现在国内单车品牌虽然处于"战国时期"，但很快有一批企业因扛不住高额的运维成本而退出市场。就算是行业龙头品牌，也会减轻新车投放力度和坏车维修频率。现在有人感觉占有一辆车是"神不知鬼不觉"，亏损的是共享单车公司。"但当共享单车不共享了，能骑的好车越来越少了，真正受损的还是公众利益。"

材料三　共享单车在城里该咋骑?

2017-04-01　来源:《绵阳日报》

交警五大队杨警官告诉记者说:"共享单车属于非机动车,应遵守非机动车交通规则,在通过有交通信号灯控制的交叉路口时要遵守这些规则:转弯的让直行的车辆,行人优先通行;前方路口交通阻塞时,不得进入路口;向左转弯时,靠路口中心点的右侧转弯;有停止信号时,应当依次停在路口停止线以外,没有停止线的,停在路口以外;转弯遇有同方向前车正在等候放行信号时,在本车道内能够转弯的,可以通行,不能转弯的,依次等候。"

杨警官特别提醒大家,"单车载物,也是有规定的:高度从地面起不得超过1.5米,宽度左右各不得超出车把0.15米,长度前端不得超出车轮,后端不得超出车身0.3米。还有很重要的一点,在网络发达的现在,未成年儿童也可通过'扫一扫'享受共享单车带来的便利,但国家的法律规定未满12周岁儿童不得骑自行车上路。未成年儿童对事物的判断力有限,骑车上路存在很大的安全隐患,所以家长朋友们需要重视这个问题。"

第二节　即兴口语的特征

"三打白骨精"是人们耳熟能详的一段《西游记》中的故事,也是多年来说书艺人乐于演绎的一个精彩段子,但是为什么要"三打"而不是"两打"?其实,中国传统叙事中以"三"为标志的情节安排方式特别多,如《七侠五义》中"御猫三戏锦毛鼠",《三国演义》中的"三顾茅庐""三气周瑜",《西游记》中还有"三调芭蕉扇",《水浒传》有"三打祝家庄",《红楼梦》有"刘姥姥三进荣国府"等。当代创作中也有,如金庸《射雕英雄传》中"三擒欧阳锋",《鹿鼎记》中"韦小宝三戏郑克塽"等。在情节安排时都把内容相同、相似、相关的人物和事件设置在特定的时空内,巧妙地组合成三次交错与回环。这就是我国传统叙事中的颇具代表性的"三叠式"结构,也就是描写人物、事件时前后三次重叠变化的一种表现手法。它是由中国古代口头故事创作演变而成的具有独特民族传统的叙事形式,"三叠"中的每一"叠"形式相似而内容层层递进,一层比一层精彩。传统叙事中,这种模式有利于展开情节、刻画人物性格和表现主题思想,符合现实生活发展的逻辑和人们认识的规律。这种模式的形成跟口语的特征有密切关系,口语表达中情节的重复既可以帮助记忆,也可以理清语脉。即兴口语是使用非正式的讲话风格说出来的口语,带有即时的、原生的特性,然而它又带有明显的套路。本节就来探讨一下即兴口语的特征。

一、即兴口语时境的突发性

也许正当你和别人窃窃私语,也许正当你在潜心思考,也许正当你朝窗外张望的时候,却被突然点名就某个问题发表看法;或者你参加单位的一次座谈会,或者被合作部门邀请参加茶话会,或者参加即兴演讲比赛……有时根本不知道要讲话,而有时知道要发言也有了准备,但临近讲话时,话题被转换了,一切都发生得那么突然。

因为突然发生,口语表达者常常没有机会留心当时当地的讲话情景以及听众的需求,一下站起来讲话,显得不知所措。此时,面对复杂的情景只能就地取材,当场捕捉话机。因为时境紧迫,情景复杂,由此而导致话题的多样选择,但有经验的口语表达者往往是机敏地选准一点,迅速组合思维,进行言语化转换,成功完成即兴表达。

二、即兴口语存在的一维性

我们通常说时间是一维性的,而人们的口语和时间一样也是一维性的。哲学中的一维性即不可逆性,声音的存在形式并非空间三维的,它不是具有一定长度、宽度、高度的现实存在的物质客体。口语是人类利用发声器官和听觉构成的传递与接收信息系统的一种工具,时间是一去不复返的,口语的这种不可复返性也是由事物的发展过程不会绝对重复决定的。书面语则是人类利用文字载体和视觉来传递和记录信息的另一种工具。

语言与文字两种工具的差别在于:语言通过信号来传递,信号会因发送而立即消失;文字通过符号来流传,符号能永久留存,并一代又一代地积累起来。黑格尔认为声音的运动状态"是一种随生随灭,而且自生自灭的外在现象"[①],声音是点、线,而不是面,不是立体的,所以不能在空间中展开。口语和书面语的区别首先在于它们的生成和接受的心理过程不同。口语表达者要在不停顿的语流中选择词句,受到苛刻的时间限制,同时讲话者和听话者又都有一个"即时记忆"的极限,也就是在无反复的口语流程中的每一瞬间,人的记忆中至多只能容纳 7 个左右的词语单位。对口语来说,其区别于书面语的最大特征恐怕就是它的无准备和无保存。人的一切感觉都是在时间里发生的,但声音和时间的关系比较特殊,语音就存在于它消失的过程中,无法像其他的感觉那样能够被记录下来。

即兴口语的存在是一个流动的过程,在某句话中,很少能够在语流中分离出一个单独的字或词。即兴口语在任何时候都是在时间里流动的,没有书面语那样的静止状

---

① 黑格尔.美学:第 3 卷上册[M].朱光潜,译.北京:商务印书馆,1986:332.

态。书面语中的每个字词是可以分离开的,口语中的字、词、音存在于一个互相影响的整体中,甚至会因为这种影响而出现颠覆性的改变。

三、即兴口语组织的原生态性

在语言的发展史上,口语先于书面语出现,是语言的原生态,是自然的鲜活的语言。书面语对口语进行了加工和改造,因此更为精致。即兴口语的原生态可以解释为什么汉语口语具有用法上的潜在灵活性,因为说话人常常会在说话的半途中改变意思或者半路重组句子,还有可能出现很多代词来替换名词、形容词,或者是上下文的内容。在汉语口语中,非完全句子占多数,还经常出现插入语和自我打断,语气词较多,句子结构松散。例如:

书面语:我今天早上买了一本姜老师的关于即兴口语的绿皮的书。
口语:今天早上,我买了一本书,姜老师的,关于即兴口语的,绿皮的。

林语堂总结过说话的特点和书面语不同,"说话要求句子短小,结构简单,修辞性附加语少,不讲究完整的规范;说话中零句多,整句少,连词、介词、动词常常省略;句式松散,停顿较多。"[①]作为语言的原生态,口语更为真实、直接地反映了人类语言的本质和奥秘。

四、即兴口语应用的情境性

即兴口语更注重语境而不依赖于语法。书面语言的使用没有语境的限制,而即兴口语的使用一定是有一个语境的。语境有助于确定话语的意义,汉语口语缺乏语法标记,因而它在特定语境中可以通过语音的作用来取代语法,如通过改变某个字的重音或某个句子的句调、停顿,来起到语法标志性的作用。书面语的语法比口语的语法精致、固化,因为书面语中话语的意义更依赖语言结构。

即兴口语具有很强的模糊性,这不仅表现为汉语口语中拥有大量的模糊词,而且还反映在语言构造的各个部分。口语中客观存在的模糊性、会意性使汉语带有很浓郁的民族特征,其他任何一种纯形式的语言规则都很难在汉语中得到贯彻,但是汉语口语特别适合对直觉、顿悟的思维类型进行表达。即兴口语往往把概念放进某个情境之中,也就是口语更贴近活生生的现实和人生。在汉语书面语中的"椭圆"可能就在口语中被"鸭蛋"所代替,情境性使得口语更注重实用,更注重情绪而不是逻辑,因而三段论

---

① 林语堂.说话的艺术[M].西安:陕西师范大学出版社,2009:10.

属于书面语,而谜语则属于口语世界。① 汉语口语由于生存于高语境的社会中,因而对语境的依赖性更强。由此也可以推知,口语是群体性的语言活动,而书面语不是。和书写相比,说话是快捷的;和书面语个体的内在的运用相比,口语是群体的、热闹的、互动的。

五、即兴口语传播的套路性

虽然是即兴的,但学者们却早就发现口语传承中存在着一些语言公式,这一点书面语言中没有,也不需要有。口语表达中的"重复"和"套路"很多,首先是由口语表达的需要决定的。即兴口语是随机而发的,不像书面语那样有千锤百炼或者深思熟虑的准备,故而在一些需要随即生发的环境中,或者一些带有传承性的长篇口头讲述中,其依赖"套语"和"程式"的可能性更大。口语中之所以多重复,还有一个原因是在口语表达的接收者身上,听众在跟随口语的思维上也是单向的、不可逆的,多重复有助于观众理解和记忆,便于接受和流传。在汉语口语的传承过程中逐渐形成的"三叠式叙事结构"就是这样一种套路和程式的体现,也就是说"三打白骨精""三顾茅庐"等著名情节都是源自口语传承中的"程式"。因外部有声语言诉诸听觉,留在记忆里的时间只有七八秒,在这之后记忆就会模糊不清、残缺不全。为了让人听清听懂,一些重复是必要的。

古今中外,一些久久流传的民间故事和口头文学中的人物往往好坏分明,善恶易辨,这也是由口语传播的特点决定的。口头传承需要一个更鲜明的形象以便于表述和记忆,这也是口语套路性的一个突出表现。在人们进入到文本传承和次生口语占主流的社会后,"英雄"的形象就淡化了,"好人""坏人"就会趋于消亡,而代之以性格复杂、形象模糊的人物,以及充满赘生物的情节结构,原因很简单:文本是可以平面铺开的、可重复的,不具有即兴感的。

六、即兴口语使用的具象性

即兴口语的词汇具有具象的特性。看得见的世界象征着无形的精神疆域,人们将之融入语言之中,即兴语言善于借助于声,将无形的气息转化、复苏,它在世界与我们的心灵之间搭建互通的桥梁。因此,即兴口语有着独特的民族具象思维印记。即兴口语以声音符号为中介创造,听者在聆听时通过联想和想象间接地体味、把握、理解客观世界和人类社会;即兴口语作用于人的听觉,激发起人的想象、联想、情感活动。善于

---

① 翁 W.口语文化与书面文化——语词的技术化[M].何道宽,译.北京:北京大学出版社,2008:40-42.

使用即兴口语的人往往能够在言语过程中选用生动的具象性词语,并融进自己丰富而强烈的情感因素。在现代汉语口语中广泛流行的大多是形象感强的词语,下面以表格形式对汉语口语中的具象性词语进行一些分析,见表1-2:

表1-2

种类	特点	例证
口语表达的视觉形象感	口语表达以视觉认识为基础,由词语所反映的巩固在词语形式中的,具有某种看得见的形象性的特征,这就是俗语说的"如见其人""有浮雕感"等	红眼病、红人、穿连裆裤、胡子拉碴、豆腐渣工程、一个鼻孔出气、"一瓶子不满,半瓶子晃荡"
口语表达的听觉形象感	口语表达以听觉体验为基础,由象声词、感叹词等相应词语来诱发一种听觉形象感,就是俗语说的"如闻其声"	嗡嗡响、嘻嘻哈哈、稀里哗啦、穷得叮当响、响当当、肚子咕咕叫、狗撵鸭子呱呱叫
口语表达的嗅觉形象感	口语表达以嗅觉体验为基础,由相应词语加以形象地表达,作用于嗅觉感官的一种形象感觉	香喷喷、臭烘烘、腥乎乎、墙里开花墙外香、顶风臭八百里
口语表达的味觉形象感	口语表达以味觉体验为基础,由相应词语加以形象再现,作用于味觉感官的一种形象感觉	甜丝丝、酸溜溜、甜言蜜语、酸甜苦辣、苦不堪言、口蜜腹剑、蜜罐里长大、吃香的喝辣的
口语表达的触觉形象感	口语表达以触觉体验为基础,由相应词语加以形象地表达,而又形象地诱发出作用于人的触觉感官的一种形象感	硬骨头、冷冰冰、滑溜溜、热气腾腾、软磨硬泡、话糙理不糙、热锅上的蚂蚁、吃软不吃硬

虽然口语中描述的形象并非是直观的,但以声音符号为中介,听者可以通过联想和想象更生动地间接体味、把握、理解客观世界和人类社会。

感悟与训练

一、触媒刺激即兴训练

触媒是"催化剂"的意思,用在即兴口语训练中,表示引发即兴表达行为的媒介。

下面列出了五组触媒词语,围绕着它们编一段内容积极的小故事,话语中必须出现这三个词。也可以自己做练习:闭上眼睛,然后睁开,选出在你周围看到的三样物体,用这三个词做即兴言语生成练习。

1. 音乐　　足球　　微信号
2. 好友　　百合花　　书
3. 墙壁　　订书机　　灯泡
4. 保温杯　　小雨　　笑容
5. 森林　　泉水　　小动物

二、修饰性触媒连缀即兴训练

在触媒刺激即兴训练之后,再把前面的各条加上修饰语,增加难度,再做一下练习。

1. 金属感摇滚音乐　　虚拟足球游戏　　被盗的微信号
2. 青梅竹马的好友　　一束暗含迷魂药的百合花　　一本关于博弈论的书
3. 贴满纸条的墙壁　　用完订书针的订书机　　漏电的灯泡
4. 泡着枸杞的保温杯　　淅淅沥沥的小雨　　意味深长的笑容
5. 不断减少的森林　　被污染的泉水　　受惊的小动物

第三节　即兴口语的表达标尺

即兴口语是大众传播层面上的创造性语言活动之一,它基本上没有文字稿件做依托。即兴口语除了具有语言的一般特点外,在传播上也具有口语的一些特点和独特的要求。本节就从语调、用词、用句和语速四个方面分析即兴口语表述环节对语言的要求。

一、即兴口语表达的语调

在书面语言里,词语缺乏语音特征,而在即兴口语表达中,一个词必然要有这样那样的语调或语气,且会随着说话人的心情、对象、场景、意图而改变。有声性是汉语口语不依赖于语法标志的一个重要原因,因为它有声,所以声音标记可以取代语法标记。口语句子的实义切分往往是由语调来完成的,这是汉语口语的重要特点之一。每一种语言都有自己的语音节律规则系统,汉语语音独特的音高、音强、音长和音色要素,通过形形色色富于表现力的组合,可以构成声韵起伏、平仄停延、高低轻重、长短快慢等节律的基本形式。这些基本形式在语流中按一定的规则相互协调、交织套合,形成了汉语特有的节奏和韵律。与正式的带有书面语性质的次生口语相比,日常口语的发音特点往往不够清晰,重音和非重音交替出现,并且会根据民族习惯的不同而选择把重要的部分放在句首或句尾。人类的生理机能是一致的,都有呼吸、脉搏和心跳,也就是说都有一定的生理节律。反映到言语中,也就如同唱歌,形成相应的节拍或节奏。

即兴口语的语调要亲切、自然。口语表达是借助语音实现的,口语是否悦耳动听很重要,这是多种口语质量因素的综合效应,其中抑扬顿挫等语调因素的影响特别明显。即兴而发的圆润、有弹性、表现力丰富的声音会增强对听众的吸引力。口语对音准的要求很高,说出的话声、韵、调准确,合乎语音规范,这样听起来才清晰、省力。在语调方面注意高低强弱的变化、口气和句型的变化,口语表达才能抑扬顿挫,和谐动听。

二、即兴口语表达的用词

词是语言的重要组成部分。一个外语不好的人在听外语时,通常只能捕捉到一些熟悉的词,而词汇量小的人,在进行口语表达时也往往寄希望于最大限度地发挥有限词汇的作用,因此口语中的用词对整个表达起重要作用。

(一)用词的通俗化

在用词用语方面,口语化和通俗化常常是紧密相连的。口语化要求口语表达者所用的词语尽可能是日常生活中的口语词,比如同样的意思,用"生气"比用"愤慨"更容易听得懂。在进行节奏与速度比较快的表述时,听众的听觉器官接受信息容不得碰上一点阻碍,而要保持接受信息渠道的通畅无阻,口语表达者所用的词语就要明白通晓,否则就会造成阻碍,如果不断受到阻碍就会破坏口语表达的顺利进行。有声语言和书面语言一个重要的不同点是:声音稍纵即逝。

通俗可以增强传播效果。曾主持中央电视台《天天饮食》的刘仪伟,主持之所以受欢迎就得益于其口语的通俗性。饮食节目的观众以家庭主妇为多,需要主持人用她们喜爱并听得懂的语言与她们交流。男性主持人做服务类节目往往没有女性主持人那么有亲和力,但刘仪伟在主持节目过程中用通俗易懂的口语将原本刻板的语言如"盐50克、糖20克"等转换为"盐一小勺、糖半杯"等主妇们熟悉的表达方式,同时适时地加入生活语言中的感叹词、虚词等,使节目更加生活化。由此看来,要做到通俗易懂,词语选择非常重要。

不擅长即兴表达的人,经常过分依赖事前准备的所谓"即兴口语"。他们喜欢事先写好书面文稿,通过书面文稿来理顺思路,以突出中心,安排好结构和顺序,然后再通过背诵的形式表达出来,这就是我们所说的"次生口语"。次生口语所依赖的书面文稿原本不是供人看的,而是供人听的,写稿时往往关注不到字词句说出来顺不顺口。经常是写稿时使用了书面语词汇或语法形式,转成口语时按图索骥就等于给自己和听众都设置了语言障碍。

即兴口语表达必须是通俗易懂的,但有些正规场合使用的即兴口语,比如职场用语、官方发言等,也要避免过于追求"自然之风",如不假思索地使用方言词和行业语,就会造成与听众的交流障碍。

(二)用词的生动性

听的人要体味说话者的思想感情、信息内容、表达重点等,就要求说话者的有声语言准确而通俗、生动又形象、有声又有色。用词生动可以使口语表达具有丰富的表现力,这就需要说话者充分利用有声语言的各种特点,更好地表现自己的思想感情、信息内容和表达重点。

(三)避免重复词语和同音字

即兴口语要通俗易懂、准确简明,不仅要避免方言词汇,少用书面语词汇,而且要避免口头禅和重复语。用词的多样化是口语表达能力强的重要标志。

由于口语是通过语音来判断词义的,有些在书面传达中毫无疑问的词语可能就会在口语中引发不解,造成误会。司马迁用流畅的汉代口语写作《史记》,由于不合先秦文言的简练,"年老口中无齿"被唐代学者刘知几改成"老,无齿",而并不介意"无齿"是否会被误解为"无耻",但如用作口语,就要考虑到同音的多义性。2013年春节前,《人民日报》微博中提出"建议将春运的说法改成春旅,春运太过于冰冷生硬,春旅则更有人情味"。但有网友笑称这是高级黑:"春旅"的谐音是"蠢驴",这岂不是讽刺铁道部?

三、即兴口语的用句

俗语说"一句话,百样说",指的是同一个意思可以用不同的表达。句子是人们进行语言表达的基本单位,同一个意思可以用多种句式表达。汉语的句式是丰富多彩的,就语序的角度看,有常式句和变式句;就表达意思的语气看,有陈述句、祈使句、感叹句、疑问句;就表达的具体方式看,有主动句和被动句、肯定句和否定句、反问句和设问句;就句子结构的特点看,有长句和短句、整句和散句。各种句式里还包括多种多样的句型,各种句式都有它的特点和作用。一些经常背诵语文课文的高中生在参加播音主持艺术专业面试或高校自主招生面试时,往往会受书面句式的影响,加上应考时氛围严肃,容易丢掉正常的口语化句式而陷入追求书面句式的误区中。

有人认为通晓明白的话不能表达博大精深的内容,表现不了自己渊博的学识和与众不同的才能,这种看法是错误的。苏东坡在《与侄书》有一段论述:"凡文字,少小时须令气象峥嵘,彩色绚烂。渐老渐熟,乃造平淡。其实不是平淡,乃绚丽之极也。"可见,通俗恰恰是语言功力炉火纯青的标志。

(一)多用短句,避免长句

从短句的交际功能来说,它比长句更适合在口语中使用。口语表达传播效果好的标志之一,就是让信息在单位时间内尽可能多地通过接收通道,引起听者的注意,让听众在尽可能短的时间内记住大量的有效信息。同时,对于口语表达者本人来说,短句子和单句比长句子和复句更容易说出来,更不容易出错和卡壳。因此,在训练和使用中应注意尽量说短一些的句子,少用拗口的长句。长句子化成短句子可以有许多方法,如添补主语、重复谓语、增加停顿等。

句子的长短是以用词的多少和结构的繁简来确定的。长句指那些用词多,结构复杂的句子;短句指那些用词少,结构简单的句子。如:

长句:从前有一座有大灰狼的山。有一天一只长着红眼睛长耳朵的大灰狼从山上下来了。

短句:从前有座山,山里有大灰狼,它长着红眼睛、长耳朵。一天,它从山上下来了。

第二段话一看就知道是口语短句,似乎是幼儿园的阿姨给小朋友讲的故事,由于其间可以从容停顿,听的人和说的人都会很从容地领会句子的意义。短句短小精悍,有简洁、明快、有力的修辞效果。句子简短容易造成一种急促的气势,所以常用来记述紧急情况,渲染紧张的气氛,表达激烈的情绪,一下子就能把人吸引住。长句这种表达方式听上去句子结构更加复杂,似乎显得口语表达者有更强的句子掌控能力,但口语中的长句不如短句便于接受。长句的定语、状语多,联合成分多,或某些成分结构复杂,内容含量大,并不适合于口语。因而,汉语口语中原生的长句子非常少,除非是为了特殊的修辞目的,或者是为了适应特殊的口语语体。

如何判断口语中的句子长短呢?一个简单的掌控方法是:从上一个标点到下一个标点之间算一个小句,小句的平均字数不要超过 12 个字。超过 12 个字为长句。

口语中用于说理的句子一般多用长句,对话一般多用短句,以免在气势和力量上逊色。通常口语中会长短句兼用,根据表达的需要使语言变化多姿。长句之所以长,或者是由于定语、状语等附加成分长而多,或者并列成分多,或者结构层次繁复;短句之所以短,就是由于附加成分少而短,结构简单。汉语口语的妙处就在于它可长可短:把某些复杂的结构用来修饰、限制其他成分,就成为长句;把这些复杂的结构拆开,用来表达相对完整的意思,就成为短句;由一个复句形式来充当句子成分就成了长句,把充当句子成分的复句形式拆开来就成了短句。

(二)多用单句,少用复句

汉语素以简洁著称,这一点也正是跟汉民族文化追求含蓄、领悟的思维方式密切联系的。古代汉语中这一点尤其如此,前面说到的唐代学者刘知几改"老,无齿",就是为追求简洁。由于不重视逻辑推理思维,汉语口语中复句的比例很小,推理在语言形式上就表现为各种关系的复句,口语中缺乏复句是汉民族思维方式的直接反映。汉语口语的复句还有一个突出的特点就是多用意合法,复句间的关系不是靠形式上的标志即关联词语,而是靠意念上的联系来表示的,因此较为灵活。用意合构成的复句经常表现为一种歧义的结构,需要放到更大的语言环境中才能理解。比如"你不去,我去"这句话,即可理解为因果关系,也可理解为假设关系:

因果关系:因为你不去,所以我就去。(既然你不去,那么我就去。)
假设关系:如果你不去,那么我就去。

这种语言现象无疑会强化汉民族的整体观。简洁之美是汉民族语言中不容忽视的一面,这在对外汉语口语教学中尤为明显。外国学生询问某句话用汉语怎么说时,往往会表示怀疑,因为他们母语很长的一段话,汉语很短的话语就可以表达了。汉语口语美在简洁,多用单句更符合即兴口语的表达特征。

(三)采用"前抓后挂"式口语句型

由于口语是思维的直接反映,人的思维是呈散点辐射的,即多维的,而口语是单向的、一维的,这就容易造成说话人以平面铺陈的方式来表达思维,造成听的人难以抓住重点,被一些想到哪说到哪的表达拖得晕头转向。

对于一则高考被人顶替的新闻,有人这样评论:

据我妈妈说,我大姨,也就是我妈妈最大的姐姐,她们五姐妹,我妈妈排老四,下面还有一个妹妹,我没有舅舅,他们过得都挺好。其中大姐最聪明,学习成绩最好,当年上大学的名额就被大队里有势力的人顶替了,她很想不通,最后导致了精神分裂,然后远嫁异乡,从苏南嫁到闽中。40年前的交通状况,几乎就是相隔万水千山啊,真是十分可怜!所幸的是,我姨夫家虽然很穷,在当地就是开小裁缝店的,这在他们那里就是勉强度日吧,但是对她也还不错。但是她这一辈子几乎也就这么毁了,五姐妹里数她过得不好,本来她可以上大学可以过得更好的。我妈妈大学毕业后当了老师,她后来老说:"我们几个数你大姨最聪明,可惜命不好。"

类似的表达,在日常生活中还真是不少,跟着思维飘到哪算哪,不考虑听者的跟随能力。正确的说话方式是,进行口语表达时先将最重要的话概括出来,放在最前面,让听的人有个"抓手",有一个总的印象,再往上一句一句地挂修饰语,愿意挂多少就挂多少,最后再加一个总结句。符合口语表达规律的表述应当是这样的:

我大姨当年上大学的名额就被人顶替了。(主句)
她当年读书的名额是被大队里有势力的人顶替了。(1级修饰)

其实她们五姐妹,大姐最聪明,学习成绩最好。(2级修饰)

大姨被顶替了,她很想不通,最后导致了精神分裂,然后远嫁异乡,从苏南嫁到闽中。(3级修饰)

从苏南嫁到闽中,40年前的交通状况,几乎就是相隔万水千山啊,真是十分可怜!所幸的是,我姨夫家虽然很穷,但是对她也还不错。(4级修饰)

我姨夫家在当地就是开小裁缝店的,这在他们那里就是勉强度日吧。(次4级修饰)

她这一辈子几乎也就这么毁了。(5级修饰)

他们五姐妹,我妈妈排老四,下面还有一个妹妹,我没有舅舅,他们过得都挺好。(次5级修饰)

我妈妈大学毕业后当了老师,她后来老说:"我们几个数你大姨最聪明,可惜命不好。"(总结句)

这一段说话方式,听的人就很容易听明白,因为它顺应了听者的接受规律。再如这两句:

书面语:它由接收播放一体机、电源控制器、可浮充蓄电池和扬声器四部分组成。

口语:它由四部分组成:接收播放一体机、电源控制器、可浮充蓄电池和扬声器。

后面一句由于是把要点放在前面,所以在口语表达中,听的人更容易把握要领。这一方式如果使用在教师的讲课过程中,会大大提高知识的传授效率。

(四)常式句和变式句适当转换

任何民族语言都通过语音、词汇、语法等体现出民族思维及文化特色,其中语法方面表现得尤其突出。在世界各大语言体系中,汉语作为一种典型的非形态语言,语序是其重要的语法手段。

汉语的句式是丰富多彩的,就语序的角度可以分为常式句和变式句。从一般汉语的句式看,通常的语序是主—谓,动—宾,装饰语—中心语,偏句—正句,这些统称为常式句,即句子成分按一般次序排成的句子。变式句是指句子成分打破一般次序,排列次序较特殊的句子。常见的变式句有两类:一类是单句成分次序排列特殊的句子,如主谓倒装句、定语后置句、状语后置句、宾语前置句等;一类是复句中分句次序排列特殊的句子,如因果倒置句、转折倒置句、条件倒置句、假设倒置句等。常式句与变式句转换的要点是,找准需要强调的内容并将其推前或置后。

常式句是人们语言使用中的主体句式,是具有正常语序的句子,它的结构特点和组合规律受汉民族思维方式的制约。变式句的形成源于汉语语序的灵活性,说话人为了在修辞上突出强调某一个句法成分所承载的语义,就把这个成分从原有的句法位置

上调动到其他位置上,形成所谓的变式句。除了变换语序的变式句,还有省略成分的变式句。例如:

常式句:因为他这里做的菜太难吃,所以来这里吃饭的人很少,这里就很清静,因此我们来这里吃饭聊天不会受打搅。

这句话的语法表述是十分清楚的,然而在口语中人们往往不这样使用。这句话是由李安导演的电影《色·戒》中的一句对白改编出来的,电影中的对白就是典型的省略型变式句,是易先生对王佳芝说的:

变式句:因为他菜做得太难吃!对不起!可是这里说话方便,没有人来打搅。

口语中的常式句改为变式句,表达更为简洁随意,有时感情的表达也更加强烈,可以收到常式句无法取得的表达效果。简单地说,单句的常式句通常是"定语+主语+状语+谓语+补语+定语+宾语";复句的常式句是偏正关系的复句,包括因果复句、条件复句、假设复句、转折复句等。变式句是排列次序比较特殊的句子,如常见的有谓语前置、宾语前置、定语后置、状语后置等;复句常见因果倒置、条件倒置、假设倒置、转折倒置等。例如:

{ 你怎么了?(常式句)
{ 怎么了,你?(变式句:主谓倒装)
{ 部门经理明天下午在会议室开会。(常式句)
{ 部门经理明天下午开会,在会议室。(变式句:状语后置)
{ 他拿着一个红的氢气球。(常式句)
{ 他拿着一个氢气球,红的。(变式句:定语后置)

复句中,常见分句一般次序和特殊次序的变换。例如:

(1)因果倒置:

{ 因为感冒得厉害,所以他今天下午请假了。(常式句)
{ 他今天下午请假了,因为感冒得厉害。(变式句)

(2)转折倒置:

{ 他虽然感冒得厉害,但今天下午还是坚持上课了。(常式句)
{ 他今天下午还是坚持上课了,虽然感冒得厉害。(变式句)

(3)条件倒置：

{无论路上多么拥堵,他总能按时到达岗位。(常式句)
他总能按时到达岗位,无论路上多么拥堵。(变式句)

常式句是正常语序的句子,变式句是句子成分倒装的句子。对比体会一下就可以感受到口语句式变化无穷的魅力,常式句和变式句合理交替使用可以加强口语的表现力,增加变幻的色彩,防止听众疲劳。

四、即兴口语的语速

语速是否合理也是即兴口语中至关重要的。正常语速每分钟大约240个音节,每分钟150—300个音节均视为正常,过慢或过快都会失去自然流畅的日常说话状态。口语表达者应善于在具体的情景中掌握最恰当的语速,运用快速、中速、慢速以及匀速、变速的技巧。从信息传递的原理来看,说话太快,发送信息频率太高,听众大脑对收取的信息处理不及,会形成信息的脱漏、积压;反之,说话太慢,跟不上听众大脑处理信息的速度,就容易导致听者精神涣散、交流兴趣丧失以至于走神。

感悟与训练

一、口语句式赏析

1946年7月15日,闻一多先生发表了著名的《最后一次讲演》,在演讲的结尾部分,他去掉复句,把常式句转化成变式句说出来:

正义是杀不完的,因为真理永远存在!

我们不怕死,我们有牺牲精神!

按照常式句的语序,这句话应该这样说:

因为真理永远存在,(所以)正义是杀不完的!

(因为)我们有牺牲精神,(所以)我们不怕死!

体会一下闻一多先生使用变式句的好处。

二、长短句转化练习

下面是一些口语表达者在即兴演讲或主持节目时使用的句子,分析一下有什么不妥之处,按照适合口语表达的方式进行转化,体会一下转化后的效果。

1.在她从小学到初中的这六年时间里都在利用不太多的课余时间坚持阅读而且阅读量很大。

2.乍暖还寒的时候恰好是人们的身体没有为天气做好准备的时候,这个时候大部分人都还穿着单衣,因为中午还会比较热而到晚上人们开始感到身上冷的时候往往已经被寒气侵到了,所以这个时候最容易疲劳也最容易感冒。

3.我不愿意在这个平台上做一个很费劲的工作叫打假和辨真伪,那个过程将使得咱们双方特别不坦诚地处于彼此试探的状态。

三、常式句与变式句转化练习

将下面的变式句改为常式句:

商店和饭馆的门无精打采地敞着,面对着上帝创造的这个世界,就跟许多饥饿的嘴巴一样。

将下面的常句式改为变式句:

今年是中国旅游年,数以万计的外国朋友从纽约,从巴黎,从东京,从世界各地来到北京旅游。

四、"答记者问"案例分析

下面是2011年"7·23"甬温线特别重大铁路交通事故后,7月24日时任铁道部发言人王勇平答记者问时的对话记录,请分析一下这种场合中的答问有什么用语上的不妥之处。

记　者:能否按照购票实名制公布死者名单?为什么要在现场掩埋车体?是不是想毁灭证据?

王勇平:我可以负责任地告诉你,等到这些工作都做到位的时候,我们会公布每一个死者的名单。车体为什么掩埋?其实我今天下飞机的时候,接机的同志说,在网上已经看到有这样的信息,在此之前因为我在飞机上还没有掌握到。我也问他,我说怎么会发生这么愚蠢的问题呢?这么一个举世都知道的事故,难道能够掩埋得了吗?他告诉我,不是想掩埋。事实上这个事故是无法掩埋的。我们已经不断地通过各种途径,向社会传递这方面的事情。但是掩埋,后来他们做这样的解释:因为当时在现场抢险的情况,环境非常复杂,下面是一个泥潭,施展开来很不方便,还要对其他的车体进行处理,所以他把这个车头埋在下面,盖上土,主要是便于抢险。目前他的解释理由是这样。至于你信不信,我反正是信了。

第二章　即兴口语的快速生成

即兴表达有时也称本色表达。口语生成是快速的、瞬间的、现场的言语反应，成功的言语生成需要基本的语言能力、固有的语料积累、顺畅的思维品质、稳定的个性心理等"软件"作为支撑，在这种支撑之下才会出现自然状态中的言语现场生成。

人的大脑是一个仓库，里面储存的是大量的信息和话语模型，这些都是难以控制的"语料"，这些"语料"构成一些具有个人色彩的"常用套话"，这些"常用套话"是按某种规约组成的个人语言体系。这样，说话人就可以根据语境的需要，运用社会规约迅速生成带有个人风格的句子了。

第一节　言语的即兴生成环节

即兴口语中的快速言语生成包括口语表达者表达动机出现、表述意图确定、内部言语编码、言语表述扩展几个环节，这几个环节是瞬间完成的。

即兴口语表达的过程无论是怎样的，在进行即兴表达时，人们的言语生成环节总是由调取、组接、转换、增补四部分组成的。

一、即兴调取

平时我们的语言材料都以块状方式储存在语料库里，一些相近的还会放在固定的语言格里（如图2-1所示）。即兴表达中的"即兴调取"，是指口语表达者在表达过程中为表述一个现象或看法，从个人所收集储存的语料库中直接调取与话题相应的词语和语言结构。心理语言学家把词在长时记忆中的表征称为我们的内部词典，它又被称为内部词汇或心理词汇。心理词汇的容量很大，心理语言学家在词汇辨认实验中证实：一个母语使用者辨认一个词所需的时间是 200 毫秒，甚至更少。正常人说话的速度约每分钟 125—180 个词，这意味着说话人在正常的交际中每秒钟需要提取 2—3 个词,并和上下文结合起来。词语提取不是件简单的事,正常交际中的词语提取需要结合上下文才能将合适的词义提取出来。基于心理词汇的这些特点,词在人的大脑中不是随意堆放的,而是基于一个有一定规则的合理体系,并且按一定的位置和顺序排列。当然,不会像图 2-1 中那样有很清晰的条理。

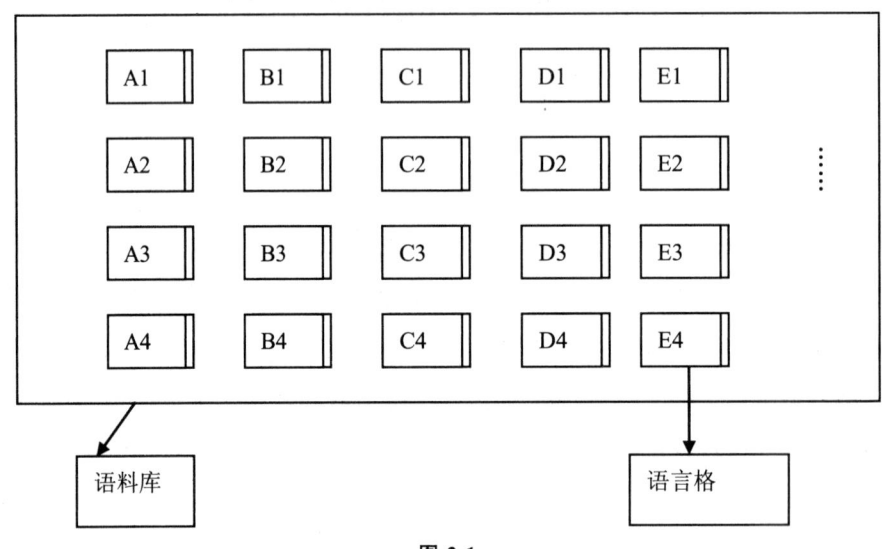

图 2-1

每个人的大脑中,都有一个大的语料库,其中布满了一个个的语言格。这些语言格的大小和位置都不是很稳定,它们处在一个不断变化和漂移的过程中。语言清晰的人,语言格的放置相对比较规范和稳定,而且边界清晰,词语调取失误的情况较少发生。以图 2-1 为例,假如拥有这个语料库的人是一位网络工程师,那么 A 有可能是与专业有关的网络名词,B 可能是股票术语,C 可能是旅行常识,D 可能是饮食烹饪,E 可能是体育……总之,不同的语料分占了不同的语言格。

(一)多义使用

口语表达者在边想边说的过程中,内部言语不断地被推出成为外部言语,瞬间成为言语的现实。即兴调取是在言语生成过程中对语言格中的语料的提取使用,有时包括两个或两个以上"同义形式"的取舍抉择。比如"自知之明"一词与"撒泡尿照照你自己"就是形式不对等的同义形式,表达者会根据语境和语体需要进行取舍。即兴调取是在言语表述过程中与其他环节同步进行的,只有语汇丰富的人才可能一次调取就准确成功。2011 年东方卫视一档关于"百度侵权"的专题节目中,主持人这样进行词语调用:

百度里面有个百度文库,里面收录了大量作家的作品,还能提供下载,但这些都没有经过作家本人的授权。那么今年 3 月 15 号,贾平凹、刘心武、韩寒等 50 位知名作家和出版人,发布了一篇题目——这个名字不得了,很厉害,这个名字叫《3·15中国作家讨百度书》,气势恢宏,拉开了作家反百度侵权的序幕。这个《讨百度书》,哇,我不晓得各位是否看过,写得很厉害,如果没有看过的,你可以去百度百度一下,但是百度可能已经百度不到了。这个"讨百度书"我本人是看过的,这个写得真是气吞山河,排山倒海,横扫千军,落花流水。

主持人在介绍众多作家写文章讨伐百度侵权时,为了表现众作家愤慨和激动的情绪以及讨伐的力度之大,在词语调用时"小题大做",故意将原本用于描绘宏大场景和气势的"气吞山河""排山倒海"等词语降格使用,在词义轻重的对比中展现了幽默。当词语调取运用"大词小用"或者"重词轻用"的手段制造幽默效果时,选择的"大词"分量越重,"大词"与"小义"、"重词"与"轻义"之间的反差越强烈,幽默效果就越明显。

(二)词汇通达

激活心理词汇意义的过程叫作词汇通达,也是从口语表达者的记忆中获得或提取词汇信息的过程。这一过程的速度很快,有人曾试图测定词语检索的实际时间,估计每个词的检索时间仅为150—200毫秒,这个速度还包括了语音听辨所需的时间。词汇通达受多种因素的影响,其中关键的是词频。词频是指某个词在生活中的使用次数,从这个意义上讲,它是一个客观变量。每个人对同一词有不同的经验,熟悉程度不尽相同,相关实验表明,词的使用频率越高,人们对词的觉察阈限越低。

绝对阈限指的是产生感觉体验需要的最小的物理刺激量。通常是这样的:

视觉:晴朗黑夜中48公里处看到的一根燃烧的蜡烛。

听觉:安静条件下6米外手表的滴答声。

味觉:一茶匙糖溶于7.5升水中。

嗅觉:一滴香水扩散到三室一厅的整个空间。

触觉:一只蜜蜂翅膀从1厘米高处落在你的面颊。

人们对高频词的识别快于对低频词的识别,实验表明,高频词的提取比低频词的提取平均要快71毫秒。另外,语义上频率的高低也会影响词语的提取。因为口语表达者会在不同的词义之间进行选择,这就直接影响到心理词库的激活速度。所以口语表达的调取必须在瞬间完成,而且必须与言语组合同步进行。如果调取失败或者中途发现调取有误,那么就可能出现即兴口语表达中的"言语休克"现象。下面是一段关于"愤青"的即兴演讲,时长4分05秒,其中调取词语受阻之处用"∧"符号表示:

说一下"愤青"这个词,愤青按照我们的理解就是愤怒青年的意思。那这些青年为什么愤怒呢?他愤怒就是因为他不满这个社会现实,因此勇于表达自己的内心想法。

这样呢,他就急于地改变现实,当然这也是,∧在我们看来,∧可能是我们对这个词最初的印象。

那在国外,其实愤青并不是我们所理解的那样,他们理解的愤青其实是一批∧,啊,有渴望、有激情,青春并且有活力的一群年轻人。那首先,谈到了愤青我们最先想到的一些词就是,像他们满怀激情、义愤填膺,然后,年轻气盛、∧有勇∧有……嗯,有勇气应该说是。当然,这个,年轻人也是比较浮躁的,一般比较盲目,比较冲动,容易人云亦云。

在前不久呢,××市换了一个新市长,新官上任三把火,第一把火就是把××市那些植被都换成了森林,在海边把那些∧草坪,包括中心广场前的那些草坪他都换成植被。当然这个事我当时是在学校,知道这个消息是在校内网上,因为校内网上那阵儿是疯转这个,说这个市长植树造林这个事,然后传的是沸沸扬扬的,但是我回到家,这些日子观察,其实并没有网上传说中的那么严重,有一些地方还是该有∧,啊,该有那个草坪的是草坪,该有树木是树木。然后我就想到了,其实这也是一批愤青的作为,他们只是∧,啊,他们只是∧,啊,可能是在网络上看到这个消息之后,没有经过自己的亲眼所见,只是人云亦云,盲目地去跟风,嗯,这件事,然后在校内兴起了这么∧,这么一股∧,这个叫∧,嗯,∧兴起了这么一股∧,嗯,盲目的转发活动。(提取受阻)

还有一个事就是,××市的早报就是对这个事说了比较客观的话,发表了一些客观的观点。因为一开始在校内网上疯转说这个市长,他就任之后是动用了40亿来植树,其实他这个数目并不属实,真正用于造树的树木其实只有11亿。

现在这些愤青,我认为基本上就是一些∧,他们只是表达一种对社会的不满,只是抱怨,并没有实际的作为。对于现在的咱这批年轻人来说,不管怎样,看问题应该一分为二去看,对于这个愤青他们表达出自己对社会的不满,这个是可以的,但是表达不满现状的同时,他们应该,学会理智、冷静并且深刻地思考,然后想出一些真正的对策,嗯,不应该盲目地去跟风,特别是现在的这些年轻人都是∧,就是心高气傲的,比较浮躁,嗯,那我认为这些愤青应该是搞清楚问题然后再去发言。

从这一段由即兴演讲记录下来的文字可以看出,词语调取有时会出现中断,这是正常的,因为在将思维转换成口语的过程中,思维有时并不是由一个个特别清晰的词语组成,而是一些模糊的、平面化的东西。在即兴口语的内部言语阶段,我们的脑子里只能形成一些"语点",当即兴口语得以完成时,要把"点"连成"线",要能够将在内部言语阶段脑子里形成的一些"语点",按一定的语法规则选择适当的词语,将简略的信息点快速地扩展、丰富、编码为完整的句子,并清晰地表述出来,顺利完成由"想"到"说"的过程。

(三)语料丰富有利于调取

如果进行口语表达时语料库中无相应的语料,就会造成表达缺失。当人的大脑形成某种命题印象时,个人的语料库中一时找不到相应的语料,这就需要进行搜索,或搜索而得,或即兴创造出来,也可能搜索和创造均无果,此时就会产生即兴口语障碍,造成表达焦虑。

比如,把"红色旅游""继承""社会道德""影响"这一组主题"语点",编码成语意完整的一段话:

红色旅游不是一个普通旅游,它在旅游中担负着继承历史的重任,在倡导"两个文明"建设的今天,对社会道德的建设有着不可低估的影响。

在这一阶段,要通过扩展、编码,使内部言语转化成外部言语,即完成由"想"到"说"的过程。要使这一阶段的任务得以顺利完成,首先要丰富自己词语的"仓库"。言不及义、废话连篇、枯燥干涩,是词语贫乏的表现。在即兴表达中词语"仓库"越丰富,选择的范围越大,编码的速度越快,准确度越高,生动性也越强。

二、即兴组接

即兴口语表达中的"即兴组接",是口语表达者在一定的表达结构模式的基础上调取语料,并按照一定的符合语言传播和接受习惯的方式组句、组段或组篇的过程。即兴组接有两个层面的需要:

一是为了达意,从语义的角度考虑语义分量的轻重、范围的适当与否,保证组接出的语句搭配适当,表达顺畅,否则就会前言不搭后语。

二是为了获得积极修辞的效果,从语境的适应角度对遣词造句等做适合语境的选择与变通处理。

比如,面对面的交流往往要照顾对方的立场,而选取一些比较委婉的词语来掩饰对方的缺陷或过失,以消减对方心理上的不适感。在《杨澜访谈录》中提到王菲女儿的"唇腭裂"问题时,主持人杨澜有这样一段话:

杨澜:其实有很多的有天使印记的儿童的父母会非常想了解他们能为孩子做什么?特别是王菲作为一个母亲。这不仅仅是一个到医院去,你去付个医疗费,做几次手术。这种心理的建设,你怎么样帮助孩子能够完成?

王菲:我想就是把她当作正常的孩子吧。

"唇腭裂"是一种身体的缺陷,如果直接提及肯定会让当事人觉得尴尬甚至产生不合作的情绪,主持人在这里将"天使"和"印记"这两个词组接起来,使用了"天使印记"这一具有积极含义的词语来代替直接说出当事人女儿的缺陷,避免了其心理上的不适感。

面对面交流常常会用表示尊敬、肯定、喜爱的词语来代替一些让人产生低贱之感的词语。为了表示恭敬,在称呼他人时一般会用一些带有上扬意义的词语,比如一些敬称词。如在称呼"保姆"时换作"阿姨",无形中提高了保姆的地位,表达了一种亲近关系,这就是为了获取积极修辞效果而进行的即兴组接。

三、即兴转换

口语表达中的"即兴转换",是口语表达者在即兴表达过程中从一个话题转到另一个话题,或者从一个材料转到另一个材料。即兴转换通常有自然性转换和应急性转换两种情况:

(一)自然性转换

自然性转换是在口语表达中自然地转换表达的方向,从一个话题转到另一个话题,或者从一个材料转到另一个材料。以下面的语段为例:

1.小张结婚了,她最后选的还是那个"富二代"。她老公人挺好的,而且家境好,他那个地区家族企业很兴盛,主要是做五金批发的……(从"结婚对象"转换到"家族企业")

2.这件衣服你穿着特别好看,既显气质又显身材,这还是在商业街买的吧?我明天也去一趟,就骑自行车去吧,这一段修路实在是太堵了,路上多花很多时间……(从"衣服"转换到"路况")

3.南方空气真潮湿,如果不注意就容易得关节病。我有个阿姨在南方工作了一段时间就得了关节病,只能辞职在家休养。本来她们家就不富裕,这下真是难为她了,虽然原来对网络一窍不通,也想法子学习在家里开网店赚钱……(从"南方空气潮湿"转换到"开网店")

4.今天食堂的鱼做得太好吃了,很入味。其实我做的鱼也不错,就在这个暑假,一直在家学习做饭,什么醋熘土豆丝、红烧茄子,都得到了全家的好评。(从"食堂的饭菜"转换到"自身的厨艺")

5.这部电影的背景是四五十年代的旧中国,从镜头中可以看出那个时候的中国真是贫穷落后。今天我们在经济上实现了大的跨越,先进的科技带动了各个产业的发展。所以说,科技是第一生产力,是提升综合国力的保障。(从"电影内容"转换到"提升综合国力")

这种转换在日常对话中很常见,有时是随着思路的飘移而转换内容,有时是因为原来的话题聊到头了而自动转换到其他地方。

(二)应急性转换

应急性转换是口语表达者发现调取不当、组接不成时迅速做出的重新操作。在发现言语生成可能受阻时,如果尚能把握自己的表达,组接与转换可能会同步进行;如果是调取这步就出现失误,处于表达盲点,组接和转换只能分步进行,思维与言语就会脱节,这样就容易出现即兴口语表达中的"语流不畅"。再以一篇关于"高富帅"的即兴演讲为例,时长 4 分 06 秒,应急性转换的地方使用下划线标出:

"高富帅"是由三个形容词拼成的一个名词。高是高大,富一般是指家境好,帅是相貌帅气,这个词一般是用来形容男性,是说这个男性在身材、相貌和家庭条件上完美无缺。但是这慢慢地演化成一种择偶标准,成为女性对男性的一种要求。

很多女生只把高富帅作为一方面的要求,但很多人把它作为最重要的要求。如果说作为一方面的要求,那么 OK,但是说如果作为一个,嗯,全部的,最重要的择偶标准,这无疑就有一些偏颇。

举几个例子来说,只重视高富帅而忽略了男士身上的,比如说人品、责任心等等,这个优点的<u>一些,嗯,一些择偶的方式吧</u>。比如说我们举几个明星,先是台湾女演员贾××和前夫孙××的这个婚变,这个相信很多人都知道,孙××可以说是高富帅,人年轻长得帅气,而且家庭条件特别好,是一个地道的富二代,家里有两家大型的货运公司,所以,贾××与孙××结婚在当时是非常般配的,但后来出现了婚变的事件,贾××为了打官司争回女儿的抚养权,甚至跑到了美国。当时,在考虑的时候,贾××只考虑到了他的高富帅而没有看到他的其他方面的问题。同样的道理还有电影演员周×和高富帅王××的这种<u>恋爱的,嗯,恋爱的故事吧</u>,我们可以了解到一些情况,他们最后的分开也是因为各种其他的原因,男士的责任心、人品是有些问题的。

对于高富帅来说有一个相对的词,是对女士的要求,很多男士要求白富美,比如说我们看《非诚勿扰》这样一些节目,很多男士选的女生大家明显可以看到就是白富美,所以,很多人是为了利益或者是为了长相而选择一个人,那这样的婚姻观念是有偏颇的。

当我们选择一个人的时候不应该只看重他的外表和他的家庭,而应该看重这个人的责任心和人品,还有跟这个人的共同语言、性格各个方面,<u>婚姻不是一个等价交换的物品,不是一个,嗯,攀附或者说是夫荣妻贵这么简单的一个,这样的一种旧的观念下的产物,应该有我们新的一种观念</u>,所以,高富帅,作为一个,嗯,不应该只作为一个标准,而应该也许可以作为一个参照。

这一段中划出的地方是高密度的调取、组接和转换之处,它们可以说是近乎同步进行的。就在第一处"男士的优点"这里,口语表达者首先出现了调取的失误,即没有把"男士的优点"成功地调出来,表达者在瞬间转换了词语,将"择偶的方式"提出来救场,下面就顺水推舟地转到自己熟悉的一个影视明星的例子上去了。在演讲的结尾对"婚姻应有新观念"进行阐述时,也采用了瞬间的调取、组接和转换,以弥补误用长句子所带来的言语失误。

四、即兴增补

即兴增补是即兴口语表达中重要的弥补手段。言语生成是将内部言语直接推向外部言语的过程,因为来不及做完善性加工,难免会出现疏漏,所以适度"追加"和"补说"是言语生成的重要环节。以下面的语段为例,带下划线的是即兴增补的部分:

1. 他在某杂志上发表的那篇关于饮食健康的文章,批评的人很多。<u>哦,我是说"文章中批评的人很多",而不是"批评这篇文章的人很多"。</u>

2. 山上的水宝贵,我们把它留给晚上来的人喝。<u>就是迟一些爬到山上来的人,不是晚上上来的人。</u>

3. 还记得吗?我和你刚认识的时候,还是个十来岁的少年,纯真无瑕,充满幻想。<u>哦,是你还是个十来岁的少年。</u>

4. 在毕业前那段,小陈待在实验室里半个月,好像与世隔绝了,做实验做到要吐了,所以他答辩完后回到家,强迫着自己看了《一部法国小说》换换脑子。<u>是这本书的名字就叫《一部法国小说》,是法国人贝格伯德写的一部自传性的作品。</u>

在以上言语现场生成的四个环节中,"即兴调取"与"即兴组接"是言语生成的基础环节,没有它们就不可能有后面的两个环节。"即兴转换""即兴增补"是为提高和完善"即兴调取""即兴组接"的质量所做的修辞性努力。

感悟与训练

一、词语调取分析

下面这些话摘自面试考场,分析一下说话者在词语调取上出了什么问题。

1. 我们应该控制好比赛的场面。
2. 我们班上今天发生了不好的事实。
3. 小王通过三年的努力,最终取得了优异的成就。
4. 我的爸爸妈妈是一名光荣的人民教师。

5.我们坚信,有这么一天,中国的工业和农业会成为发达的国家。

6.贝多芬的交响曲是一首首雄壮的歌曲。

7.你在家是用一次性餐具还是多次性餐具呢?

8.人在喝多了酒以后就会眼花缭乱。

9.播音员主持人是党和政府的喉结。

10.他见到了某些骑非机动车的朋友。

二、即兴口语组接分析

下面即兴口语中的组接是否恰当,如果不恰当,分析并加以修改。

1.可惜,这部在他心中酝酿了很久、将成熟的巨著未及完稿,就过早地离开了我们。

2.我们中学生如果缺乏创新精神,也不能适应知识经济时代的要求。

3.小王不但会唱歌,小李也会唱歌。

4.纪念三八节的到来。

5.论文发表后,报社向他赠送了报纸和奖品。

6.他穿着一件灰色上衣,一顶蓝布帽子。

7.造纸是我国古代的四大发明。

8.对雾霾做出我们自己的贡献。

9.老人们常说,我们走过的路比你们吃过的盐还多。

10.在考试中,诚信比作弊更重要。

第二节 即兴口语语脉推进

　　脉络,中医指人身上的动脉和静脉。语脉即口头语言的运行脉络,即语言的条理线索,它是一种线性展开的脉络,是由若干个分支脉结合成的一个整体。一个人的即兴口语能力就是快速将思维语言转化为口头语言的能力。语言是思维的直接显现,思维的规律就是语脉的呈现规律。语脉很难用某一种所谓"最佳呈现方式"来衡量和规范口语表达,相同的表达者在不同语境中有着不同的语脉呈现方式。语脉的运行方式可以是循规而不逾矩的,也可能是跌宕起伏的。语脉是呈一维性流动的,因而相对于平面铺陈的手法来说有一定的难度,但是掌握了这种语言的聚合习惯就可以从中找到一些规律。

一、即兴口语语脉的线性描述

即兴口语语脉的线性描述是言语局部意义单位的线性排列,它体现着语言流动过程中的相互依存、前后一贯的逻辑关系,遵循着形式逻辑的最基本原则,如图 2-2 所示:

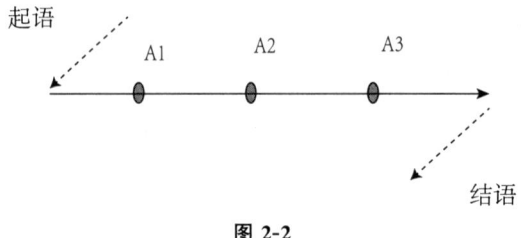

图 2-2

即兴口语中的线性语脉一般体现在话题单一、语意集中的情况下,尤其是在非正式交谈中,一方的自然陈述环节。A1、A2、A3 分别是同一话题中语脉接引时相互依存的承接关系。表述时口语表达者脑子里有清晰的主线,一个层面一个层面地展开,不随意引申,注意在动态语境中控制思维点的随意跳跃,把握语脉的定向推进,按照既定的语言思路展开口语表达。蒋勋在清华大学做过一场名为《生命中的善与美》的演讲,下面就以其中一段视频为例,来分析一下这种线性描述:

视频时间:8 分 18 秒

起语:我相信这是一个伟大的文学,其实用不是答案的方法,告诉我们说生命里面应该什么叫作善意这件事。

这是一个话题的开启,是具有概括性的话语,一句话点出下面要说的主题。

蒋勋在清华大学的演讲

A1:我在做系主任的时候,已经过了中年,学生给我过 40 岁的生日,然后回家读到贾瑞。我呢,那时候做美术系的系主任,你就觉得美术系好多漂亮的女生,大概校花都在美术系,她们很自然就觉得,我要去学艺术,我要秀发披肩,她们就常常接到信,然后有时候也被骚扰到很烦,整天信箱都塞满,那时候 E-mail 还比较少的那个年代,那个信箱都塞得满满的⋯⋯

这一个语段用娓娓叙述的方法,先是介绍了当时的背景,自己当时身为美术系主任,美术系有很多漂亮女生,有很多人追,为下面进行具体事件的讲述作好铺垫:

A2:有一次我记得我们美术系,大概那一届里面最漂亮的一个女孩子,有多少男生在追她的,我已经在上课,她忽然冲进来,说某某某你那个信我念给大家听,撕开这样念。那个男孩子,我吓一跳,因为他就是刚才我讲的那个,我记不得名字的,永远没有自信、灰扑扑的那个男孩子,然后就低着头,摸摸鼻子就走出去了。

我忽然觉得好奇怪,忽然想到贾瑞,也忽然想到王熙凤,可是我不觉得我们这个校花这么坏,我不觉得她没有善意,我就把她叫到办公室。

演讲者在描述完背景之后,讲了一件具体的事,一名系花由于常收到求爱信不胜其烦,于是当众羞辱了一名写信的男生。演讲者由此想到了文学作品中的贾瑞和王熙凤,但并不认为自己的学生是没有善意的,于是将女生叫到办公室给她念了一首诗来进行善意的教育,引出了新的一层意思:

A3:我说有一首唐诗,我可不可以念给你听,她就坐下来说,好。我说,张籍写过一首诗,他用一个女性的第一人称说"君知妾有夫",说你知道我有丈夫了,"君"就是你,你知道我有丈夫,"君知妾有夫,赠妾双明珠",可是你还送我一对很贵的珍珠,就是从荷兰进口的一个大钻石给我。我觉得这个诗很好玩,这前两句其实是一个测验,你要怎么办?所以我现在如果把这个题目丢给在座很多的朋友的时候,你要怎么办?"君知妾有夫",你明明知道我有丈夫,结了婚,你又送这么重的礼,那当然是表达爱意的,那我要怎么办,打他一耳光吗?色狼,退回,或者八卦杂志讲一讲,想去报道之类的,有各种可能。我觉得第三句、第四句好有趣:"感君缠绵意",我好感动,我都结了婚,还对我有这么深的情意,所以"系在红罗襦",绑在大红色的裙子上,这是唐朝的女人,"系在红罗襦",就绑在那里,可是绑着以后觉得蛮得意的,我都结了婚,还有人这么爱我,送我这么贵重的礼物,然后走来走去。忽然想说"妾家高楼连苑起",我家里是有家教的,家里家世不是乱七八糟的家世,我们家里面是有身份的人,"妾家高楼连苑起,良人执戟明光里",我丈夫在"中南海"里面,也是有头有脸的人,明光殿是唐朝的一个殿,"执戟"等于是一个卫戍司令一样,我丈夫也有头有脸。你想这两句话出来什么意思,就觉得说我好像不应该有越轨的行为,可以了解吗,是理性,可是刚才是"感君缠绵意",所以感觉好好,所以忽然觉得理性上好像不能接受。"妾家高楼连苑起,良人执戟明光里",这个时候人家送你一个钻石,你跟人家说我家世很好,我丈夫很有地位,好像又伤了对方,赶快转了一句,真了不起,说,"知君用心如明月",我知道你光明磊落,你送我这个珍珠,这么贵的钻石,没有非分之想。我后来就跟很多女学生讲,你一定要学会这一句话,你要跟那个男生说,"知君用心如明月",我相信里面有善意,是说对方真的没有善意也要有善意了,这样可以了解吗?逼他有善意,你如果先确定他是色狼就麻烦了。你就"知君用心如明月",我知道你一片光明磊落,你没有非分之想,你就是爱我,爱很单纯。"知君用心如明月",可是,"事夫誓拟同生死",重点是我已经发誓,我要跟我的丈夫共生死,我爱他,这个是重点。我觉得不爱,今天以现在的观点,她也可以离婚的,"事夫誓拟同生死",经过感性,经过理性,最后下了两句结论,大家非常熟悉这个诗结尾的结论:"还君明珠双泪垂"。我还是还你,可是哭了,就觉得好遗憾,人生是有遗憾的,"还君明珠双泪垂,何不相逢未嫁时",我没有结婚的时候怎么没碰到你。我不知道大家会不会觉得,这是唐朝,1300 年前的诗,可是现在社会有多少人可以做到理性、感性这样平衡,而留给别人这么多的善意,留给自己这么多的善意,没有把每一个人打入到色狼、色鬼、坏蛋、性骚扰这个路上去,而是"知君用心如明月",而且最后还东西。我们知道拒绝都是一个智慧,拒绝可能伤害一个人,拒绝也可能侮辱一个人,可是"还君明珠"底下加了"双泪垂",是说,好遗憾,人生本来就有遗憾,我没有办法,我爱我的丈夫,我对你也遗憾,可是如果你没有结婚以前,你可以跟他竞争。"何不相逢未嫁时",可是后来比较差的这种八卦式的集子就把它改了,觉得"何不相逢"的"何"字不够狠,就"悔"不相逢,就后悔,我觉得后悔,丈夫看到会不高兴,然后也有人改成更重的字,叫"恨"不相逢,那个有点更糟糕了,就是丈夫会更生气了。

在接下来的演讲中,演讲者生动形象地解读了这首诗《节妇吟》,从现实的角度加以理解,又结合了学生的处境,发人深省。

A4:所以我觉得我们看到好的文学里,其实是善意的拿捏,因为那个善意给人留余地,也给自己留了余地,然后它是一个美的状况。我觉得读到这首诗,觉得好美的一个情景,有人可以爱一个人,不管她结不结婚,送她礼物;也有人可以把这个礼物又还掉,而讲得非常非常的一清如水。然后也关心到丈夫的感觉,因为丈夫一定会读到这首诗,你也不能私相授受,所以丈夫读到"何不相逢未嫁时",也教育丈夫,没有结婚的时候,他也可以跟你竞争,我觉得这是非常现代、合理的一个社会,可是用"悔"和"恨",大概就不好了,"悔"和"恨"里面都太多情绪了。所以我不知道能不能把善意拉回到这些了不起的文学作品,用这些文学作品和我们自己的生命行为去对比。如果今天我打开电视、打开报纸,尤其是台湾的一些八卦的报纸,每天有多少杀人、泼硫酸,各种的事件的时候,你忽然觉得我们是不是少了这首诗。

演讲者及时进行总结,再次点题应题,逻辑清楚有条理,使听众容易抓住要点,听得明白。"所以我不知道能不能把善意拉回到这些了不起的文学作品,用这些文学作品和我们自己的生命行为去对比"这是一句过渡。演讲者发表了自己的观点,并举了现实的例子证明我们需要这种美的文学。

A5:我跟这个美丽的美术系女孩讲完这首诗,她就哭了,说:"老师,我懂了。"可是我想那个摸着鼻子走的"贾瑞",还是受伤了。可是这个可爱的女孩子,后来就再也不做这样的事,不会把男孩子写给她私密的信在公众面前撕开读给大家听了。

演讲者再次把听众拉回到现实,回到最初系花的例子,并通过系花的例子证明了这种美的文学存在的必要性。

结语:我的意思是说,拒绝也要有很多的余地,留给别人的余地,我相信这是对生命的尊重,它是善意的本质。

演讲的结尾再次回扣主题,使整个演讲结构严谨,重点突出。

在这篇演讲中,演讲者只讲述了一个话题,所以采取的是线性语脉模型,即 A1—A2—A3—A4—A5。演讲者首先确定话题为善意的本质(起语),介绍了话题背景,美术系有许多漂亮女孩(A1);美术系的系花当众羞辱写情书给她的男生(A2),把系花叫到办公室,给她讲了张籍的诗《节妇吟》(A3),通过这首诗教育系花理解善意的本质(A4),这段话在系花那里收到了效果(A5);最后作者进行了简单的总结,点明什么是善意的本质(结论)。整个演讲字里行间都充满真诚切实的感情,而且恰当地使用了过渡句,脉络清晰,整个演讲层层深入,具有很强的感染力。

二、语脉推进模式描述

在话语量较大的口语表达中,话题单一的线性语脉比较少见。当口语表达者在进行一段完整的表述时,语脉的展开一般是层层推进的,用图表示会呈现纵横两个方向。横向是同一意义空间的推移,即同一层面的展开,而纵向是意义、情节、意境的深化,这就构成语脉的推进模式。如图 2-3。

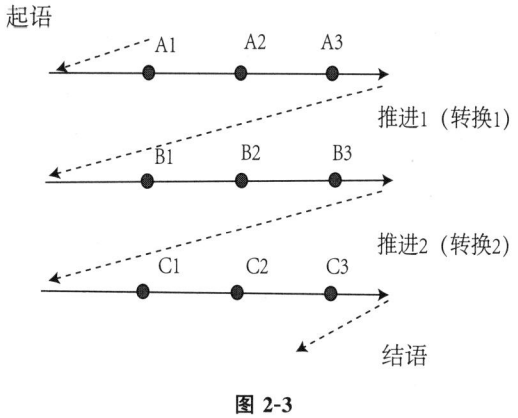

图 2-3

在图 2-3 中,三根横线表示语脉在不同层面拓展的广度,而上下两根横线之间的斜虚线则表明上下两层语意的纵向深化过渡。

语脉模式的科学依据是,口语表达结构体的层次递升运动和人的思维活动有着很多相似之处。神经科学研究表明,人的精神结构是多层次的,它的低级层次显示出很强的规律性,语脉就是按照一定的规律运作的。掌握了这一语脉模式,可以在即兴口语表达中保持条理分明的语脉推进。以凤凰卫视2012年6月29日的《鲁豫有约·"高考狂人"》这期为例,可以清晰地看出推进式语脉的流程:

《鲁豫有约-"高考狂人"》片段

（起语）

鲁豫：现在这个季节是高考的季节,所以我想做一期与高考有关的节目。因为凡是参加过高考的人多多少少都能讲出一两个和高考有关的难忘的故事。但我想谁的故事都不会有他多,因为今天的嘉宾,从19岁到39岁,20年间先后参加过13次高考,可以说是屡败屡战。那在这么长的时间里,他失去了什么,又得到了什么,我们来认识一下他吧。

（A段——高考的爱与恨）

（A1）**鲁豫**：我们来欢迎曹湘凡,他有一个名片,名片是这样写的——"高考王子"曹湘凡。

曹湘凡：爱也高考,恨也高考。没有高考,可能就没有曹湘凡吧。

（A2）**鲁豫**：你喜欢高考还是讨厌高考?

曹湘凡：用90后的话来说就是很"纠结"吧。我宁愿复读十年考北大,不愿委曲求全考一半。所以才有13次高考嘛。

（B段——高考的回忆）

（B1）**鲁豫**：当时你的成绩还是不错的,是不是?

曹湘凡：我省里预考是第一名,语文。

（B2）**鲁豫**：那你还记得(19)87年语文高考作文题目是什么吗?

曹湘凡：《理论对实践的指导作用》。我认为他题目出错了,所以刚好把它写反了,写成《实践对理论的指导作用》。

鲁豫：你认为题目出错了,所以你主动帮高考出卷方把题目改了?

曹湘凡：对啊。把它颠倒过来的嘛。我估计我会得高分。

鲁豫：结果得了低分。

曹湘凡：对! 结果全班倒数第一名,54分。

（B3）**鲁豫**：所以第一次就这样高考失利了,然后第二次、第三次……可能每一次都有一些刻骨铭心的经历。但我知道对你来说,第四次高考经历特别难忘。

曹湘凡：那是最刻骨铭心的一次吧,害了场大病,那一年没考试。

（B4）**鲁豫**：你指的害了一场很大的病？

曹湘凡：1989年到山西太原，高考移民……得了抑郁症，就是崔永元得的那种病。

鲁豫(HB)：崔永元得的那种病，你怎么知道崔永元得的什么病？呵呵。

（HB为语脉中的插话）

曹湘凡：就是那个抑郁症嘛，可能比崔永元那种还要重一点点。

鲁豫：又一次提到小崔，好，比他的病还要重一点。

（B5）**鲁豫**：那你的病的症状是什么？

曹湘凡：躁狂吧，崔永元不躁狂嘛，我那时候就想，就想当主席呗。

鲁豫：你想当主持人？

曹湘凡：不是当主持人，想当主席吧。

鲁豫：想当主席？

曹湘凡：对，就是躁狂症吧。

鲁豫：不是，你想当哪儿的主席呢？是工会主席还是国家主席？

曹湘凡：就是国家主席嘛，就是躁狂症嘛。

鲁豫：那现在你明白，那时候状态是一种病症，在那个时候，你自己其实体会不到"我生病了"。

曹湘凡：我非常兴奋。

鲁豫：人很兴奋？

曹湘凡：非常兴奋，就像毛泽东一样，可以指挥千军万马。

鲁豫：那，那种病症多久消除了？慢慢好起来了？

曹湘凡：那是又要高考了，我就想起来，想到还要高考。就是无意当中醒来了吧。

（C段——高考到底是什么）

（C1）**鲁豫**：真奇怪，让你得病的是高考，让你病好的也是高考。高考到底是怎么回事呢？

曹湘凡：高考就是我的救命稻草嘛。是1991年吧，因为"三南"考试嘛，"三南"考试在湖南、海南、云南试点，就是你可以不考语文那一科，所以刚好我那年就认为，我绝对会考上，因为它不考语文。我父亲嘛，叫我去买化肥，因为家里的苗长了，让我去买尿素，我就拿着那个16块钱就去乡政府偷偷摸摸去报名了，所以一回来的时候，爸爸拿着这么长的棍子，打，他说我庄稼现在等着要尿素，要肥啊，你又去考试了，他说你还能不能要回来？我说那怎么能要回来呢，钱都交了。我爸爸从来不打人的，他孩子虽然很多，从来不打人的，因为他那次觉得我太伤他的脑筋了，就是家里面因为给我治病，用了很多的钱，全家人都等着这个稻米吃饭啊，你都拿着这个钱去高考了。

（C2）**鲁豫**：现在回过头去想，当年那样做对不对？

曹湘凡：现在回过头来想，我真是太自私了。全家人，一家人，都指望着这个，农民都望着田里的收成，你拿着那个买化肥的钱去报考，明知这个没有结果的事情，刚好那年够上专科线，1991 年，好像不怎么值钱了，不像那个 1987 年，你考个中专都，都值钱……

（D 段——家人的态度）

（D1）**鲁豫**：你流过眼泪吗？为高考成与不成你流过眼泪吗？

曹湘凡：没有流过眼泪。"莫斯科不相信眼泪"，所以曹湘凡不相信眼泪。但是我笑不出来吧。

（D2）**鲁豫**：刚在这期间，你妈妈对你什么态度？

曹湘凡：妈妈就是希望我这个仔不要死掉就好了。妈妈生我的那一天刚好是屈原投江的那一天嘛。

鲁豫：你的意思你是屈原再生吗？

曹湘凡：出生那天是五月初五，五时五分，几个五，我妈说"我肯定是生了个天子"。

鲁豫：妈妈都是这样的，只要小孩好，身体好，在我身边怎么样都可以。

曹湘凡：对，别人说这个老婆和妈妈同时掉进水里，先救哪一个，我认为这是个伪命题。要我去的话，我绝对会救妈妈，因为妈妈无法复制，老婆可以复制。

（E 段——对婚姻和高考的选择）

（E1）**鲁豫**：人们都觉得他花 20 年时间高考很冤，其实他一点都没耽误。该谈恋爱时候谈恋爱了，该结婚时候结婚了，该有孩子有孩子了。

曹湘凡：只是在不对的时间结了婚，在对的时间没结婚。

（E2）**鲁豫**：那到后来结果是对还是不对呢？

曹湘凡：那是我的错，不是她的错。

鲁豫：你的错？错在什么地方呢？

曹湘凡：就是高考嘛。我（对我）老婆（说）"请你放我这一马，等我考完这次，考不好我就不考了。"她说"不行，我不能再等了，况且说你如果考上了，不要我了怎么办呢？"

鲁豫：这可能是一个女性她内心特别真实的想法。

……

曹湘凡：她说"我们以 12 点为临界，你 12 点以后回来我们就离婚。"

鲁豫：因为 12 点前，你都在准备考试的事情？

曹湘凡：对，复习。

（E3）**鲁豫**：那你这个选择的过程是很难的吗？还是一个很自然的选择过程？

曹湘凡：很难的，我要放弃高考很难的。放弃高考我就是个彻底的农民嘛，就不像现在我是个知识分子了嘛。

鲁　豫：那放弃高考很难，放弃这个家呢，也很难吧？

曹湘凡：那时候很难，因为已经有了一个女儿了……

(E4)鲁豫：大女儿6岁才能叫你父亲。你现在有三个孩子，能知道三个孩子每个人具体的年纪是多大吗？今年。

曹湘凡：那搞不清。

鲁　豫：搞清楚这个问题一点都不费劲啊，曹湘凡。

曹湘凡：我觉得这个不是很重要啊。

鲁　豫：这个不是很重要吗？挺重要的，我觉得。

曹湘凡：加重记忆负担嘛。

鲁　豫：因为你要记的东西很多，我们知道高考要背的东西太多太多了。

(结语)

鲁　豫：刚才我们只是曹湘凡这么多年高考的可能几个画面、几件事情。难忘的肯定太多太多了。他最终在2007年，也就是39岁那年考上一所大学后，选择要去读书了。他这个过程已经是从19到39岁，20年的时间过去了。高考了13次之后，他终于成了一名大学生。

从这段节目的对话中可以看出，在动态语境之中，思维点的跳跃和对话双方的碰撞虽然始终存在，但是只要把握好语脉的定向模式，进行同一意义空间的有序推进，即兴表达就会以一种清晰而又错落有致的方式展开。

三、语脉复合推进模式描述

即兴口语在动态语境之中存在思维点的跳跃，这就需要把握好语脉的同一意义空间的有序推进。这种"同一意义空间"就是图2-4中的X线索串起的语脉空间，它是一段话语表述的意义核心。

图2-4中的X纵线表示语脉生成中的主题导向，也就是语脉推进时所遵循的主体意思。一大段演讲、一期节目、一场报告或一堂课，通常是由几个X、Y、Z纵线串起的。图2-4就是一个以X主题为线索的语脉全程推进模式图。

以《鲁豫有约》中鲁豫采访陈奕迅那一期为例，整个访谈分为三个主线话题，分别是：

第一部分：个人生活和内心世界；

第二部分：对歌迷的影响；

第三部分：朋友采访。

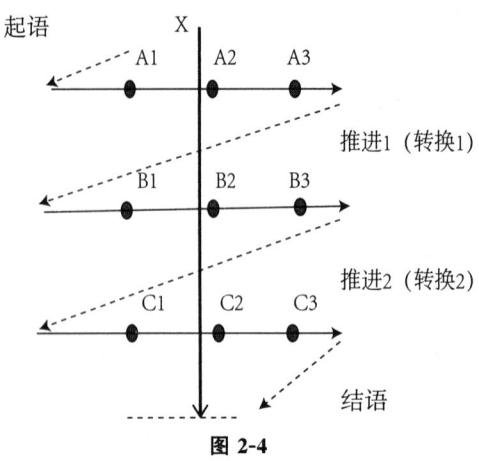

图 2-4

其中,每个话题都由几部分构成一个语脉线性模式,三个线性模式相继出现,构成语脉推进模式。整个访谈由本人到他人,由个人生活到事业的公众影响,展现了陈奕迅的各个方面。

《鲁豫有约·陈奕迅》片段

(A 段——生活中的哥儿们)

鲁　豫:哎,说说你生活中几个很重要的人呗。先说你的哥儿们,你知道什么叫哥儿们么?

陈奕迅:哥儿们?

鲁　豫:好朋友,对,说说你的哥儿们呗。

陈奕迅:我的哥儿们。

……

(B 段——聚光灯下的鬼马性格)

鲁　豫:为什么会反差那么大呢,台上跟台下?

陈奕迅:因为我台下还是可以就是……因为台下的人都习惯这样看我,他要发疯了,他要吃药了,就所以我台下没有很……

鲁　豫:有没有像有一个开关一样在身上,只要一上台那开关就自然地被打开了。我就是那样的,一下台把开关关了,我就是另外一个样子了。

陈奕迅:因为我台上有,我觉得唱歌、音乐……我唱歌、表演是有很大的因素啦,比如说刚刚我会,就是有那个……

(C 段——内心世界)

鲁　豫:那这首歌写得真的很像你吗?《孤独患者》。

陈奕迅:有一段时间很……我觉得就你做什么事情,大家都会关注你,我就觉得有一些时候,我不能控制那种关注,我就觉得太多了吧。比如说现场的,或鲁豫你本人,我的人就是这样子,我给你知道我是怎样的,但是我知道你们多少?所以有些时候在街上,有人跟我说"哎,Eason,很喜欢你的歌",我就 Hello,但我对他是,可能他清楚我很多,我就觉得很……我不知道你叫什么名字,你懂吗?可能一个听过我十年,超过十年的音乐的话,你懂我很多,但我不懂你,所以我觉得那个矛盾很……我觉得很不爽。

鲁　豫：其实不用啊,其实是平等的,他知道你很多,他听了你很多的歌,但你的歌感动了他们、影响了他们,这个就是平等的。

陈奕迅：但我,其实我很想去了解每一个人,是真的,我觉得,是我知道你说什么平等……所以我好朋友就那几个……何超仪、梁汉文、谢霆锋……对啊,就那些,来来去去交往的那几个,十几年都差不多,这些,(还有)我老婆。

鲁　豫：哈哈哈,你是个长情的人。但真的讲到歌迷就的确像你说的,他们很了解你,可能你的每一个细节,你讲过的每一句话他们都知道、都记得。你不了解他们,但你影响了他们……

陈奕迅：希望是好的影响。

鲁　豫：当然,你可以看看歌迷给你写的信。

陈奕迅是香港演员也是流行乐坛歌手,相对于其他口语表达者来说,他的表情动作和肢体语言极为丰富,很多意思不是"说"出来的,而是靠节目现场用眼神、表情、动作"演"出来的。他在现场的活跃度,带动了观众的情绪,所以鲁豫的采访设计是通过三个主线话题来让大家认识一个"多面陈奕迅"的。

四、带插话的语脉推进模式

通过对语脉推进模式的分析,可以看出口语表达结构层次递升和人的思维活动的相似之处。人的精神结构是多层次的,它的低级层次显示出很强的规律性,语脉也按照一定的规律运作。在动态语境之中,X 线索串起的语脉空间,是一段表述的意义核心。不过,在一整段有序的语脉空间中,不可能每句话都是与 A、B、C 段话题密切相关的,常常会在思维的跳跃中插入其他的成分。在语脉进程中插入与整个话语主题无关的话语,就是插话。那么,插话在语脉之中是如何描述的呢?

语脉之中的插话统一命名为 H 系列,与本段话题有关的语脉插话分别标为 HA、HB 或 HC,这属于正常语脉之中的插话。鲁豫说的"崔永元得的那种病,你怎么知道崔永元得的什么病?"就是与话题有关的插话,因为"崔永元的病"与节目主题毫无关联,本不该出现在主持人的话语中,但它并不是由主持人鲁豫提起的,而是由嘉宾曹湘凡首先提起,鲁豫只能顺应话语接一下,因此它是有关联插话。那些由主持人提起的、漫游式的,与话题无关的甚至是惹麻烦的插话,标为 H。如图 2-5。

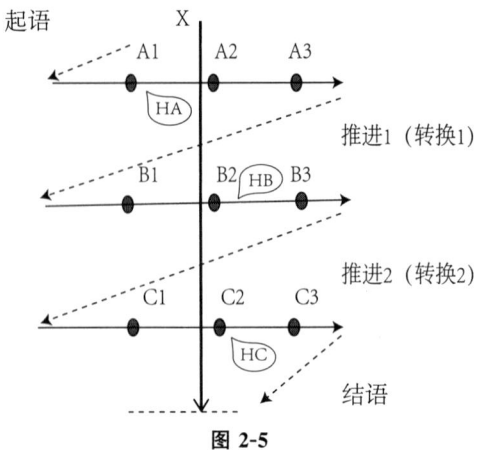

图 2-5

出现在 A 段语脉中的有关联插话标为 HA，B 段、C 段中的依次标为 HB、HC。以 2012 年 1 月 9 日天津卫视求职类节目《非你莫属》为例，高中在新西兰留学，回国读自考的刘俐俐前来求职。下面是该期节目的一段语脉分析：

《非你莫属》之刘俐俐片段

（起语，主持人介绍求职者的基本信息，求职者刘俐俐自我介绍）

张绍刚：刘俐俐，24 岁，湖北人，北京外国语学院，自考英语本科。

刘俐俐：大家好，我来自"将船买酒白云边"的湖北松滋。我是 80 后，我也喜欢臭美，但是我更喜欢读莎士比亚。我喜欢打魔兽，更喜欢上微博。我是个工作狂，但也是个乐活族。谢谢大家。

（A 段：关于求职者的文学爱好——莎士比亚）

（A1）**张绍刚：**喜欢莎士比亚的什么？

刘俐俐：喜欢他的英雄双行体。

张绍刚：莎士比亚？

刘俐俐：对，莎士比亚的一个英雄双行体。

张绍刚：是？

刘俐俐：是一个写作形式，是一种诗的写作形式。

莫华璋：你是说，你是说十四行诗是 Sonnet 么？

刘俐俐：Its very kind of like……哦，我不是故意的。

（A2）**张绍刚：**不，你可以不在乎。我无所谓听懂听不懂。但是你说到莎士比亚，创制了一个文体，叫英雄双行体。

刘俐俐：不，不是他创制的。这个是他有写过。但是一般人很少读到过。

（A3）**张绍刚：**是很少有人读到，那你能通俗地跟我们分享一下能读到的事儿吗？

刘俐俐：可以。

张绍刚：莎士比亚的戏剧读过些什么？

刘俐俐：演过 Much Ado about Nothing（《无事生非》）。

张绍刚：啊嗯，还读过什么？

刘俐俐：Macbeth（《麦克白》）。

张绍刚：《麦克白》里面你演的是？

刘俐俐：我演的是那个巫婆，三个巫婆当中的一个。

(A4)**张绍刚**：你的主业是戏剧演员？

刘俐俐：不是，我前一份工作是英语老师。

张绍刚：你前一份，那你说到的演是？

刘俐俐：是我上高中的时候学校的话剧团。

推进一：主持人一开始对求职者刘俐俐提问，问到的就是喜欢的读物。求职者提到英雄双行体，这是一个重要信息点，然而这个信息点没有获得大家的赞赏，因为它并不是大家对这个问题所期待的回答，原因有三个：一是这是一个看上去过于专业的问题，稍微了解一点张绍刚的人应该知道，张绍刚说过自己英语不好，求职者选了一条并不讨好主持人的表达方式；二是求职者提到的英雄双行体是一个过于窄的信息点，可能让大多数人感觉不快，并未因此让人感到求职者很了不起；三是一个题外话，求职者对英雄双行体的评价并不准确，莎士比亚的创作跟英雄双行体没有什么关系。

A1－A2：对"英雄双行体"的概念纠结，导致场上整体气氛的紧张与不快。A3：求职者调整了双脚位置和站姿，回答"可以"，配合点头、微笑，这个转场让双方从前面的概念纠结中略微松弛了下来。A4：主持人问"读"，而刘俐俐答的是"演"，根据主持人对选手的个人信息掌握状况，加上张绍刚看手卡的动作，可以判断 A4 部分主持人的提问中已带有一点讽刺。

(B 段：关于求职者的学业——高中和大学)

(B1)**张绍刚**：你是在什么高中啊？

刘俐俐：在新西兰的国立昂斯洛学校。

张绍刚：读了几年？

刘俐俐：3 年。

张绍刚：随后呢？

刘俐俐：随后就回国读的自考。

(B2)**张绍刚**：为什么不在那块升大学？

刘俐俐：因为在那边，就是说<u>费用稍微有一点高</u>。然后我在新西兰待了3年，3年之后才回国。那个时候我就觉得，哇，<u>中国变化好大啊，我要是再在新西兰待，我会傻</u>

掉的,因为那边的节奏太平缓……

张绍刚(HB):稍等,稍等,稍等,刘俐俐,为什么我和你在沟通的时候,我浑身一阵一阵地犯冷呢?

刘俐俐:在生我的气吗?

张绍刚:我很少会和我的朋友沟通说"hello,你觉得中国怎么样?"这是我们自己的国家,我们待在自己家里面。还需要用大写来称呼吗?

刘俐俐:那请问你跟别人说的时候,都说我的祖国么,祖国也是个大写啊?

张绍刚:我说我们这儿。

刘俐俐:我以为在这儿要说很书面的语言,这是为什么我才用敬语的。比如说我跟您称"您"。

张绍刚:你刚才的这个交流方式,又让我开始觉得冷。第一,放松。第二,正常聊天,正常聊天。

(B3)张绍刚:好,接着说你的经历。从新西兰回来之后,为什么选择自考?

刘俐俐:因为高考很难啊,数学根本不会啊。

推进二:第一次冲突出现。导火索是因为对国家的称呼,导致求职者和主持人之间第一次矛盾激化。从这里开始,求职者的态度也有了很大的转变,情绪中也渐露烦躁。

(C段:关于求职者专业的选择——深层考查)

(C1)张绍刚:然后自考为什么又去考一个英语专业?因为你的英语已经在那儿待得很好了。

刘俐俐:那为什么我们要学语文呢?

张绍刚(HC):我不知道,是我的问题你听不太懂呢,还是我哪个问题伤害到了你,使得你开始具有了攻击性。

刘俐俐:老师,我觉得是您具有攻击性,不是我具有攻击性。

张绍刚:我是从哪个问题开始有了攻击性?

刘俐俐:就是从祖国那个问题开始。

张绍刚:我真的非常不喜欢听你那样聊中国的事儿。

刘俐俐:但是您不了解我,我就是觉得我中文太差了,所以我才回国读的大学。

(C2)张绍刚:所以你在选大学的时候选英语。

刘俐俐:那是为了混张文凭。

推进三:从这段对话可以看出,求职者已远不如刚上台时从容,表达上开始"不合作"，言辞间流露出火药味，在"攻击性"之争上，求职者处于被动状态，且不能控制情绪，最后说出了"为了混张文凭"这样对自己不利的负面信息。

（D段：关于求职者的职业背景——从业经历）

（D1）张绍刚：做过什么工作？

刘俐俐：翻译和老师，英语老师。

（D2）张绍刚：在哪儿做翻译？

刘俐俐：类似于中介一样的，一个翻译公司。比如说它有活儿，叫你去干，然后就去做笔译。

张绍刚：所以是兼职。

刘俐俐：对，兼职。

张绍刚：不是一份专职。

刘俐俐：专职的话也就是做过英语老师。

（D3）张绍刚：在什么样的地方？

刘俐俐：华尔街英语。

张绍刚：在华尔街英语？

刘俐俐：对。

（E段：关于求职目标——今天想找的工作）

（E1）张绍刚：今天想要找什么类型的工作？

刘俐俐：今天想找一份关于咬文嚼字的工作。

张绍刚：这是一份什么样的工作？

刘俐俐：嗯，媒体，媒体的编辑，文字编辑。中英文的都可以。

张绍刚：是平面、广播、电视、网络？哪个是你更了解的？

刘俐俐：嗯，说句实在话，我更偏向于平面媒体。

张绍刚：更偏向于平面媒体。

刘俐俐：对。

（E2）张绍刚：对平面媒体了解多少？

刘俐俐：了解不是很多。

张绍刚：你想做平面媒体的哪一类？报纸？

刘俐俐：杂志，因为马克思说过，杂志比报纸更能传递信息。

张绍刚（H）：嗯，OK，我没听说过，反正就这样吧。

（E3）张绍刚：你的优势是什么？你做这一份工作的优势是什么？

刘俐俐：文笔还不错，脑子转得快。

张绍刚：怎么证明自己的文笔还不错？

刘俐俐：你可以给我出题啊！

张绍刚：怎么证明自己的脑子快？

刘俐俐：刚才脑子就很快啊。

张绍刚(H)：我很少彻底对一个求职者失去兴趣，各位请提问。

D段对话从求职者之前的工作经历谈起，围绕这一话题展开。到了了解求职目标的E段部分，起初对话还算正常，但求职者引用马克思的话之后，主持人的"我没听说过，反正就这样吧"插话是与话题无关的，是负面的，似乎又激发了求职者的抵触情绪。接着主持人问如何证明文笔好、脑子快的时候，求职者的两个回答都让主持人有下不来台的感觉。于是主持人再次插话"我很少彻底对一个求职者失去兴趣"，严肃又无奈地结束了谈话，转而进入各位老板提问的环节。

从语脉分析可以看出，主持人和求职者逐步从合作走向对立，场上气氛也从融洽走向紧张。不知是不是因为这个原因，最后求职者遭遇全灭灯（淘汰）。图2-6是刚才所举案例的语脉图：

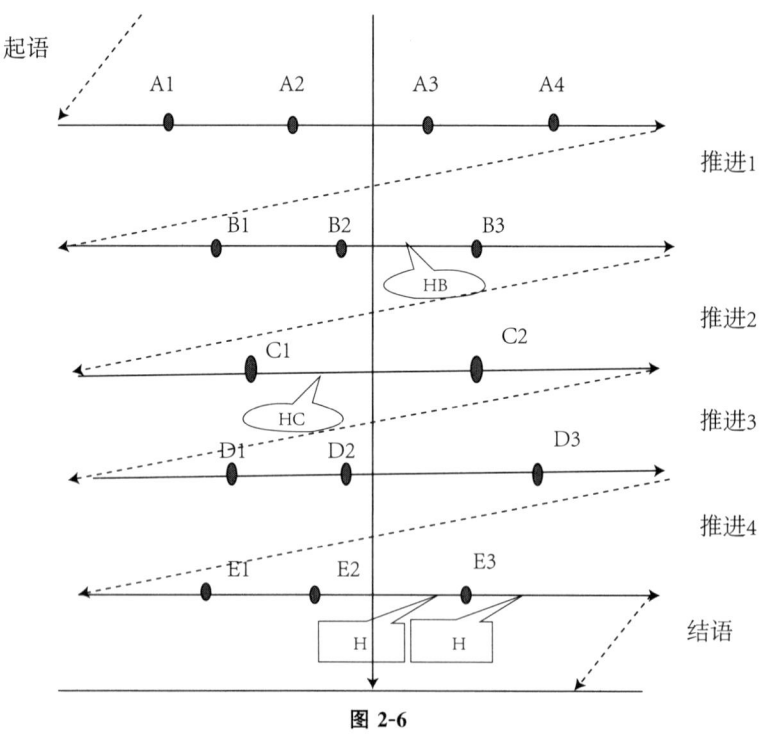

图2-6

从语脉图中可以看出，主持人是通过五步语脉推进逐渐把对话向纵深处推开的，但其中主持人有两段"有关联的插话"——HB、HC和两段"无关联的插话"——H，通过图示可以清楚地看到这几段插话对双方走向不合作起到了关键作用。这给我们的启发是,在话语进程中,减少"无关联插话"是保持语脉顺畅推进的重要一环,尤其在较为正式的即兴口语中,应控制"有关联插话",避免"无关联插话"。作为一位有个性的主持人,合理运用"有关联的插话"是构成其主持个性的一部分,但规避"无关联插话"又是主持人心理稳定成熟的重要标志。

感悟与训练

一、"孟非版"《非你莫属》虚拟语脉对照分析

在看了《非你莫属》刘俐俐一期之后,有网友对主持人张绍刚的主持语脉提出异议,认为在求职类节目中主持人过于强势,如果换了服务类节目就不一样了。下面就依照《非诚勿扰》主持人孟非的风格模拟了一期"孟非版"《非你莫属》,请用语脉图做一下分析,着重体会带下划线的地方,并对照一下两版的不同之处。

孟　非:欢迎刘俐俐,喜欢莎士比亚的什么?

刘俐俐:喜欢他的英雄双行体。

孟　非:英雄双行体?是银行的行吗?

刘俐俐:对,是一个写作形式,是一种诗的写作形式。

孟　非:大家记着点啊,尤其是乐嘉,行也念 xíng。继续,什么体?我听不太明白,你能给我们介绍下吗?

刘俐俐:就是一种文体!

孟　非:就像我们的议论文、自传或者诗歌对联什么的吗?

莫华璋:是十四行诗吧? Sonnet?

刘俐俐:Its very kind of like…sorry.

孟　非:没关系,反正我也听不懂,我高中都是睡过来的。

乐　嘉:矮油,你这个"睡"是怎么回事快说说。

孟　非:我看出来了,就你,你老往河里带我,我是趴桌子睡觉,流哈喇子的那种,这事儿你也没少干吧?

乐　嘉:我才不呢,要睡,我都是直接在家里床上睡的。

孟　非:咱们换个能沟通的话题,比如莎士比亚的戏剧读过些什么?

刘俐俐:演过《无事生非》。

孟　非:啊,看出来,真的是留学回来的……还读过什么?

刘俐俐:嗯……《麦克白》。

孟　非:那好吧,《麦克白》里面你演的是?

刘俐俐：演的是那个巫婆，三个巫婆当中的一个。

孟　非：是骑着笤帚那种的，还是去蛋糕店老板那儿把塑料袋给套脖子上那种的呢？

刘俐俐：……

孟　非：所以你以前是做演员的？

刘俐俐：不是，我前一份工作是英语老师。

孟　非：你前一份，那你说到的演是？

刘俐俐：是我上高中的时候学校的话剧团。

孟　非：明白了，合着就是那种兴趣小组。小时候我也参加过，但人家哪个组都不要我，嫌我又笨又难看还老挤对人。你是在什么高中啊？

刘俐俐：在新西兰的国立昂斯洛学校。

孟　非：读了几年？

刘俐俐：3 年。

孟　非：随后呢？

刘俐俐：随后就回国读的自考。

孟　非：为什么不在那块升大学？

刘俐俐：因为在那边，就是说费用稍微有一点高。然后我在新西兰待了 3 年，3 年之后才回国。那个时候我就觉得，哇，中国变化好大啊，我要是再在新西兰待，我会傻掉的，因为那边的节奏太平缓……

孟　非：3 年你就不懂读和演的区别了？回国后适应国内的快节奏了吗？

刘俐俐：在生我的气吗？

孟　非：不不不，我的原则一向就是先学不生气，再学气死人，跟乐嘉不一样，你看他现场笑得都找不到眼了，回去之后就打我撒气。咱都别学乐嘉，一会"哇"一会"矮油"的，也不知道是不是从网上学来的臭毛病……你放轻松点，也不用拿自己当外人，咱就说回来，以后一看这儿还不错就行。说"中国"太正经了。

刘俐俐：那请问你跟别人说的时候，都说我的祖国么，祖国也是个大写啊？

孟　非：我有时候是这么说，那就是假正经的时候。

刘俐俐：哦，我以为在这儿要说很书面的语言，这是为什么我才用敬语的。比如说我跟您称"您"。

孟　非：好，从现在开始咱都说您，是吧，这个我接受，说的对就得接受嘛！好，接着说您的经历。从新西兰回来以后，为什么选择自考？

刘俐俐：因为高考很难啊，数学根本不会啊。

孟　非：然后自考为什么又去考了一个英语专业？因为你的英语已经在那儿待得

很好了。

刘俐俐：那为什么我们要学语文呢？

孟　非：哦……明白了，所以我学的是印刷，现在能主持节目了。

刘俐俐：我觉得是您有了攻击性。

孟　非：我是从哪个问题开始有了攻击性？

刘俐俐：就是从祖国那个问题开始。

孟　非：看来我还是更适合去干印刷。

刘俐俐：我就是觉得我的中文太差了，所以我才回国读的大学。

孟　非：不不，你出场的时候李白的那句诗用得就挺好，看不出来中文差。所以你就选了英语？

刘俐俐：那是为了混张文凭。

孟　非：哎哎，这个咱能不在这儿说么？做过什么工作？

刘俐俐：翻译和老师，英语老师。

……

孟　非：今天想要找什么类型的工作？

刘俐俐：今天想找一份关于咬文嚼字的工作。

孟　非：我语文是真不好，你得说说"咬文嚼字"这是一份什么样的工作？

刘俐俐：嗯，媒体，媒体的编辑，文字编辑。中英文的都可以。

孟　非：是平面、广播、电视、网络？哪个是你更了解的？

刘俐俐：说句实在话，我更偏向于平面媒体。

孟　非：对平面媒体了解多少？

刘俐俐：了解不是很多。

孟　非：你想做平面媒体的哪一类？报纸？

刘俐俐：杂志，因为马克思说过，杂志比报纸更能传递信息。

孟　非：马克思是那个大胡子吧？你的优势是什么？你做这一份工作的优势是什么？

刘俐俐：文笔还不错，脑子转得快。

孟　非：怎么证明自己的文笔还不错？

刘俐俐：你可以给我出题啊！

孟　非：我还以为你要说《后宫·甄嬛传》是你写的呢。怎么证明自己的脑子快？

刘俐俐：刚才脑子就很快啊。

孟　非：是是是，快得我一直就没跟上趟。

二、《非你莫属》"晕倒哥"事件语脉推进模式实例分析

下面是曾轰动一时的2012年5月20日《非你莫属》"晕倒哥"事件现场对话,从法国回来的求职者郭杰因现场被指出有弄虚作假嫌疑而当场晕倒。有意思的是,事后核实结果是:求职者的证书并没有造假。现在根据语脉推进的模式,分析一下主持人在现场是如何将语脉推进到"打假"的。

《非你莫属》之"晕倒哥"片段

(起语)

张绍刚:郭杰,32岁,山西人,法国蒙彼利埃大学国际旅游专业硕士。

郭　杰:大家好,各位评审好,我来自山西,我叫郭杰,今年32岁,在法国生活十年,专业是电影导演专业,今天想应聘的职位是跟影视有关的,或者是视频,或者是艺术创意,舞台表演也可以,谢谢大家。张老师您好。

(A段　关于求职者的留学背景)

张绍刚:欢迎郭杰,郭杰今年32岁,有10年的法国留学经历。

郭　杰:对,去了以后先是学的语言。

(A1)张绍刚:学了多久?

郭　杰:学了两年左右。

张绍刚:现在法语是什么程度?

郭　杰:挺好的程度。

张绍刚:挺好的,来,文颐帮我们考一下法语,谢谢。

(文颐、郭杰法语交流)

张绍刚:虽然我听不懂,但是他好像说了四遍了,他是个什么状况?

文　颐:其实我只是问他,因为他学的是高端旅游嘛,所以我问的是这个高端旅游的市场,中国和法国的市场有什么不同,但是他刚才就跟我讲到一些自由啊什么,所以我在讲的是市场,不是文化的东西。

(A2)张绍刚:他的语言怎么样?

文　颐:我是觉得他在法国生活十年的话,好像(很一般)。你一直是在巴黎,还是在南部,还是在什么地方?

郭　杰:我是在巴黎大概待了3个月时间,然后又去的亚眠,在那边读了3个月时间,然后又去的兰斯那边的语言学校,学了一年时间,我走过很多地方,后来又去的斯特拉斯堡,在那边读了两年,然后又去的蒙彼利埃,很多地方都走遍了。

(B段　关于求职者的学历专业)

(B1)张绍刚:你是好好念书来着吗?

郭　杰：没有,因为我的专业是三个的吗,对吧?

张绍刚：哪三个专业?

郭　杰：一个是国际贸易偏旅游管理,第二个专业是社会学,第三个是导演。

(B2)**张绍刚**：你这三个专业用了几年?

郭　杰：8年时间。

张绍刚：你这8年都是本科吧?

郭　杰：不是,有一个硕士。

张绍刚：哪个是硕士?

郭　杰：就是国际贸易。

张绍刚：国际贸易是硕士,第一个?

郭　杰：对。

(B3)**张绍刚**：第二个又学了社会学的本科,你念了几年?

郭　杰：一年。

慕　岩：你一年学了多少门课?就那社会学专业?

郭　杰：5门课吧。

慕　岩：5门课就给你一个本科的证书?

郭　杰：算是吧,这样子。

慕　岩：还有这么美好的学校。

文　颐：请恕我直言。如果你要是读哲学或者这一类,它要求法文的基底非常非常高,而且它有很多的东西,你要非常熟知它的这种背景啊,包括文化,而且很多是很难读,因为我有朋友读这个,读了很多年都还没有毕业,所以我不知道您能在法语这种状况下,这么快就能轻松毕业。

张绍刚：一年就拿到了一个社会学的本科。

文　颐：对,这是一个不可思议的事。

郭　杰：它是这样子,社会学它不是一个哲学。

(C段　关于社会学专业的细节)

(C1)**张绍刚**：那这样子,郭杰,这有学社会学的Frank。

Frank：我是学社会学的。法国的社会学是非常好的,很多大家。你跟我说法国最有名的几位社会学家的名字,一位就可以,就说一个。

郭　杰：不知道,我不知道。

Frank：那我就觉得很奇怪了。最起码教科书提到的。

郭　杰：忘记了,当时确实有背过。

Frank：我觉得念社会学的人,至少都会学到一个埃米尔·杜尔凯姆,他是一个法国人,这是大家都知道的。

郭 杰:他是哪个啊?一个是德国的,我真的忘记名字了,一个是德国的,一个是法国的。

Frank:德国的是韦伯对不对?

郭 杰:对。

Frank:但法国的理论家,你竟然没记得,我觉得蛮奇怪的。

(C2)**张绍刚**:这样,郭杰,我又说不该说的话,我强调一遍,我不愿意在这个平台上做一个很费劲的工作叫打假和辨真伪,那个过程将使得咱们双方特别不坦诚地处于彼此试探的状态,你也不舒服,我也不舒服,但是现在我愿意把这层窗户纸捅破,原因是社会学很难念。

郭 杰:是,确实很难念。

张绍刚:你告我你一年,一年拿到了一个社会学的本科,你刚说的,你不知道法国的社会学大家的名字,法国的学制有时候……

Frank:法国的学制有时候,据我所知是这样子的,你念书归你念书,但是你有一个毕业考试,那考试如果通过了,它是可以给你毕业证的,这个我了解。但是问题在于,你也不可能在一年之内把那些学完,完全没有基础下你完全学完,甚至还通过那个考试,因为据说法国的那个大学的那个毕业考试是非常困难的。

文 颐:对,很难。它因为有平时的学分,它是等于说入学很简单,但是尤其是你要读好的学校的话,你毕业会很难,它要修学分的。

(C3)**张绍刚**:学了些什么课程?

郭 杰:有些法律的课程或者一些……

张绍刚:社会学的课程有什么?

郭 杰:比如说是美国的保险制度、日本的保险制度。

张绍刚:稍等,稍等,稍等。

Frank:美国的保险制度或者日本的保险制度绝对不会是在社会学的范畴之内。

郭 杰:那我就是翻译错了,我自己翻译错了,那可能它不是个社会学。

(D段 关于学位证书)

(D1)**张绍刚**:我们先看一下他的证吧,这个证是三个证,反正我一个也看不懂。把这个证帮我传给文颐,让文颐看一下他的三个证书,谢谢。

Frank:说实话有很多,你也应该知道有很多中国留学生在法国念书有时候真的拿不到学位的,因为比较困难,但很少一个人上来说我拿了三个,不只拿到而且(还)三个,所以说为什么我会产生这个疑问。

张绍刚:而且关键是反差都特别大,一个是国际贸易,是硕士;一个是社会学,是本科;还有一个叫导演,导演也是本科。这个速度颇快,导演是怎么拿到的?

郭　杰:导演是申请,一个学校通过面试。

张绍刚:你申请进去了?

郭　杰:对,它通过面试,一个考试,然后对电影本身有一些了解。

(D2)**张绍刚**:给我介绍一下,法国有个著名的导演叫戈达尔。

郭　杰:他拍过什么片子,你能告诉我吗?

Frank:他是法国新浪潮最有名的一个导演啊!

郭　杰:你能告诉我一下,他拍过什么片子?

(D3)**张绍刚**:这样,给我们介绍一下法国一个很著名的电影叫《四百下》,有的翻译成《四百击》。

郭　杰:我没有看到,没有看。

张绍刚:你在法国学电影,不看《四百击》?

Frank:《断了气》?

张绍刚:《断了气》太难了,如果连《四百击》都没看的话,《断了气》就太难了,你在法国学电影看什么?

(D4)**张绍刚**:来,文颐说一下。

文颐:我觉得他这个不算毕业证了,因为在法国有很多比如短期的培训,培训班,然后我可能看到唯独有一个你在旅游专业,就是学旅游的这个,在2007年的6月份毕业,它算一个Bac5(短学制职业教育)的这么一个级别。

张绍刚:能到本科吗?

文　颐:这样算技术学校专科吧,大专的这一个,因为如果你是的话,法国会是master,他给你的证书里面会有master,而且那上面写得很清楚。你自己读法语的,你自己应该看得很明白、很清楚的。

张绍刚:另外,这个小伙子,你刚才说的那个专业里面没有……

(求职者晕倒)

(结语)

张绍刚:你是在表演吗?

郭　杰:没有,不好意思,不好意思,我真的是晕倒了。

张绍刚:来各位,现在请我们12位做一下选择,来决定这位求职者是去是留。

三、语脉推进分析

找一段你喜欢的电视节目中的即兴对话,按照语脉推进模式进行分析,体会这段语脉的推进是否合理,是否有不妥的地方。

第三节　推动言语顺利生成的核心要素

通过语脉分析,即兴口语的奥秘已逐步展开。在语脉模式图的启发下,可以得出这样的结论:只要按照一定规程进行即兴口语的把握,表达者在特定的现场就可以达到即兴口语表达的目的。要达到言语的迅速、完整、顺利生成,重要的是抓住推动言语顺利生成的四个核心要素。

一、话语限制在一定范围内

任何散点的东西都会使即兴表达陷入无法控制的境地,因此,口语表达者是否有语脉清晰的表达首先依赖话题的范围限制。语脉模式中的 H 符号似乎是一个有点危险的标记,但没有 H,话语可能是无趣的;有了搭配着 A、B、C、D、E 的"有关联插话",话语可能会比较生动,但一个孤独的 H——"无关联插话",可能就会使言语进程出现败笔。《鲁豫有约》采访陈奕迅这期中,主持人鲁豫让陈奕迅谈谈他的哥们儿:

鲁　豫:哎,说说你生活中几个很重要的人呗,先说你的哥们儿,你知道什么叫哥们儿么?

陈奕迅:哥们儿?

鲁　豫:好朋友,对,说说你的哥们儿呗。

陈奕迅:我的哥们儿。

鲁　豫:谢霆锋。

陈奕迅:谢霆锋,那个药嘛,泄停封。

鲁　豫:哈哈哈,你也知道啊这个,他很生气吧,他是不是很生气?

陈奕迅:没有啊,他,其实你知道,他其实私底下很搞笑的。你看他爸爸的以前的那种我们叫粤语长片,其实是很有幽默感的一个人。你看谢贤,谢贤永远是这样嘛(摆姿势)。

鲁　豫:哦,他爸超酷,那个样子。

陈奕迅:对,很酷,而且是很健康。

鲁　豫:挺有型的样子,对,没错。

陈奕迅:但是他以前拍的片,就是你可以看得出,谢霆锋其实有他的那个 DNA 的。其实他,他平常不是那种(摆姿势)……就动作不会很多嘛。我觉得他……心地好啊,我跟他,对呀,很久了,认识很久了,还有梁汉文吧,还有苏永康。

鲁　　豫：你们几个在一起谁被别人捉弄得比较厉害的？

陈奕迅：就是整他（谢霆锋）啊。

鲁　　豫：对呀，一般都整谁？你们。

陈奕迅：谢霆锋啊，就不用整啊……

这一段对话中，围绕"好朋友"这个话题，陈奕迅连说带比划极尽搞笑，当说到谢霆锋的爸爸谢贤时，不免让人捏了一把汗：带下划线的话语似乎有跑题之嫌，因为谢贤并非陈奕迅的哥们儿。然而陈奕迅在转了三个话轮之后就转回到了谢霆锋的身上，谈到谢霆锋有他爸爸的 DNA，使这些话限定在原来的话题范围内，而不是漫无边际了。许多即兴说出的话语，包括老师讲课过程中的大面积跑题、电视台嘉宾采访中的话语跑题、日常工作中的扯皮言辞等，也大多是由话题漫无边际、语脉散乱造成的。

二、牵住线索，把握语脉走向

口语表达者应当在有限的时间内对即兴表达的话题做快速反应，准确地牵住语脉线索，使思维与表达同步进行。现场言语生成应该清醒地把握语脉走向，既要注意不同意义层面的展开，又要注意纵向的语意深入，做到言之有物，有一定的信息密度。

较为成熟的口语表达者，会有自己的表达个性；在单位时间内，话语有较大的信息含量。作为一位经常使用语言的口语表达者，如教师、主持人、管理者、导游等，牵住语脉线索，把握语脉走向是非常重要的。口语表达的语脉线索应该是一根线，而为讲话所准备的讲稿的语脉线索就应该像一根柱子，把着这头一松手就能溜到那头，都是线性的，不能把口语表达讲成一个平面摊开的东西。

三、表达实现与语境的同化

当语言表达进入动态语境时，人的思维流畅性、心理稳定性和言语知觉的清醒度都会受到影响。动态语境适应力弱的人，更容易因语境的干扰而语无伦次、言不达意。在动态语境中，为了适应这种动态变化，首先应稳定心境，否则很容易出现思维与表达接不上的情况。性格比较急躁的人，如果动态语境适应力弱，就会急于说话，担心一停就忘掉下一句要说什么，因此用一种和思维抢时间的方式说话，这是一种非常不好的即兴口语表达习惯，既不利于语言的流畅，也不利于良好表达习惯的养成。在比较重要的即兴口语使用场合，应当适当放慢语速，尤其在一个语段和另一个语段之间应有明显停顿，以争取一些调整思路的时间。

口语表达的本质是沟通与交流，相对于书面语言和心理语言来说，它更需要与语境的"同化",口语表达者需审时度势地根据现实情况予以应变性调整,才能获得顺畅、成功的即兴表达。

四、强化语言知觉

语言知觉也就是我们常说的语感。"心里有话千万句,就是不知如何告诉你",许多人都有过这种经历,从"想"到"说"有一个转化的过程,"心里有"为"说"提供了必要条件,但口语是靠流动不息的语言链来表达的,这种前后相连的语言链就是语流。如果言语知觉迟钝、内部言语编码不顺、言语表达定式没有形成、动态语境适应力弱,就会在即兴表达时出现前后脱节等语流失畅现象。语流失畅一般有两种情况:

一是语料提取跟不上话语产生的速度。这样就会出现语流断档,表达者为了消减表达断档带来的焦灼感,就会使用超限的"附加语"或"口头禅"延宕时间,一边"填补"一边"找话"。这就是即兴口语中出现大量语言垃圾的重要原因。

二是语料库中无相应的语料。当人的大脑形成某种命题印象时,个人的语料库中一时又找不到相应的语料,这就需要进行搜索,或搜索而得,或即兴创造出来,也可能搜索和创造均无果,这就会产生即兴口语障碍,出现言语缺失,造成表达焦虑。

这两种情况的根源就是言语知觉迟钝。"言语知觉"是接受触媒刺激后的言语反应。即兴口语表达能力差的人有一个共同的特点,就是很难快速地把看到的、听到的客观事物,或脑子里想到的意思顺畅地说出来。从心理语言学的角度来说,即兴口语表达能力差的人的感觉和认知系统中,语声制导物感、制导声义感不灵敏,他们的语声联觉、关系统觉都比别人慢半拍,思维语言编码的速度迟钝,有时甚至突然出现言语知觉的短暂茫然,这都是言语知觉迟钝的表现,严重的就成了我们平常所说的"脑子空白"。

(一)言语知觉对即兴表达的作用

如果把我们的大脑看成一台计算机,感觉系统每秒钟平均向它输送约1 100万字节的信息,但它的实际处理能力只有16到50字节左右,95%的时间我们是依靠潜意识而不是认知功能来判断的。如果对每一条输入信息都计算后再做出应对,那么我们的大脑一秒钟之内就会"死机"。口语表达也是如此,如果每一句话都经过周密思考,人就会出现语言障碍。凭"语感"说话才是即兴口语表达的正常状态。

知觉是我们对作用于感觉器官的客观事物的各种属性、各个部分的整体反应。即兴口语表达是一个复杂的思维过程,也是一个综合的实践过程。加强言语知觉训练,对促进即兴思维的发展、提高口语表达能力非常有效。

(二)回映训练强化言语知觉

可以通过一些有效的方法来训练言语知觉。

就比如一面镜子可以回映一个物体的形象,如果人的话语也能像镜子回映物体一样,快速地说出所见所闻所想的具体内容,那就是言语回映。当然,这里说的"回映"只是基本不走样地做出表述。虽然人们大都具备这个能力,但水平各有不同,因为人的感觉器官在受到外界刺激之后,转瞬之间在大脑"屏幕"上出现的可能只是一些零碎的物象或词语,将这些散乱断续的思维语符迅速地转换为完整、准确的言语表述,水平就各有不同了。缺乏回映能力的人,心口误差比较大,容易口不择言。视觉材料回映,是对言语知觉的最好训练。

看图讲述是具有一定灵活性的言语活动,有很大的想象空间。传统的学校教学活动重写不重说,容易把学生的思维局限在较简单的情节之中,在进行即兴表达时如果不进行引导,通常几个词语就讲完了,或者走向另一个极端,用了很多话却既无逻辑也无重点。但如果能够给学生较大的思维空间,就会有许多异于寻常的讲述。

闪像讲述是视觉形象快速转化为直观性口头语言的强化训练,可以从易到难地进行训练。通过单幅画面,让练习者作轮廓性回映,然后对其形态、方位、色泽、意境等进行细致描述。闪像讲述是言语知觉的限时性训练。心理学研究证明,成人在1/10秒钟内能注意四个不相关联的对象,但这个"潜在注意力"是会退化的,而且只有心绪稳定时才可能开掘出来。因此,要正确回映,就必须培养注意力的稳定性和注意分配能力。口语表达者在看到一个现象、一个场面,只看一眼就要说出自己看到了什么、感受到了什么,所以提高回映能力具有很大的训练意义。

感悟与训练

一、看图练习

1.看下面二幅图,就每一幅图编一段故事。

2.对每一幅图中的现象做一段评论。

图(1)

图(2) 　　　　　　　　图(3)

二、无标题图片编故事练习

根据下面这两组无标题图片的人物形态,各编一段故事表达出来,内容要有意义。

图(1) 　　　　　　　　图(2)

三、故事续讲训练

下面是一些故事的开头,设置了场景,人物也出场了,请接着往下讲,使其成为一个完整的故事。如果是一组人一起做练习,也可以采用接龙的方式,相应地增加难度,比如第一个人讲出一个恐怖故事,第二个人接龙,需要在恐怖故事的基础上继续发展情节,演变成一个温情故事。

材料一

夜深了。渔夫的妻子桑娜坐在火炉旁补一张破帆,在挂着白色帐子的床上,两个孩子安静地睡着。屋外寒风呼啸,海上正起着风暴。丈夫清早驾着小船出海,这时候还没有回来。桑娜听着波涛的轰鸣和狂风的怒吼,感到心惊肉跳。

古老的钟嘶哑地敲了十二下。突然……

材料二

辛迪是在大学毕业后来到中国东北的。只身旅行一直是她多年来的梦想,她把首站旅行目标定在了这里,其实这里是她的故乡。父母1994年从吉林省移民美国缅因州,1996年辛迪出生,这20多年来辛迪从来没有回来过,这个完全长着亚洲面孔的小姑娘甚至说不出几句流畅的中国话。还没来得及欣赏故乡的风情,辛迪随身挎着的包就丢了,里面有护照、信用卡,还有全部的现金……

材料三

紫梦像往常一样从黑暗中醒来,伸手去摸台灯开关。但在将手伸出去的那一瞬间,一种令人陌生的气氛侵蚀了她的躯体。手不经意地打翻了枕旁的酒瓶,随着玻璃破碎的响声,黑暗中的静止被打破。紫梦抬起头来,自言自语地说了一声:"我这到底是在哪里?"

材料四

张三好赌,只要一进赌场,什么家庭、责任全都抛到九霄云外了。今天,当他掏空了口袋里的最后一张钞票,被人从牌桌上撵下来的时候,心里很是不甘,只好站在旁边看别人赌。突然,李四手拿一沓钞票兴冲冲地跑了进来。这家伙有些日子没来了。张三冲他喊:"你小子抢银行了?哪儿来这么多钱?"李四兴奋地说:"俺厂不是前段宣布倒闭了么,今天每人发放安置费3万块钱。""哇,3万块!"好多赌友睁大了羡慕的眼睛。张三紧紧盯着牌桌上厚厚的钞票和气宇轩昂的李四,突然一拍脑门:对了!老婆胖丫和李四在一个工厂,胖丫今天也该领回3万块钱。他兴奋地说:"你们等着,我现在就回家拿钱去。"

"得了,你们家的母老虎不会给你钱,给你一顿臭骂还差不多。"身高力壮的胖丫经常把张三像拎小鸡一样从牌场上拎回去,这已经成为他们嘲讽张三的一个笑柄。

"就是抢,我也得抢回1万来。"张三撂下这句话,扭头就走。

材料五

因远离市区,常春藤小区的入住率很低,一到夜幕降临,大部分楼层黑漆漆的。偏巧,小C住的这幢楼,电梯内的顶灯还不好了,隔一秒就闪烁一下,估计快坏了。因公司的一个分部设在这附近,小C每周来住一晚,其余时间都住在市区的房子里。估计这个楼道中还没有别的住家,因而无人发现电梯顶灯的问题。小C虽然发现了,但是白天忙没顾上打报修电话。等她加班回来时,已经晚上11点多,小C走入电梯就发现今天的灯更加昏暗,闪烁得更加频繁。小C心中祈祷着,按下了11层的按钮,电梯上行,然而,灯突然全灭了。

四、话题即兴接龙

练习者就下面的话题每人讲两分钟,要求接着讲的内容能够承接前言,前后照应,尽量言之成理,且使话题有所拓展。

1. 美国科学家霍金是"不以貌取人"的典型代表
2. 爱因斯坦是20世纪最伟大的物理学家
3. 苹果的出现改变了世界
4. 红高粱
5. 快餐时代

第四节 即兴口语模块连缀技巧

即兴口语表达有现想现说、稍纵即逝的特点,没有时间查找资料,口语表达所需的材料只能从记忆的仓库中寻找。因此,要想出口成章,有个丰富的语料库很重要。"记忆仓库"备货齐全,即兴口语表达才有可能运用自如。为了达到这一点,可以做一些有效的准备工作来预先扩充语料库,整理语言格,其中进行语料模块的储存和摆放是重要的手段之一。

即兴口语使用过程就是思维流动的过程,是快速组织语言进行即兴口语表达的过程。人的内在思维语言有两种初始形态:图形状态和模块状态。运用思维语言模块构思可以较快地构建表达的结构,说话时只要把思维语言模块加以组接,充实适当的内容就能组织起即兴口语。

大部分说话的语料来自我们的日常经验,它们就存储在我们的脑子里。但有时我们需要陈述一些专业的经验,描述一些块状的事物,叙述一些长长的流程,这时就需要有意识记。为了某个目的,采取一定的方法,经过必要的意志努力进行识记以取得记忆的结果,叫作有意识记。在对语料模块进行有意识记这一思维过程中,把这些现实生活中的事件、资料、理论、感悟重新组织起来,进行语言表达的训练,就可以形成语言模块,这就是即兴口语语料模块之所以可用和有效的理由。

一、信息模块的扁平化和要点化

即兴表达最怕的是话说得没有要点,但信息扁平化和要点化就可以避免这一点。把信息扁平化就是把粗略的信息归拢凝练,并且突出它的精髓。信息要点化最简单的方法,就是对每个单元冠以主题词或者主题句。把每个信息单元都起个名字,好让走神的听众也能抓住信息要点。这就好比开缆车,可以为每一节车厢写上编号,每一节车厢开过,都报一遍。把信息精炼后压扁,装入车厢,然后编号,这是进行下一步的重要一环。

如果用"要点清晰"这个标准来衡量我们平时的表述,可能有 90% 不合格。可有可无的絮絮叨叨无重点的语句对即兴口语表达伤害很大,从这个角度讲,有效使用模块,并提取信息模块的要点,即兴口语能力会有飞跃式的提升。语料库内积攒的一组信息模块可以是像图 2-7 这样存在的。

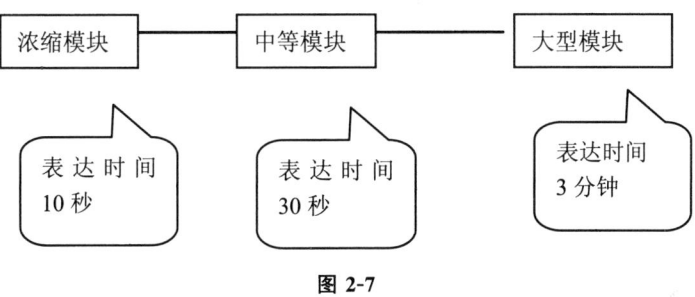

图 2-7

这组语料模块可以是一组关于水稻专家的事迹,可以是一系列关于城市白领生活压力的调查,也可以是一个关于小学生校车安全的警示例子。一个例子作为模块保存通常有三种形式:浓缩模块、中等模块和大型模块。它们的表达时长分别为 10 秒、30 秒和 3 分钟,分别对应着表达中的"一句话例子""小型例子""完整例子"。这样的模块平时多积攒一些,便于在较为正式的即兴口语表达中出口成章。

二、语料信息模块的分类

即兴口语表达忌讳满篇空话,对积攒的材料模块进行有意识的选择和分类存储是提高即兴口语表达水平的捷径。语料模块顾名思义就是用某个语言材料组成的小块语篇。平时可注意积累,积攒多了就分门别类地放进自己的语料库。语料模块的重要作用表现在:成语迅速,调用方便,效果显著。根据语料来源的不同,可以分为亲历语料模块和间接语料模块。

(一)亲历语料模块

亲历语料模块是口语表达者总结亲身经历所获得的材料模块,它具有独特而又真实的特点,是有创造性的语言材料。每个人都有自己独特的生活工作经历,将有意思或有意义的经历整理成一个个小模块,有利于即兴口语表达时语言的及时调用。

(二)间接语料模块

间接语料模块是口语表达者通过总结间接获得的材料而得到的模块,这些材料可能是聊天听来的、电视看来的,或在阅读报刊、书籍、文件以及上网时所获得的有价值的资料。由于时间和空间的限制,一个人不可能事事处处都亲自体验观察到,这就需要拓宽语料的来源,获取大量的间接材料。这些间接的材料,从某种意义上说更有权威性、艺术性;通过间接方式同样可以获得生动的例子,一些美文、名言甚至还会在口语表达中起画龙点睛的作用。

间接语料来自大千世界,可以归类做成模块以备不时之需。互联网的发展让人们键入关键词,便可迅速获得关于某一主题的大量材料。

三、语料模块的选择

听起来没有意思,或听了半天也不知所云,一个重要原因往往就是口语表达者不会鉴别和选择语料。收集语料和选择使用语料不是一回事,选用语料的基本原则是根据话题的需要,在这个基础上挑选典型、生动、新颖、有针对性、数量长短适当的材料。具体可以有这样四种选择的方法:

(一)以个人语料代替他人语料

个人经验总是受欢迎的。当亲历语料模块和间接语料模块并存时,亲历语料模块由于独特性和创造性会带来更好的表达效果。同一件事,当有人说"我亲眼所见"和"我亲身经历"时,对听众的吸引力会更大些,曾经对个人生活造成强力冲击的单一事件会有超强的效力。

(二)以新语料代替俗语料

新颖的语料模块是指对听众来说感到陌生的语料,通常是一些鲜为人知的材料或一般人不用的材料。老生常谈的东西没有吸引力,更不用说感染听众了。语料陌生化程度越高,新颖度就越高。新颖别致的语料能满足听众的好奇心,从而产生强大的吸引力和感染力。

(三)以实语料代替虚语料

语料的以实代虚就是口语表达中要多讲具体细节。一场面对普通大众而非专业人士的演讲,实语料和虚语料的比例应该大于3∶1,因为人的天性就是喜欢形象的而非抽象的东西。善于描绘细节是口语表达者一个重要的讲话技巧,讲到抽象的东西,语言本身就会乏味和打结。当观察到听众表情麻木、反应迟钝时,插入一个有趣的故事就会立竿见影。比如,一场关于"爱"的主题演讲,对比下面两段演讲,体会一下具体材料即"实语料"的好处:

表 2-1

表达主题	虚语料	实语料
让爱心充满生命的每一个角落	让世界充满爱,需要我们随时随地帮助需要帮助的人,助人为乐,这样就会随时把爱传递出去。我就深有体会。我曾在下雨的时候帮助过一个老人,这也给我自己带来了很大的幸福感……	上个周末晚上7点左右,天正下着大雨,下班的人流把马路塞得拥挤不堪。我站在文化东路和历山路的交界处,突然看到这样一个老人……

从表2-1两段语料的对比可以看出,讲述一段生动的故事,比空发议论和泛泛而谈更加吸引人。

不过,细节是一柄双刃剑,想使用得好就要做到切题和适度。如果一段表述中出现太多无关紧要的细节,就会让语言表达成为无聊的耐力实验。所以,只能选用那些有助于表达主题的细节。

围绕话题重点用细节来渲染故事,可以重现当时的场面,使听众身临其境。如果口语表达者把自己感到惊心动魄的经验转化为语言,使用丰富的词语传达切身的感受,那么就能把这件事刻画在听众的心里。

(四)以精语料代替粗语料

口语的语料是放在即兴表达过程中的,因此,前期在制作语料模块时就要做好简洁化处理,即把一段自己准备好的模块以简短而高信息量的方式表现出来。例如,现在网络上请求献爱心救助病人的活动很多,你如何看这些问题?围绕这个话题可以有以下模块:

1.表现了我们社会互助互爱的优良品德。

2.一件大家踊跃捐款救助得病同学的事情。

3.有人夸大其词、虚构信息,利用人们的爱心进行诈骗和敛财活动,将筹款当作发家致富路。

4.一些网络平台会收取手续费,其本身的公益性质值得怀疑。

……

这些模块中,有泛泛而谈的,有联系个人实际的,还有独到见解的。当口语表达时间有限时,应从这些可行的语料中找寻最"精"的,代替泛泛而谈的"粗"语料,以取得良好的表达效果。

四、语料模块的串接套路

单纯要把话语填满,进行即兴口语模块串接时有很多种方法,可以简单分为纵式分模块与横式分模块。把这些模块大致围绕一定话题意向按照一定的规律组合、展开,就可以形成一段完整的语篇。这些表达意向作为"模块"归纳起来可以做成一个"总模块"。按照这个即兴模式做成直观的表格,就可以展开即兴话语,见表2-2:

表 2-2

模块名称	模块内容	模块举例
起句	开场白	今天我发言的题目是……
概括	对现象做集中概括	这个事情是……
判断	对现象作分析判断	我的观点是……
分析	列举所持观点的理由	原因有四个方面,分别是……
反议	如果不这样就会如何	假如不是这样就会……
指示	应该从哪几方面去做	可以这样来做……
佐证	用事例对观点作实证	某某说过……,有这样一件事
驳异	反驳与之相反的见解	有人说……但这是错误的
归纳	全面总结、回应论题	因此,只有……才能
预示	展现持某主张的前景	所以我们也期待……

对这个表格还可以进行进一步的划分和解释:

(一)纵式分模块

即兴口语中的纵式分模块,是口语表达者各种思维点的串状连缀。口语表达中将事物发生的顺序按时间排列起来,就会形成一种线性的表达结构模式,这种组接方式就是纵式分模块。

纵式分模块的表达方式以开头、主体、结尾为主要特征,通常以时间的先后顺序为语言表达的主要衔接形式,适用于在即兴表达中讲述经历或故事。如对某事展开的说明或讲述的顺序可以是这样的:

前—后　左—右　小—大　历史—未来　低级—高级

从纵式分模块的语言导向趋势中可以看出,这种表达模式按照一定的线性动程运行,通常有固定走向,按照线性的运动方式展开,从低到高,或者从前到后,或者从老到新。在某个即兴演讲需要填充一段叙述时非常有用,因为它适合于描述和解释。

(二)横式分模块

即兴口语中可使用的横式分模块是口语表达者各种思维点的片状连缀,它将大致相等的事物或观点聚合排列起来,形成一种以逻辑为中心的表达结构模式。

与纵式分模块相比,横式分模块并不是分散的,而是大致围绕一定的话题意向组合起来。横式分模块还可以分成判断模块和论证模块两种小模块形式:

1.判断模块

在对一种现象做判断时,可以采用判断模块组接形式。判断模块有如下几步:

- 是什么:摆出所要表达的事物的现象。
- 做判断:对现象进行判断概括。
- 正面说:正面提出自己的观点。
- 反面议:从反面进行论述。
- 为什么:列举理由。
- 怎么办:提出解决建议。
- 做归纳:进行整个话题的总结。

2.论证模块

在对一种观点做论证时,可以采用论证模块组接形式。论证模块可分为"老三样""三段论""八股文"三大类:

老三样 { 提出问题 / 分析问题 / 解决问题

三段论 { 叙述事实 / 说出感受 / 升华主题

八股文 { 当前现状 / 几种看法 / 阐述论点

五、语料模块的评估

语料模块制作完成之后放入语料库备用,备用的材料一旦被提取就进入使用阶段。在模块的使用中,一段话都是围绕一个主题进行的,评估自己的一段讲话是否高质量,能否引起听众的兴趣,是否有效,可以从以下几方面来测评:

- 是否有新鲜的告知信息;
- 是否做出了重要指示;
- 是否提出了有效建议;
- 是否提供了强有力的情感支持;
- 是否有引人入胜的细节情节。

一段围绕一定话题展开的成形的口语表达中,可能不会涵盖以上所有方面,有的话语中有新鲜的未知信息会吸引人;有的话语中有重要指示和有效建议,因而值得一听;有的话语虽没有这些,但提供了情感支持,有感人的语句;有的描述了一个有趣的细节,给人带来了欢笑和乐趣……一段话中,这五个方面涉及越多,话语有效性越大。

感悟与训练

一、模块组织练习

把以下每个材料模块整理好,每个模块分别用 10 秒、30 秒、3 分钟说出来。

1. 我最难忘的经历
2. 与最难相处的一个人的一段故事
3. 与最难忘的一个人的一段故事
4. 我最得意的一件事
5. 我最后悔的一件事
6. 我最骄傲的一件事
7. 我取得过的一次巨大成功
8. 难忘的一个场景
9. 我参加过的一次有意义的活动
10. 我到过的一个地方

二、模块构思组接成篇训练

请以常见的表达模块作为句群组合的提示,做即兴成篇练习。

(一)以"纵式分模块"构思做即兴成篇练习。

1. 你是我的骄傲

2. 我的成长历程

3. 特别的爱给特别的你

4. 我想跟爸妈说

5. 让你猜猜我是谁

6. 那一年我十五岁

7. 在那特殊的几天

8. 我和图书馆

9. 去年的我

10. 出路

(二) 以"横式分模块"构思做即兴成篇练习。

1. 我们的生活中缺少什么

2. 偏见比无知离真理更远

3. 留白天地宽

4. 你为什么不幸福

5. 我们只有一个地球

6. 记忆

7. 假如我有一百万

8. 梦想能带来什么

9. 有一种责任叫活着

10. 如果可以回到唐朝

三、体会"魔力短语"并做练习

即兴演讲有三个"魔力短语",会用这三个短语,语言的即兴组织能力会得到很大提升。这三个有魔力的短语就是:设想一下、就像和例如。合理运用这三个短语,你的言谈就能在第一时间引起听众的注意,并会使听众顺着你的思路来思考。一位美国科学家在演讲时,向公众讲解探测飞船的飞行速度:

它能以每小时 17 万公里的速度飞往木星。

很多人对这个速度是没有任何概念的,直到他说出下一句话:

这就像在 1 分半钟里从纽约飞到圣弗朗西斯科一样。

有了这个"就像",抽象的表述马上就成为一幅形象的画面,可见魔力短语有多大的威力。如果经常用"例如"这个短语,以一种更形象直观的方式来说明你的意图,听者的兴趣也会被调动起来。当然,有魔力的短语不只是这三个,更多的魔力短语需要从工作生活中去发现。

对照表 2-3 中的不同表述,体会魔力短语的妙处。在各种类型的即兴表达中找到更多的例子。

表 2-3

魔力短语	举例	普通表述	魔力短语表述	更多练习
设想一下	关于"义务献血"的演讲	我省一年约需 5 000 多万毫升鲜血,按去年无偿献血 16.85 万人次、每人平均献血 200 毫升计算,也只有 3 370 万毫升,大部分需要用血者无法得到满足。	设想一下,当你的家人遭遇了事故需要马上输血,却发现血库的鲜血不够用了。	
就像	关于"等一个不爱你的人"的描述	等一个不爱你的人,是徒劳和无效的。	等一个不爱你的人,就像在机场等一条船。	
例如	关于"善意的谎言"的观点	善意的谎言是应该存在的,只要它不导向一个负面的地方。	例如,一个患绝症的病人,医生通常会和家属联合起来欺骗他得的不是什么大病,以免他知道后精神垮掉更不利于治疗和康复。	

第五节 即兴口语的话轮转换策略

对话性的即兴口语表达是双方言来语往的过程。在这个过程中,上下话语之间有密切联系的最小单位称为话轮(turn),话轮是人们日常会话的基本结构单位。话语在围绕话题的前提下可以关联和更替,称为话轮转换。娴熟的话轮转换是人们交际能力的重要组成部分,也是即兴口语表达者需要着重训练的一项技能。话轮是 20 世纪 70 年代美国社会学家哈维·萨克斯(Harvey Sacks)等提出的概念,用这个术语来表示两个方面的意义:一是指在会话过程中的某一时刻成为说话者的机会;二是指一个人作为讲话者时所说的话。有两个衡量话轮的标准:一是说话者是否连续,即在一个语法语义完成序列的末尾有无沉默。如有沉默,那么说话者的话就不止一个话轮。二是是否发生了说话者和听话者的角色互换。如果发生,就标志着一个话轮的结束和下一个话轮的开始。

对话性表达的一个基本特征是:说话者和听话者的角色不断转换,却很少出现重叠或冷场现象。自然会话中,人们通常会遵循合作原则,如问题期待答案,建议期待意见,命令期待执行等;也会遵循礼貌原则,如不打断别人说话,一个人不长时间控制话轮,对他人的话语做出反应并进行合作等。

实际对话中常会有一些变异现象,如独占话轮、打断话语和答非所问等。话轮转换揭示的是对话性语言的动态特点,表面上十分轻松的闲聊也蕴含着由话轮转换模式所决定的竞争。如果不是因为特定的语境或权利关系制约，会话参与者并没有理所当然的发言权，发言权的分配以及发言的长短取决于说话人与听话人在话轮转换规则制约下的竞争与协调，而由此产生的话轮分布反映了会话人之间的关系、性格特点以及当时的情绪。话轮转换模式表现了会话行为的潜在规则，下面就探究一下对话中的话轮转换策略。

一、话轮分配与更迭原则

2012年10月17日，美国总统大选候选人第二场电视辩论统计结果显示，奥巴马的成绩高于对手罗姆尼。在场媒体表示，罗姆尼在前三个问题上两次与主持人高密度抢话，有失风度。这种"高密度抢话"就是对话轮的争夺。夺取话轮是对的，但以何种技巧和方式来夺取则尤为重要。

对话性话轮转换的基本模式是：A—B—A—B—A—B……

话轮分配即发言权的分配。在一个话轮结束时，说话者对下一个说话轮次有三种不同的控制：一是说话者通过提名选定下一个说话人，同时指定说话人的话语类型；二是说话者不指定下一个说话人但指定其说话类型；三是说话者既不指定下一个说话者，也不指定话语类型，完全由其他人自选。

会话过程中参与者轮流说话的现象称为"话轮更迭"（turning-taking）。话轮更迭遵循以下四个规则：

（一）指定话轮接替者

指定话轮接替者是进行对话性话轮交替的重要方法。如果说话人选定了下一位说话人，当前的说话者必须停止说话，由被选的下一位说话人接着说。在课堂、会议，以及电视节目中，这种指定话轮接替者的情况经常发生。原齐鲁电视台《齐鲁开讲》中，双方嘉宾和观众讨论1983年版和2003年版《射雕英雄传》哪一部拍得更好时，有这样的对话：

主持人：这里有一位远道而来的朋友，是从淄博来的，再给您一次说话的机会。

观众一：作为一个故事来讲，它要有……比如说吧，《射雕英雄传》里面不可避免地就有东邪西毒南帝北丐，现在是东不邪西不毒……所以说在这方面它达不到东邪西毒南帝北丐的效果，在这方面我阐述这一个观点；再就是……

主持人：您只能有机会阐述这一个观点，因为这边我们也有一位远道而来的朋友，是从惠民过来的，请……（指定接替）

观众二：我认为(19)83年版的人物漏洞百出，你像包惜弱，(19)83年版把她刻画成一个地道的农村黄脸婆,金国的王爷完颜洪烈怎么能看上她呢……

观众三:理解上的错误。(19)83年版演包惜弱的是李思齐,当时号称无线四大花旦之一,那是一位非常优秀的演员,不是一个农村妇女的形象……再就是我们刚才一直在讲,为什么金庸作品吸引人,就在于有许多优秀的人物,技术手段只是为了烘托这些人物,技术再高明没有突出的人物就没有用。比如说杨康……我们都是金庸迷,请我这位朋友一起来讲这个问题……(把话筒递给旁边的观众四)(自选接替+指定接替)

观众四:我想说的是对方一直在反驳我们有先入为主什么的……我可以很清楚地这样说,如果没有(19)83年版,我们一样不会接受(20)03年版的。首先我说人物造型,江南七侠也叫江南七怪,他们是武林侠士,不是乞丐,……这是人物造型,我想说的太多了……

主持人:太多了你就暂停。这位小姐,请。(指定接替)

这一段参与会话的人较多,但话轮转换非常自然和谐,说话人中既有指定接替者的,也有主动出让话轮的,主持人掌控得既恰到好处又不露痕迹。

(二)自选话轮接替者

如果当前的说话人没有选定下一位说话人,那么会话参与者中的任何一位都可以自选,第一位自选者获得了发言权,成为下一轮话轮的掌控者。这种情况常出现在日常谈话中,在会议讨论环节也比较多见。例如:

A:我们下面就来讨论一下这个选题方案的可行性吧。

B:那我先说吧。

这里,B就是自选话轮接替者。

(三)原话轮掌控者继续构建新话轮

如果当前的说话人未选择下一位说话人,同时又没有其他人参与,说话人可能会继续讲话,也就是拥有了进一步确定话轮更迭构建的权利。

A:我们下面就来讨论一下这个选题方案的可行性吧。

……

A:当然,如果大家觉得这个方案还有要完善的地方也可以提出来,咱商议一下。

A的提议没有得到其他人的响应,于是在短暂的沉默之后,A自己又提出了新的建议。

(四)不重叠、不冷场

在话轮更迭中,所有参与者都会遵从"不重叠、不冷场"的规约。重叠大多发生在话轮过渡的位置上,通常由参与者"争夺"下一个话轮引起。当重叠发生的时候,一般某一方就会停止发言让出话轮。

打断别人说话或者抢话说都是不礼貌的行为,因此当出现重叠的时候,总有一方主动退出,把话轮出让给对方。中央电视台主持人白岩松在给清华大学"海外巡回辩论队"选手海选做评委时,遇到了卢姓大一新生,这位新生一上来就向白岩松提了两个问题,两个问题中间还给白岩松提了一个意见:

学　　生:第二个问题就是说……

白岩松:啊?你刚才不都问完了吗?

学　　生:我就是说两个问题中间加了个意见而已。

白岩松:哦。

学　　生:第二个问题就是说,你刚才说你没有直接回答问题,你没有说是快乐还是不快乐,但是我第二个问题是想说你是以怎样的方式来表达自己的快乐的?

白岩松:我没明白你的问题。快乐是感受的,不是表达的。所以我不明白你问我的问题。

学　　生:　　　　　　就是说……　　　　　但是一个人的快乐……

（话语重叠）

<u>是你在以什么样的方式</u>来表达你的快乐,我没说我工作特别快乐啊,我也没说它不快乐啊……

（按:此句话语接上白岩松语）（话语重叠）

白岩松和学生进行话轮抢夺,两次出现话语重叠,两次都以学生的出让话轮为结束。第二次重叠时,白岩松为了确保抢到话轮,在有下划线的话语部分采用了提高音量的方式来把持话轮。这是在话语重叠时以强势逼迫对手退出的方法。

冷场往往是由听话人不接说话人的话题引起的,是个容易让说话人感到尴尬的场面。经常会出现这种情况:冷场突然发生了,接下来就会出现好几个人一起说话导致重叠的现象,这就源自人们对话轮使用"潜规则"的遵从,自觉对冷场进行规避。在冷场发生的时候,可以使用重复策略,通过重复说过的话缓解冷场带来的尴尬:

A:我说,我长假的时候一定要……要去南京。

　　……

B:对,去南京。这个想法很好。

说话者也可以使用搪塞策略,利用诸如"嗯嗯""是啊""这个"等搪塞语充当冷场时的临时"填充物"。

二、夺取话轮的策略

从当前说话人那里抢夺发言权,即夺取话轮。夺取话轮并不意味着不礼貌,话轮更迭本身就是一个夺取和出让的过程。一个善于夺取话轮的人具有对即兴口语较强的控制性。夺取话轮的策略包括：补充加尾、尾部建议、随声附和、礼貌插入语等。

（一）补充加尾

在听话人估计说话人马上要结束谈话的时候，不留间歇地给说话人已经完整的话语加一个恰当的结尾，就可以成功地抢过话轮。例如：

A：我不知道一些现代诗为什么这么难懂……

B：而且这么神经质。

在这段对话中，A 的话语本身已经完整了，而 B 巧妙地给 A 的话语加上了一个完整的结尾"而且这么神经质"，以此成功地夺过了话轮。有的时候补充加尾能起到完成、补充或总结语义的作用，借机延续自己的话轮。以主持人朱军在《艺术人生》中对演员赵雅芝的采访为例：

赵雅芝：工作方面可能从我爸爸（遗传）。他太认真了，他希望做事情做到最好啊，宁可人负我，我不负人。

朱军：这都是父母给你的影响。那父母对你最大的期望是什么？

主持人朱军在这里接着对嘉宾话语里的一句话进行评价，借机获得了话轮，提出了新的有效问题。

（二）尾部建议

在恰当的时刻，为一个尚未结束但已接近结束的话语加上个提建议性质的结尾，也是趁机夺取话轮的方法。例如：

A：他不过是说了自己的想法而已。

B：别停下来，继续吃继续吃！

这里的"继续吃继续吃"，正是这样通过提建议的方式借机夺取话轮的策略。

（三）随声附和

随声附和表现在话轮中为异口同声。听话人能够预测一句话的结尾部分，从而和说话人同时说出同样的内容来结束一句话，这样就顺理成章地接过下面的话轮。

（四）礼貌插入语

有时说话人没有任何结束谈话的迹象，而听话人又急于插入，或者想说完某些内容后尽早结束谈话，这时就可以寻找安全的插入口。例如在话语可能结束之处，使用一些传达礼貌意义的插入语。例如：

抱歉我插一句……

有时，迫于线性话语的流动性，来不及使用礼貌插入语，出现较为强势的"打断"。在《艺术人生》中嘉宾赵雅芝说话时，主持人朱军就采用了"打断"的方式：

赵雅芝：喜欢一个人并不是说特别喜欢他什么，喜欢一个人就可以喜欢他的一切，包括他的优点，包括他的缺点，其实我有很多缺点的，也许他们还没有发觉……

朱军：（打断）你觉得你有什么缺点？

朱军打断赵雅芝正在说的话，是为了捕捉她话语中的一个主要信息点。赵雅芝是很多影迷心中完美的"不老女神"，她话语中说到"其实我有很多缺点的"是个重要线索，顺着问下去有可能挖到有价值的信息。如果放过去，可能后面就找不到合适的机会再来问，因此这个打断是恰当的。

当然，打断别人通常是不礼貌的，应尽量等待对方话语的停顿处，变"打断"为更加安全的"插话"，这样更符合对话的礼貌原则。

三、把持话轮的策略

在说话人不愿意停止，希望继续把持话轮时，通常会使用话轮自我限定标记语。这是说话人用来表示言谈内容的长短、信息范围或信息量的一种语用策略，它对说话人的言语范围，表达内容的数量、要点、条目进行明确标示，从而对所持话轮进行一定程度的自我限定。具有类似功能的结构包括"我有三点看法""下面谈两方面的问题"等，它们的出现有助于说话人把持话轮，因为此时听话人一般不会强行插话，除非他的社会地位或身份明显高于说话人。说话人使用具有话轮自我限定功能的语言标记可以防止话语被打断，进而把持话轮。

在 2008 年凤凰卫视《一虎一席谈》中，对四川汶川大地震中的"范跑跑事件"所引发的"先跑老师应不应该受谴责"这一话题，双方嘉宾各自阐述各自的观点。嘉宾周孝正出场时节目已经接近尾声，时间有些紧张，因而出现嘉宾和主持人的话轮抢夺：

胡一虎：当我们一个人面对……

周孝正：但是对这件事情我的观点是这样，第一，对于范美忠先生应该是宽容、宽恕的态度，对于范美忠老师是批评，我批评的是范美忠老师，我严厉批评的是范跑跑。这是不一样的。首先他这个行为……第二，《教师法》里有教师的所谓职业道德……这叫师德，要不然你别干这事。

胡一虎：好，谢谢。来，卢悦。

周孝正：不是，我还没说完，还有第三件呢。第三件我为什么要批评这范跑跑呢？因为你发表这个言论，作为一个公众人物，它现在收视率挺高，对吧，那么对于这个东西我要严厉地批判。待会儿再说。

胡一虎：好，谢谢，三点全露了。

因为节目时间所限，胡一虎急着推出新的发言人卢悦，于是在周孝正谈到第二点时试图打断，但周孝正因为还有一点没说完，成功地从主持人那里抢回了话轮。周孝正采用的就是打断对方夺回发言权的方式，并继续把持话轮，直到说完第三点。现场嘉宾往往有较多的话要说，需要较长的话轮，在此语境下采用自我限定标记语的方式来把持话轮也适切他们的专家权。在说话人预告了他将传递一定范围或数量的交际信息时，听话人自然不便插话或打断。

打断是一方话没结束就被强行中断或插话，是说话人为取得发言权而抢占话轮的一种互动现象。打断是给对方带来负面影响的一种强势言语行为，实施打断行为的说话人通常应有较高的社会地位或身份。在言语行为上话轮抢占者或插话者的意图在于实现话轮把持，以便发表意见。

在每个句子结束的时候，说话人都面临被下一个自选说话人夺去话轮的可能。不想让人夺走发言权，说话人就要采取一些语用策略保住自己的话轮。既不失礼貌又保住话轮的策略包括：避免出现明显停顿、使用搪塞语、使用未完成标记语和加大话语的响度等。

（一）避免出现明显停顿

为了把持话轮，口语表达者应避免给其他人插话的机会，最简单的方式就是自己源源不断地把表达进行下去。当然，这种情况下还要保证一个合适的度。在2012年5月27日的《非诚勿扰》中，就出现了一个爱抢话的男嘉宾"贫嘴哥"黄俊强，他几乎抢走了节目前半截主持人孟非的全部话语：

《非诚勿扰》之
黄俊强片段

黄俊强：我有一些画想送给栏目组，这是我的一些字画。希望笑纳。

孟　非：我们先看看啊，您太客气了。

黄俊强：看一下（递给孟非），拿着啊，拿着。这是（读）"这是一条通往幸福家庭的道路"。是送给我们的栏目组的，因为现在呢，很多很多国外的观众呢，都收看我们的《非诚勿扰》，我希望更多的国外友人，能够认清楚我这句话，所以我写了几种文字：意大利语（说意大利语）。

孟　非：听上去像俄语。

黄俊强：不是，是意大利语。

孟　非：我分不清这个。

黄俊强：我刚开始也分不清。这个是阿拉伯语（说阿拉伯语）。

孟　非：我不确定这哥们儿是在说相声还是真的。

黄俊强：不是不是，我学过。这个是最后英语了，This is the path to a happy home．

孟　非：就这句我听懂了。

黄俊强：这些我本人的一些字画，希望你能珍藏啊。

孟　非：人家都说笑纳，他说希望你珍藏，谢谢，谢谢。

黄俊强：不客气不客气。

孟　非：我没客气啊，我收着了啊。来，秘书收一下，太客气了，这些话对我们栏目组特别有用。

黄俊强：哎，我有一个小小的要求。

孟　非：你还有什么，说吧。

黄俊强：因为了，请把机器拿开一点，因为我觉得，男嘉宾从……

孟　非：我照死你。

黄俊强：不是不是，不要做这些，好不好。因为我们是一个很欢快的栏目，不要说"照死"啊。我觉得男嘉宾从电梯下来，走到这里，心情不免有一些起伏，有一些激动（孟非：你要怎么样），然后，我拿着这个机器，选心动女生的时候，还放一些沉重的音乐，那个时候，25双单身的眼睛交织在一起，然后还配一个沉重的音乐，咚咚，那么我觉得不是很好。

孟　非：你要怎么样？

黄俊强：我要我自己配乐。配乐老师！待会儿就不要配那个音乐了，我自己唱就可以啊，也不是这个，也不是刚才那个，刚才那个唱完了。

孟　非：这哥们儿难伺候。但是我们是一个服务性节目，就要把每个人，再难伺候的人我们都把你伺候好。

黄俊强：你可以先把机器给我。

孟　非：陛下，你可以选了。

黄俊强：不要不要不要，大家是好朋友啊，我还要找你要签名啊，待会儿。（接过机器）哎，不是，我左手，你拿着。

孟　非：我帮你拿着。

黄俊强：不是，我要唱啊。

孟　非：我怎么才能让你爽呢？

黄俊强：现场，现场，现场请安静一点点。

孟　非：你们也安静一点。

黄俊强：如果乐嘉老师听不懂我刚才那首歌，不要紧，我唱首你懂得的。（唱）

孟　非：那个随身听没电了是吧。

黄俊强：（在机器上选女生）这个女生呢，我刚才……（孟非：不不不不不）这个女生……

孟　非：不不不，不聊她。24位女生，大家对……

黄俊强：还有，我刚才那一句话呢，字画那句话的意思在我第三段VCR里面，蕴含着一个很感人肺腑、令人咒泣的故事的，希望……大家之前都坚持了那么久了，也坚持一下，到第三段VCR（孟非：再灭）不是，再做选择。你挖坑啊。

孟　非：我可以往下说了吗？

黄俊强：孟爷爷，您先请。

孟　非：啊，24位女生，对黄俊强印象如何，请考虑。

最后男嘉宾因为"太贫"而被灭灯。他违反了话语交际的基本规则，反客为主，抢话太多了，但主持人孟非一直很绅士地让他说话，使得场上的局面还是一片和谐，只有当黄俊强差点说出心动女生的时候，孟非才慌忙打断，可见主持人的话轮把握得比较合适。从另一方面来说，黄俊强的"抢话"倒也极大地活跃了现场气氛，这期节目还普遍被认为是比较成功的一期，且"贫嘴哥"黄俊强也多被评论为"可爱""率真"。

(二)使用搪塞语

当前的说话人要避免在句法单位或语法邻界点出现话语停顿，不让其他人有机可乘，可以利用"搪塞语"塞满话语中的停顿空间，用来拖延时间，以达到保持话轮的目的。常见的搪塞语有"嗯……""还有……""那么……"等。英语中也有"well""um""you know""let me see""let's see now"等。

(三)使用未完成标记语

在话语中使用"首先……其次……""一方面……另一方面……""第一……第二……"这样的表示"未完成"的标记语，把持话轮。例如："对这个问题我有三点看法……""有三个方法我们可以尝试……"这样其他人就不便在中间插话了。

(四)加大话语的响度

说话人还可以通过加快说话速度、加大声音响度的办法保住话轮。

在前面白岩松和卢姓学生的第三轮对话中，出现两段话轮的抢夺。学生在白岩松说了"我没明白你的问题"之后试图解释,插入"就是说……"但白岩松丝毫没有出让话轮的意思,而是自顾自地说"快乐是感受的,不是表达的"。这时学生再次希望能够解释,并且这次抢夺话轮的意志更坚定些;白岩松于是采取了加大话语响度的方法来坚守原有的话轮,把正在说的话"你问我的问题是你在以什么样的方式"加大响度,在话轮重叠的情况下坚持说完了这一句,成功地坚守了话轮,使学生在没有说完一句话的情况下放弃了对话轮的抢夺。可见,加大响度是把持话轮的有效方式,但使用这种方法的通常是对话中权势量较高的一方。

四、出让话轮的策略

口语表达者自己这一轮话语结束了,希望能够由别的人把谈话继续进行下去,这就是出让话轮。出让话轮也可以保证谈话顺畅继续,出让话轮有一些基本策略:

(一)提名选定

正在说话的人可以通过提名来选定下一位说话人,也可以一并指定下一个说话人的话语类型。例如前面提到的《齐鲁开讲》中:

观众三:比如说杨康,我们都是金庸迷,请我这位朋友一起来讲这个问题……(把话筒递给旁边的观众四)

在这里,"观众三"就是在结束自己的话轮之后,指定了自己的朋友"观众四"作为话轮的接替者,同时也指定了"观众四"的话题。

(二)指定话题

指定话题就是说话人限定下一位说话人的话语类型,但不指定下一位说话人。如:

下面谁来概括一下这个问题?

哪位再来介绍一些经验?

说话人提出了一个话题,留待其他人自己做出选择。老师在课堂上的提问常常就是以这种方式进行的。还有一种完全自选的方式,就是说话人既不指定说话人,也不指定话题,而是完全由其他人自选,并决定说什么。

(三)话语标记

口语表达者可以通过一个标志着结束的话语标记来表示自己的表达已经完结,希望其他人做好准备,或者暗示别人可以继续发言。如:

以上就是我的观点。

就这样了。

我的演讲到此结束。

好了,谢谢。

英语中也有一些这样的标志语,如:there you go(就这样了)。这是老外希望结束一段对话时很自然脱口而出的一句话,特别是在完成某项交易的时候,店员会说"there you go"或"that's it",表示交易已经完成,顾客可以离开了。

五、操纵相邻对的策略

相邻对是口语表达中话语更迭的特殊形式。一个会话相邻对的第一部分可能存在一个与之相对应的与说话人的期待一致的会话的第二部分。下面就是一个"询问—回答"相邻对,表达话轮出让的是这个相邻对的第一部分。

A:几点了?(第一部分:询问)

B:八点四十。(第二部分:回答)

这种说话人希望得到的相邻对第二部分称为"合意的第二部分"。一个含有"请求"的第一部分通常给说话人带来的期望是第二部分将为"接受",说话人期望得到"接受"的可能性称为"合意的第二部分";并非说话人所期待的第二部分为"不合意的第二部分"。就话语双方来说,在不合意的结果无法避免时,应当想方设法淡化不合意的部分。

(一)淡化"不合意的第二部分"

"不合意的第二部分"对第一个说话人来说可能是一种挫折,那么第二个说话人就应当实施一定的语用策略缓解对第一个说话人的伤害。说话人可以实施以下语用策略淡化"不合意的第二部分":

1.应答延迟

第二个说话人可以采用某种形式的迟缓,或在开始说话前留较长的间隙,加上体态语,或者利用"这个……""嗯……"这样的词语缓解对方的心理压力,给自己的"不合意应对"加一些预告,使对方提前有一个心理准备。

2.前置赞赏

前置赞赏是在对方提出请求时先赞赏,后拒绝。对对方提出的邀请、建议做出谢绝前,先对对方的善意表示赞赏:

A:明天来参加我们的野餐吧。

B:谢谢,你们准备得肯定很丰盛啊(先赞赏),可是我这几天不太舒服就不去了(后拒绝)。

3.象征性同意

对不能接受的邀请、不能服从的要求先表示象征性同意,然后再表示不能服从。

A:你今天该上交报告了吧?

B:是啊,我也觉得必须交了(先象征性同意),但是我今天没有带U盘(后表示不能服从)。

4.前置解释

说话人可以用更多话语对为何不能满足对方期待做出更为详细的解释。重要的是,这种解释放在对方话语之后,取代拒绝的话:

A:嘿,下午跟我到商业街去一趟吧?

B:我有课(不能去)。

也有一些跟拒绝无关的表达,在现实生活中也比较常见。从相邻对的角度而言,也可以将之称为前置应答,如:

A:你看到冰箱里的面包了吗?

B:吃了(看到了)。

这就是将对方还没有问出的问题提前应答出来,这样既节省时间且又显示出说话人的聪颖和对语句序列的熟悉。

(二)前置序列

为了避免自己的期待受挫造成的心理上的不适,说话人往往先要对实施某一行为的条件存在与否做一下探测,这种为探测条件而进行的对话构成了一种特殊的相邻对,即前置序列。例如,《艺术人生》中朱军对赵雅芝的采访:

朱　军:我们知道你年纪很小的时候的梦想是周游世界。

赵雅芝:是啊。

朱　军:为了这个梦想让你有了第一份职业,就是空中小姐,是这样吗?

赵雅芝:是的,就是小的时候都要写一个文章,就是我的志愿是什么,我的志愿很小,就是做空姐就好了。

前置序列反映了人们在会话时的一种普遍心理要求,说话人希望从对方那里得到期待的反应,否则这话还不如不说好。朱军想问问赵雅芝关于当年做空姐的事,但先做了一个探测,问她小时候的梦想。当这个发问被确定为安全的时候,再进行接下来的提问时就没有期待受挫的危险了。

常见的前置序列包括前置邀请、前置请求和前置宣告等。说话人实施的这种避免期待受挫的语用策略称为"前置策略"。

1.前置邀请

说话人在正式发出邀请之前所说的试探性的话语叫作前置邀请。例如:

A:你这是去哪呀?(前置邀请)

B:我们正要去图书馆,有事吗?

A:原来想找你帮我改篇稿呢,那改天吧。

说话人 A 要探测 B 有没有可能接受邀请,所以 A 首先说了"你这是去哪呀"这一部分;当 B 说"有事吗"的时候,A 知道 B 有进一步了解自己话语意图的要求,所以说"原来想找你帮我改篇稿呢,那改天吧"这部分,避免了因为贸然邀请而受挫的可能。

2.前置请求

前置请求的第一部分往往就是一个间接的请求,说话人先要问一下对方有没有愿望、能力去做自己想要让对方做的事,这就是前置请求。

A:你有草莓酱吗?(前置请求)

B:有啊。

A:那分给我点?(较为直接)

B:好啊!

在第一部分得到了一个期待中的回答之后,说话人便以较为直接的方式再次提出要求。

3.前置宣告

在前置宣告中,说话人先卖关子,探测一下自己将宣告的事情对对方来说是否具有新闻价值。

A:王老师本来说的是今天随堂测验,结果你猜怎么了?(先试探,前置宣告)

B:怎么了?(感兴趣)

A:他想测验来着,结果他的那个装着测验题的 U 盘打不开了!(宣告新闻)

六、话轮控制的副语言特征

除了语言本身之外，口语表达者还可以使用表情、动作、姿态、手势、沉默、语调等副语言特征来控制话轮。

副语言特征常用来提示对方何时开始，何时结束。话轮间的停顿对人与人之间的判断能力和会话含义推论有着较大的影响，停顿、沉默的时间越长，越会引起交际双方的心理变化和猜疑，而态势语则可以为话轮的结束、替换或持续提供有意义的暗示。有时人们运用面部表情或肢体语言来表示一个话题的结束或对话题的反馈，双方可以据此对谈话内容进行调整。

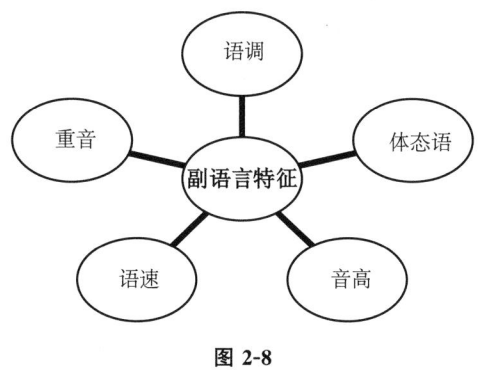

图 2-8

感悟与训练

一、访谈类节目话轮转换分析

找一段访谈类节目的视频，记录并分析主持人和嘉宾的话轮转换。

二、日常对话话轮转换分析

找一段生活对话录音，根据话轮转换的原则进行分析。

第六节　即兴口语的语境化处理

语境，指的是即兴口语表达的语言环境，它是理解语言和运用语言的一个依据和标准，包括语言的自身环境和语言的外部环境两个方面。对语境的理解有广义和狭义之说：狭义的语境指的是上下文，又称为"语流语境"；广义的语境指交际过程中说话者所依赖的各种因素，这些因素可以是话语中的上下文，也可以是潜在于话语之外的主客观情境。语言的自身环境，是指言语片段或者前言后语的连接环境。语言的外部环境包括主观和客观两个方面:主观方面,如口语表达者的年龄、职业、身份、思想、修养、性格、处境、兴趣爱好、文化层次、心理背景等;客观方面,如社会环境、交谈环境和传播环境等,其中社会环境包括政治、经济、文化、时代、历史、民族、风俗背景等,交谈环境包括口语表达的时间、地点、场所、交际对象等,传播环境包括传媒语境、话题语境等。如果是节目主持人的即兴口语,那么传播环境就包括传播媒体要求、栏目语境、节目语境等。

一切即兴口语都有一个语境化的过程。所谓语境化就是对自己所表述的内容和方式作适境适体的处理,在合适的时间和合适的环境中说合适的话语。为了适应语境,即兴口语表达要注意随机应变,这是语境知觉清醒的表现。

交际中的任何一个言语行为,都是由怀有一定交际意图的口语表达者在一定的语境之中,针对能产生一定交际效果的口语接受者而言的。因此,成功的表达,不仅取决于口语表达者能否用有效的语言形式来组织话语,而且在很大程度上还会受到现场语境的制约。这里的现场语境指的是言语行为发生的具体时空环境,即口语表达者实际存在的语言氛围,包括时间地点、场合境况、目的对象、语体风格、关系情绪、眼神体态等。在语境信息缺失或过量的情况下,语言交际双方可能会出现理解上的不一致,从而导致传播效果的不理想。

一、宏观语境与微观语境

语境是语言使用的环境,是人们在言语交际过程中,理解和运用语言所依赖的各种表现为言辞的前言后语,或不表现为言辞的主客观环境因素。根据语境大小来划分,语境可以分为宏观语境和微观语境。宏观语境主要指语言使用的政治、经济、文化等背景知识,又称语言外环境;微观语境则是语言交际的上下文、交际的时间地点等情景和交际双方都知道的信息,也叫语言内环境。

(一)即兴口语表达的宏观语境

即兴口语表达的宏观语境一般是指语言交际内容所牵涉的政治、经济、文化等背景知识,这些因素并不是作为言辞直接出现在言语交谈中的,而是隐含的。以东方卫视一档节目中的一段为例:

作为医闹,演技必须过关。演技很重要,因为医闹一般都是以患者家属的身份去医院闹事的,这个角色也没那么好演的。比方说,我有一次看见一家医院门口居然设起了一个灵堂,在医院门口设灵堂,开追悼会,里面的人个个都在痛哭流涕,我当时很惊讶,这灵堂怎么设到医院门口来了?!而且这些人个个都悲痛欲绝,不得了。我想这个人人缘真是好,你看他这一死怎么来了这么多人啊,人缘真好。要是我死了的时候,肯定是没几个人能哭成这个样子的。后来有人告诉我,全都是假的,那些哭得死去活来的人,全部是医闹,他们专业在各个假灵堂里面哭来哭去。当时我很惊讶,这些医闹真是可惜了。他们的哭功真是令人叹为观止——女的个个都像刘雪华,男的个个都是马景涛——当然不能看脸,脸和他们的区别还是很大的。

在这期节目中,主持人主要拿"医闹"调侃,向大家介绍社会上新出现的"医闹"群体。在讲到"医闹"闹事伎俩的时候,主持人调侃他们的演技逼真,直逼刘雪华、马景涛。刘雪华和马景涛是20世纪90年代琼瑶剧捧红的两位明星,他们凭借在剧中精湛的哭功一举成名,成为当时"哭星"的代名词。如果观众不知道刘雪华和马景涛是谁,就不能理解这段话的含义。正是借助了对刘雪华和马景涛的了解,观众才能感受到主持人话语中的讽刺意蕴。再如:

学过中国历史的人都知道,中国有四大发明,这个小朋友也知道。第一是指南针,二造纸术,三印刷术,四单双号限行。别看汽车从轮胎到发动机,没有一个是我们中国发明的,可是单双号限行,中国拥有绝对的专利权。

大家都知道中国的四大发明分别是指南针、造纸术、活字印刷术和火药。主持人为了引出中国"单双号限行"的独创性和特有性,故意将其插入四大发明之中并替换了火药。在这里,只有借助对四大发明这一文化背景的了解,才能体会这段话的幽默所在;也只有借助对四大发明的了解,才能深刻感受到这种对"单双号限行"表现出的无奈。

(二)即兴口语表达的微观语境

即兴口语表达的微观语境一般包括口语表达的前后语境、交际情境等因素,一般直接出现在双方交流中。如在《超级访问》中,有一期专访演员张子健,谈到张子健喜欢模仿同学、嘲笑同学的事情:

徐晓晓:大学的时候呢,我觉得子健这个人,比较蔫儿坏,经常取笑别人,这个取笑呢,就是模仿力极强。比如把我们班徐琳在我们(北京)电影学院餐厅玻璃前面照镜子模仿得特别像。还有王嫦娥睡觉啊,他都能模仿得出来。

李 静:蔫儿坏。

张子健:也说不上蔫儿坏,就是你学别人,也不是去编造些什么……我们班那姐们儿可好玩了,现在她还挺幸福的,已经做妈妈了,现在应该在加拿大。她是那种感觉特好的女孩儿,而且她的专业是非常好的。

……

李　　静：你们都太好玩了。

张子健：刚才她（徐晓晓）说我学徐琳。徐琳就是感觉特别好，因为她专业也不错，那时候觉得自己长得也漂亮。有一天在我们的排练间，我们在屋里边，我跟一个哥们儿正聊天呢，结果就在她开排练间门的那一瞬间，我们正好没说话，她就进来了。进来之后我们是在那屏风后面，她就认为屋里没人，看了看没有人就开始照镜子。因为排练间是对着的两个镜子，这边一个大的那边一个大的，（徐琳）站在那镜子前面开始，照完一转身，从这就走到那边去了，到那边又照，照完猫步又走回来，回来之后继续在这照。照完突然说了一句话："真绝！"我们俩哈哈大笑，因为她说完"真绝"之后我们俩实在是忍不住了。

李　　静：后来呢？给她吓着了吧？

戴　　军：还吓到加拿大去了。

张子健在采访中提到过大学同学徐琳"现在应该在加拿大"，后来讲述了徐琳"照镜子"被嘲笑的情形，主持人李静好奇徐琳是不是给吓着了，戴军反应非常迅速，顺着之前"现在应该在加拿大"的信息引出了"还吓到加拿大去了"，夸张地表现了徐琳受惊吓之深，引得嘉宾和观众哈哈大笑。其实"吓到加拿大去了"这句话本身并不具备幽默性，但是因为上文中"现在应该在加拿大"这一特殊的微观语境，嘉宾和观众可以很自然地体会到这句话内含的幽默。把握好微观语境，可以获得更好的语言表达效果。

二、高语境与低语境

从文化传播的角度看，语境可以分为高语境和低语境。众所周知，不同文化对语言交际的环境有着不同的依赖度。从口语传播的角度来说，日本、中国等东方的"同质社会"多属于高语境传播社会，人们表达的绝大部分信息存在于外部语境中，而不是全存在于编码清晰的言辞里。[①] 西方的"异质社会"多属于低语境传播社会，在低语境即弱交际语境中，绝大多数信息反映在明显的口头语言编码中，在口语表达的时候强调开门见山，把所有要沟通的信息都用明白无误、可编码的口语传达出去，没有隐藏在字里行间的意义。因此，语言在西方是真正的交际工具，交际环境只起辅助作用；而东方文化中，语境的重要性超乎寻常，人们必须善于捕捉那些隐含的信息才能顺利达成沟通。

（一）汉语口语属于高语境文化传播中的口语

《新约》中记载"泰初有言，语言与上帝同在，语言就是上帝"。与此相反，在深受儒

---

① HALL，E T.La dimension cachee[M].Paris：Editions Duseuil，1971：15.

道思想影响的东方,无言或少言被广为称颂。在同是高语境社会的日本格言中,也有63%的格言反映了消极的语言观。西方人强调语言的力量,东方人则更侧重"君子不以言举人",还有"此时无声胜有声""一切尽在不言中""祸从口出""言多必失"等扎根于东方人意识深处中。汉民族口语表达紧密贴合语境,并在语境中寻求关联,汉语语法上的不足在语境中能得到很好的补偿,使语言显现出了丰富多彩的神奇魅力。

高语境具有很强的补偿功能,话语往往言不由衷,需要纳入当时的环境才可以理解。同样是谈恋爱,西方女子说"我爱你",而汉民族在恋爱时,女方说"讨厌"可能就是"我爱你"的意思。语境传递的信息有时大大高于语言本身,时事背景、人物遭际、感情纠葛全包含在里面。高语境信息传递是在外在环境或个人体验之中进行的,而不是显性的语码;西方的低语境则大多是在显性的语码之中完成的。

(二)汉语口语高语境交际中的隐性含义

西方人习惯于开门见山,一语破的,然后再把各种标志一条条补充上;汉语则相反,在口语交际中,中国人习惯于以大观小,语言表述中常常先拐弯抹角,言及其他,然后才逐步过渡到正题。国学大师林语堂总结中国人求人办事,就像写八股文,不仅有风格,而且有结构,大致可分为四段:

第一段:寒暄,评气候。称为"气象学"。

第二段:叙往事,追旧情。称为"历史学"。

第三段:谈时事,发感慨。称为"政治学"。

第四段:轻说起,托小事。称为"经济学"。

与中国人这种有趣的"绕弯"表达方式相比,西方人似乎属于"急性子",谈话往往先从问题的兴趣中心开始:谈论问题通常是最终结论在先,解释原因在后;发出请求一般是具体所求在先,补充说明在后。汉语话语意图具有隐蔽性的特点,越是隐藏得很深的意图越可能包含着重大的秘密,言语表达或出于策略,或迫于压力,往往把话语用意掩盖起来。图 2-9 就是对高低语境中的语言表达流程的一个对照:

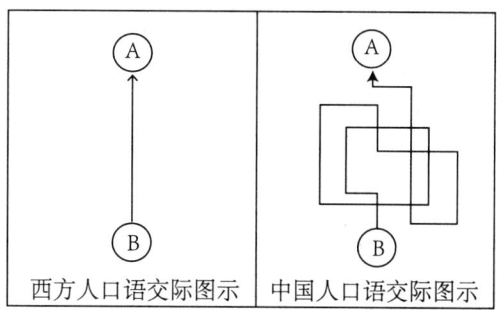

图 2-9

东西方对口语表达效果的要求截然不同:西方人希望口语表达可以起到立竿见影的效果;而东方人则讲究"曲径通幽",点到为止,强调通过心领神会感悟对方的意图来实现交际目的。美国前国务卿基辛格博士接受采访是要收费的,但中央电视台主持人水均益去采访他时,通过精心设计的两句话说服了基辛格免费接受自己的采访。下面就是水均益的语言设计,在主持人的显性语码中看不到话语意图,但是通过层层分析就可以看出其中蕴含的话语意图:

表 2-4

语言设计	话语表现	话语含义	话语意图	话语目的
第一句	"我们的节目有10分钟长,是中央电视台最黄金的节目之一,收看我们节目的观众有4亿!"	我们节目的收视率很高	意在引起对方接受采访的兴趣	取消采访收费
第二句	"基辛格博士是中国人民的老朋友,很多中国观众都非常希望了解博士的近况。"	中国观众对你很友好,很关心你的近况	意在打消对方向老朋友收费的念头	取消采访收费

典型的高语境表述方式是"言此意彼",强调心领神会,不用太多显性语言,注重超语言语码。也许正因为这样,东方口语环境中很多信息都是通过眼神来解码的,"眉目传情""眉来眼去"等都是汉语语境中特有的交际副语言。由于身处高语境的社会,中国人的口语表述中处处可见"见人只说三分话"的口语艺术。

三、场景语境和伴随语境

语言表达的现场语境是一种伴随语用活动出现的语境,又称言伴语境,它包括场景语境和伴随语境。场景语境是和交际现场直接有联系的语境因素,如由时间、地点、场合、境况、话题、事件等构成的语境。伴随语境是和口语表达者个人特点有联系的因素,如由风格、目的、体态、关系等构成的语境。

高语境文化成员表达感情和传递信息的方式是隐晦间接的,有时是跳跃性的。高语境中的话语理解,就要将某些言词与场景联系起来,这样才能真正理解话语的言外之意。有时抛开语境单看话语,会让人无法解码,然而,这里恰好是高语境营造得成功的地方。以下面两段电影对白为例:

世钧,我们再也回不去了……(电影《半生缘》)

如果,我多一张船票,你会不会跟我一起走?(电影《花样年华》)

如果让欧美人来拍这两段电影,人物对白定然是天雷碰地火,充满了激情与热烈,然而东方人拍的电影中,恰好成就了这两段让人津津乐道而又回味无穷的对白。从语面上看,似乎与"情"无关,但其实它们包含了东方人很深很复杂的"情",这种"情"要放到电影的特定场景去把握。换个场景,就会脱离电影对白的意蕴。春运期间一票难求,这两句对白曾被恶搞为春运中的经典对白,这是由汉民族口语的松散性和隐晦性决定的。汉民族历来有着天人合一的非逻辑的曲线思维特质,在语言结构形式上缺乏显性的衔接手段,但通过逻辑推理或直觉判断,其语义是连贯的,汉语口语中很多优美的意义就此生发出来。高语境文化的特征是表达含蓄、用字隐晦,需要他人根据当时讲话的环境以及非言语的线索,比如声调、表情、动作去揣测话语背后的真正含义。

进行文化交流时容易产生种种误解,是因为人们习惯于用自己的语言文化模式分析另一个来自不同语言文化模式的人。相对汉语而言,英语是通过直接的表达和符号传递进行交流的,很多西方人是心有所思口有所言,不受语言环境的影响。语言的意义一般是话语本身就能反映出来的,可称为言内之意;但有时在语境的支持下,话语的意义也包括伴随话语表现出来的一些附加意义,如感情色彩、态度评价的意义等,这就是言外之意。

在人际交流中,西方人常常为讲汉语的人莫名其妙的沉默而迷惑,这恰好是高语境话语模式的魅力。语境中的"语空"现象,是一种音量值为零的语言,是运用常规语言进行交流时所出现的话语停顿和沉默。如李安导演的电影《色·戒》的高潮部分:

王佳芝:你喜不喜欢我选的钻石?
易先生:我对钻石不感兴趣,我只想看它戴在你手上。戴着!
王佳芝:我……我不想戴那么贵重的东西在街上走!
易先生:你跟我在一起。
……

易先生说完以后,足足38秒钟没有对白,出现大段语空。镜头在王佳芝、易先生和钻戒之间切换,王佳芝的表情丰富而复杂,她吐出了一个几乎听不清楚的"快走"。观众不明白为什么王佳芝要在刺杀行动即将成功时突然放走易先生,源于这个语境中的语言信息十分含混,通过人物对白掌握不到事关生死的信息。《色·戒》被美国媒体选为2007年度最令人失望的电影,一个重要原因恐怕就是难懂。低语境中,人们的口语交际多依赖于听觉本身的语言刺激,故而不能对"语空"进行解读。

"语空"蕴含着话语停顿和沉默两种情况,话语停顿是谈话过程中的停顿,沉默则是言语相对的静默无语或超过一段时间的言语中断。口语中"语空"现象的起因大致有四类:社会习俗和惯例的制约,生理上的需要,讲话不专心、语言能力弱,以及理性思考或心理情感上的复杂活动表现为外部的言语中断。

四、口语适应语境的训练

与书面语相比,口语表达,尤其是汉民族的口语表达,对环境的依赖很大,口语表达无法脱离一定的语言环境来进行,因此有必要对即兴口语进行语境的适应性训练。对于即兴口语来说,不同的语言环境,不仅影响着口语表达的内容,还制约着组合语言手段的方式。适应语境的训练就要从适应语言的外部环境入手,选择恰当的语言使用方法。

(一)适应语言的外部环境

即兴口语表达的外部环境包括口语表达的对象、社会环境、交谈环境、传播环境等。

语言适应对象就是尽可能多地了解谈话对象,清楚自己所处的位置,摆正与交谈对象的关系。语言适应社会环境,就是了解谈话所处的政治、经济、文化、时代、历史、民族、风俗背景等,准确把握内容,分寸得当。语言适应交谈环境就是选择谈话角度和方式以取得最佳的谈话效果。语言适应传播环境,就是明确口语传播的外部要求,如果是在广播电视传播中的口语,就要明确栏目风格、特色,如果是在课堂、会议中,要明确这个场景的具体要求,这样才可能在服从外部共性要求的基础上,充分显现出说话者语言的个性魅力。

(二)语境中注意的训练

注意是人们心理活动的指向和集中,是对客观事物的一种定向反射。有了它,说话者才能清晰地感受周围环境的刺激,并作出适当的反应。即兴口语表达的现想现说、语音稍纵即逝、语言环境复杂多变、交流对象具体可感等特点,决定了思维过程必须敏捷、集中、清晰、灵活。没有注意做前提条件,这一过程就无法完成。对注意进行训练,能使口语表达者在丰富多变的语境中不偏离重点,为即兴口语表达服务。

1.注意的稳定性训练

注意的稳定性或称注意的持久性,是口语表达者对所选择事物专注的程度和持续的时间。如果以即兴口语为职业的人,如教师、导游、新闻发言人、主持人等,不能排除来自主观或客观方面的干扰,不能长时间集中于一定的对象,就会出现口语表达中的"分心"现象。通过观察训练、听辨训练和在各种复杂的环境中进行的抗干扰训练,来加强注意的稳定性,有助于口语表达者把注意力集中到听和说的内容上,从而进入一种全身心投入的良好表达状态。

2. 注意的范围训练

口语表达者在同一时间内能感知到的对象的数量,叫作注意的范围。注意的范围大,在同一时间接受的信息量就大,听知的辨别力、选择力、组合力就强。一些职业对即兴口语表达要求比较高,要同各种各样的人打交道,要能适应各种场面、各种环境,如果遇到复杂的情况手忙脚乱、顾此失彼,口语表达也容易呈现混乱无序的状态。

人们越熟悉的东西,注意的范围就越大。因此,只有在日常生活中提高综合素质,加强内涵,注重心理感受,积累丰富的表达经验,才能不断加强对现场的驾驭能力。

3. 注意的分配训练

注意的分配是指在同一时间内把注意力分配到两种或几种不同的动作上。善于分配注意,对即兴口语表达是十分重要的。以采访为例,采访者既要选择提问角度,又要边听边记、边分析边判断、边归纳边发掘新话题等,"一心"不能"二用"的人很难胜任这项工作。

注意分配的主要条件是熟练。因此,要熟练掌握口语表达各个环节的特征、要领,自如地使用听说技能,合理、充分地分配注意力。

在第六章即兴口语全息训练中,设有专门的听辨练习,以助于提高注意力。

感悟与训练

一、触媒连缀物件训练

将下面每组中的三个词串起来讲一个故事,可以打乱顺序,但每个故事中必须出现这三个词。要求符合当下的环境和形势,最好结合最近的新闻和社会动向进行连缀。

1. 共享经济　自行车　停车场
2. 高铁　军队　婚礼
3. 音乐节　月饼　国外
4. 志愿者　蓝天　白纸
5. 拼车　旅游　青年
6. 黄鼠狼　金字塔　天空
7. 天气　直播　超市
8. 尬舞　画质　人生
9. 平台　音乐　人民币
10. 大熊猫　飞机　父亲

二、续讲成篇训练

下面是几段即兴讲述的开头,虽然只起了个头,但话题已经提出,请接着往下讲,使其成为完整的语篇。

材料一

2017年5月,来自"一带一路"沿线的20国青年评选出了中国的"新四大发明":高铁、支付宝、共享单车和网购。如今,如火如荼的共享经济引人注目。一边是共享经济引发各路资本竞相追逐,不断有追赶"风口"的企业加入,另一边则因相伴而生的社会管理问题引发争议……

材料二

一老板酒后心情非常好,吹着口哨,开着心爱的奔驰600上了路。路边,停着一辆农用小拖拉机,还有人向他招手,他便停下车来。原来是拖拉机坏了想找人帮忙拖走。老板今天心情很好便答应了。

两人约好,如果拖拉机打右转向灯是请继续开。如果拖拉机打左转向灯是请停车。老板开车上路了,当然开得很慢喽。突然,一辆宝马车以极快的速度超过了老板,老板一看非常生气,怒骂道:"还没人敢超我的奔驰600!"

老板一踩油门追了上去,酒劲加怒气早忘了后面的拖拉机。

材料三

这一天,特殊教育学校招收了第一批智力落后的学生,陈伟被指派担任一年级的班主任。9年来,他一直担任班主任,成为学生们眼中的"班爸爸",陪伴他们康复成长。对于这些特殊学生,陈伟不仅要教他们文明礼仪,还要帮他们学会生活自理。在陈伟的班上,事无巨细,所有与学生相关的事,他都事必躬亲。

有一天,陈伟发现班上一名同学的数学成绩异常得好。

三、演讲接龙

一组练习者就下面的话题每人讲两分钟,要求每位接龙者讲的内容能够承接、照应前言,尽量言之成理,使话题有所拓展。

1. 人约黄昏后
2. 高手在民间
3. 成熟的标志
4. 黄金分割带来的启示
5. 童年时那些未实现的梦

第三章 即兴口语与思维训练

即兴口语内部言语运动的实质是即兴思维。思维和语言之间有着不可分割的联系,思维是语言的内容,语言是思维的表现形式。即兴思维的过程是即兴口语的内容在内心浮现、组合的过程,也是即兴表达的思路形成和保持的过程。即兴思维是随兴而发的,用好了会带有"外射性",它作为口语表达者内心的依据,会带动着其运用外部的有声语言去抒发,去表露。即兴口语中语流的松紧疏密、高低起伏的变化,源于人们说话时的心理活动,是思维的需要,是感情的流露。只有语言的表达与思维的流程相吻合,才符合即兴口语的要求。

第一节 即兴思维与语言编码

即兴表达的构成是一个快速地将内部言语转化为外部言语的过程,需要在瞬间做到两点:思维迅速和表达顺畅。因此,即兴表达快速形成的实质就是快速思维的构成。思维的工具是语言,思维的原料是语言信息,语言是思维的外壳,是思维活动的外化表现。语言与思维构成了密不可分的依存关系,但同时又产生了互为促进与制约的关系。思维品质的提高有助于即兴语言能力的发展。

一、即兴思维的语言编码流程

人脑如何产生意念?又如何把思维变为词语?再如何把词语通过发音器官按一定的组织形式说出来?这是个复杂的心理、生理过程,难以进行直接观察。一般认为,言语的发生,在意念形成之后有"编制程序"和"执行程序"两方面,但不是此先彼后,而是一边编订程序,一边执行程序。从语言和思维的关系看,美国人类语言学家沃尔夫认为,语言是"思想的塑造者",它决定人们的思维,甚至决定人们对世界的看法。苏联的维戈茨基和瑞士的皮亚杰则认为,思维先于语言,儿童认知能力的发展对言语的发展有制约作用。近来的实验表明,人们的感知能力、认知结构等对口语表达都有制约作用。

即兴表达的内在能力表现在快速思维,即快速组织内部言语。即兴表达是即时发生的,但其内在思维过程却很复杂。

表 3-1

步骤	内部环节	表现
第一步	感性阶段	凭借感官获得信息,信息刺激大脑,引起思维
第二步	语义初成	通过思维,判明情势,捕捉话机,产生说话的动机
第三步	动机扩展	随着动机扩展,产生语点
第四步	话语网络初显	调动储备的经验和知识,形成说话的基本路线网络
第五步	编码语序出现	编码形成系统的语序
第六步	发语阶段	话语表达

由此看出,口语表达者在进行即兴口语表达时,思维比说话更活跃。从即兴表达的现象来看,思维和说话似乎是同时进行的,但实际上思维比说话要快和复杂得多。科学实验表明,思维的速度要比说话快 5 倍以上。正因如此,即兴表达者常常是讲一句想几句,甚至想一个语段。在即兴表达过程中,思维不仅要源源不断地提供一字一字、一句一句、一层一层、一段一段的完整编码,而且还肩负着两类反馈信息处理的任务:一是监听自己的有声语言和监视自己的无声语言,随时给予调整;二是听众做出的各种反应也会随时反馈回来,口语表达者的思维同样要对这些反应做出相应的调整。总之,思维贯穿在即兴表达的全过程,它是迅速开始、连绵不断地展开的;口语表达结束,与表达相关的思维才告一段落。就口语表达而言,如果是一段有准备的口语表达,如命题演讲、有稿报告或论辩赛中的一辩陈词等一系列思维活动,是在进行言语活动之前就基本完成的,其即兴口语的思维主要是对现场反馈进行及时的处理;而对大多数无准备的口语表达来说,即兴口语表达的难度之一就是思维负荷,也就是说,即兴口语表达难就难在快速思维反应上。

培养即兴口语表达的构思能力,先要了解它是由哪些环节组成的:

(一)触发

即兴思维能否快速引发、快速展开,对口语表达者能否即兴组织语言有着重要意义。要想让思维快速运动,思维的触发非常重要。有两种形式是容易触发思维运动的:

一是即兴思维的情景触发。情景触发可以激发思维的兴奋点,当人处于兴奋状态时,思维最活跃。因此,善于观察,善于发现,尽快地进入兴奋状态,是即兴表达的关键。兴奋是刺激的结果,但并非所有的触发都可以引发良性的刺激。比如,喝酒就可以产生刺激,也能产生兴奋,引起思维,但这种思维缺乏明确的指向,容易胡言乱语,不是良性的情景触发和刺激。

二是即兴思维的自我引发。自我引发是由于某种刺激产生兴奋而引发的思维,思维常常会沿着一定的方向有规则地延伸开去。即兴口语表达者如果不能迅速找到这种刺激,那么也就不能马上找到"话引子"。

(二)捕捉信息点

思维被触发之后就会非常活跃,这时善于捕捉信息点就成了重要的下一步。如果仅有活跃的思维而不擅长捕捉其中的信息点,就会成为一个"茶壶里煮饺子",肚子里有东西但不能用语言表达出来的人。即兴产生的语言动机是口语表达的基础和前提条件。思维混乱的人在短暂的时间里不可能敏感地捕捉到有价值的语言信息点,也不可能将这些信息点有效地分析、归纳、综合、生发,无法迅速又有条理地组织内部言语,因而也就不能形成理想的即兴口语。

(三)展说

通过快速思维构成的即兴口语结构或框架,只是以片段的、朦胧的、轮廓式和大意式的内部言语形式存储在大脑里。要把这些内部言语转化成连贯有序、清晰生动的外部言语,还须具备一种"展说"能力,即把头脑中那种朦胧的大意或信息点进行扩展,使之成为一段有内容、有秩序、连贯流畅的即兴口语。口语表达者在表达过程中要充分发挥择词组句能力及语言协调能力。"展说"可以分为两步:

第一步是确立"意核"。把结构框架中的几个层次浓缩成几个"意核",用几个词或词组的形式巩固起来,记在心里。如"网络"这个话题,可以组织出几个"意核",如:网络流行语、微博、电子商务、扩大交友、便捷订票等。有了这几个"意核",也就有了展开表达的生发点。

第二步是扩展"意核"。先从第一个"意核"开始,围绕着它或举例或联想,将它扩展成一个句群或者一个段落;再进入第二个"意核",也把它按照同样的方式予以扩展。依次扩展下去,即兴表达就水到渠成了。

(四)依存

在某一个语段或语篇的即兴口语表达中,要避免语流失畅,就要把握话语的中心语意,确立话语讲述的定向意识、依存意识和侧重意识。

不擅长即兴口语表达的人,说话时语句表意往往不明晰,上下句之间的关系含糊,经常形成语流的断档。为了使语流连贯,应经常进行"句句依存"训练,这是将思维和语言融合起来的有效方式。口语表达中句与句之间的依存关系,一般有解说式依存、添加式依存、对比式依存、举例式依存、点睛式依存、连锁式依存、因果式依存、归纳式依存和省略式依存等。

依存类别的划分,可以从语法、逻辑、修辞、表达意念及语言环境等多方面进行,划分的标准可以模糊一些。在即兴口语中,由于语言的粗略性,省略式依存特别多,这是口语表达中的脱落现象,并不是句与句之间没有依存。要注意结合语境对句句依存关系加以判定。

二、良好的口语思维的要求

要拥有良好的即兴口语思维,就要从思维的广度、深度和速度三方面来努力:

(一)即兴思维的广度

思维的广度使口语表达者善于全面地看问题。假设将问题置于一个立体空间之内,我们可以围绕问题多角度、多途径、多层次、跨学科地进行全方位的表达,因此,有人称之为"立体思维"。

思维的广度在口语中表现为语言表达的思路开阔:既能综观问题的整体,又能兼顾问题的细节;既能抓住问题的本身,又能兼顾有关的其他问题。2012年11月24日江苏卫视《非诚勿扰》节目中,主持人孟非在开场白中讲述以前某期嘉宾"男护士"高鹏哲收到了很多来信,邀请他去国外,或者北京、上海等大城市:

孟非:他就想好好地待在鞍山,为鞍山人民服务。所以我们特别希望他早日在鞍山哪个医院,当上他的护理部主任。(掌声)

乐嘉:哎呀,你这句话讲了以后,我在想,现在他这个医院的护理部主任听了以后内心作何感想啊。(掌声,笑声)

孟非:哎,这也是个问题啊。我觉得……

黄菡:先当副主任么。

孟非把"当上护理部主任"作为一个美好的祝愿送给男护士,但乐嘉却又推进了一步,就是"现在的护理部主任怎么想"。由于这个思路既现实又独辟蹊径,所以起到了很好的现场效果,引发了掌声和笑声。相比之下,黄菡的"先当副主任"就停留在了比较低的层级,没有把思维往更深处推进一步。

思维的广度在口语中可以表现为"深入浅出"和"浅入深出"。

(二)即兴思维的深度

思维的深度是口语表达者在围绕一件事情进行表达时,能深入到客观事物的内部,抓住问题的核心,即事物的本质部分,进行由远到近、由表及里、层层递进、步步深入的思考。2012年5月3日《非诚勿扰》中,乐嘉对"富二代"孙伟的提问就是一个思维推进的典型例子:

乐嘉:我就向你提一个非常麻烦的问题。因为你前面这个灯,到现在为止基本没有变过,如果我是你的话,我就有理由怀疑:在台上的这些女生到底是图我的人,还是图我的钱。所以我的问题是:你如何来判断跟你交往的女生图的是你的什么?

乐嘉透过现象看本质,将现场的话题往深处引进,体现了思维的深度和语言表达现场效果的良好结合。再如同期节目的最后环节,孙伟可以对台上的三个女嘉宾提一个问题,现场是这样的:

孙伟:你是我女朋友,我们在外面约会,我们在外面玩,这个时候我父亲突然打电话过来,因为我是一个跟我父亲沟通交流比较多的人,如果父亲叫我现在立马回家帮他一个忙,但这件事完全可以他自己去解决,不过他希望我在。这个时候我选择回去,那么作为我的女朋友,你们会难过吗?
孟非:就是问她们的反应。
孙伟:对。
乐嘉:你的药下得不够猛。这个药下得没有用。你要告诉她们,我跟你们谈恋爱谈了三年,一直忙于事业,没有时间陪你们出去玩儿。我们筹划了三年好不容易现在有时间出去玩,结果在那边才刚刚到第一天,我老爸就因为屁大的一点事情叫我回去,这个时候你们的反应如何?看看她们如何做?
孟非:而且我觉得药再下得猛一点,就是我们每一次出去的时候我老爸都要打电话给我。
乐嘉:太好了。你的药下得不猛,你怎么得到你要得到的东西?
孟非:偶尔一次谁都不会介意。

男嘉宾想通过一个"情景模拟"问题来考查女嘉宾,但是乐嘉认为这个问题不能达到考查的目的,于是给男嘉宾的题目加了一个条件,孟非又在乐嘉的基础上再次加了一个更加苛刻的条件,从而使得考查的层面越来越清晰。这里,主持人和乐嘉就是以这种在原始材料上把条件进行平行相加的思维方式,将问题一步步引向深入。

(三)即兴思维的速度

思维的速度是口语表达者思维活动的反应速度和熟练程度,表现为思考问题时的快速灵活,善于迅速和准确地做出决定、提炼中心、捕捉要点、顺畅表达等。即兴口语思维的根本特点就是它的迅捷性和暂时性。迅捷性指即兴表达中的思维往往是即时、即景突然发生的,不是预期的。即兴思维要从总体上迅速把握语境,并支配口语表达者完整地表述思想。暂时性指即兴思维是暂时的、转瞬即逝的。因此,即兴思维要在很短的时间内叙述过程,表达思想,所以表达要简洁明快,尽可能地舍弃细枝末节。作为即兴口语的听众,思维也具有即时性的特点,即暂留性和一过性。

不少人在进行即兴口语表达时,由于担心思维不畅而采取套用现成表达模式的方式。这虽然有效,但会出现思维狭窄、表达不够生动的情况。要想从根本上提高即兴口语表达的水平,提高思维的速度非常重要。

三、思维映像转化为线性语脉

口头语言的运行脉络,即语言的条理线索,是一种线性展开的脉络,是由若干个支脉结合而成的一个整体。相同的表达者在不同语境中有着不同的语脉呈现方式。

有经验的说话者会在即兴讲话时运用自己习惯使用的套路。如"三打白骨精"就是使用套路的典型例子。这类套路属于一种格式化的构思模式,其用这样的方式将自己的内部言语按照符合人们认知规律的逻辑方式表达出来。对汉民族来说,大部分人的思维映像是平面化的,具象思维已经成为习惯,形象化汉字的使用本来就会强化这种图形状态,而英语之类的字母语言则不是。写英语时只能从左到右,但写汉字时可以横着写,竖着写,从左到右写,从右到左写,笔画不按顺序写……不添加任何提示直接把一篇文字拿给你,你自己看一下就可以知道该从哪个地方读起,而英语做不到。因此,具象思维是汉民族文化的一部分。"如果一个特定的问题可以转化为一个图形,那么思维就整体把握了问题,并且能创造性地思索问题的解决办法。"美国科学家斯蒂恩的这句话正被越来越多的人实践,并一次次证明了图形思维在职场沟通中的优势。

具象思维已成习惯的人,思维语言始终处于图形状态,这就意味着他们很难迅速将"思维映像"转换为"命题映像",这样即使心里有话也找不到头绪说,即空间思维难以顺利地转化为一维性的语言现实。我们都有体会,形象、具体、直观的事物要比抽象的语言更容易被记住。美国图论学者哈里有句话"千言万语不及一张图",说的就是这个道理;俗话说的"百闻不如一见"也是这个意思。大脑分为两个半球:左脑用语言来处理讯息,把进入脑子里的看到、听到、触到、嗅到及品尝到的讯息转换成语言来传达,相当费时;而右脑具有自主性,能够把创意图像化。因此,思维处于图形状态时,对即兴成篇是不利的,这就需要尽快地将图形思维转变为话语模块进行线性思维。对整个视觉景象的描述,就转变为像放电影一样,一帧接一帧地呈现场景,也就是将三维立体空间的视觉景象,转换为一维时间轴上展开的一个个活动时间序列。在论述某种观点时,一个接一个的论证步骤与此类似。

可以这样理解,说话时能够在脑子里一次性形成语言模块的人,即兴表达能力更强;说话时需要从图形模块转化为语言模块,然后再说出口的人,即兴表达能力就差些。因此,有意识地储存一些语言模块,会有利于提高语流的顺畅度。语脉的运行方式是跌宕起伏的,是呈一维线性流动的,因而相对于平面铺陈的手法来说有一定的难度,但掌握了这种语言的聚合习惯就可以从中找到规律。

感悟与训练

一、预测训练

预测一下未来10年可能发生哪些重大的社会变化,用5分钟的时间表述出来。

二、大喊练习

大声地说,清晰地说,会使声波刺激听者的大脑,从而引发强烈的联想,否则,你的声音将会被其他的声音所淹没。这个原则说明,进行即兴口语训练时,一定要大声说出所要表达的,这样就可以用你所发送的强烈信号刺激你的大脑。

三、实词快速思维与拓展思维练习

围绕一件实物展开思维做即兴演讲,要求有感性描述、感性联想和理性升华三部分。

1. 一把钥匙
2. 一辆豪华敞篷宝马车
3. 一朵玫瑰花
4. 一盒烟
5. 一个U盘
6. 一把仿真枪
7. 一杯咖啡
8. 一把吉他
9. 一张高铁车票
10. 一只流浪猫

四、概念快速思维与拓展思维练习

围绕一个概念做即兴演讲,要求有简述定义、感性联想和理性升华三部分。

1. 官二代
2. 啃老族
3. 高富帅

4. 碰瓷

5. 到此一游

6. 毕婚族

7. 宅男宅女

8. 蚁族

9. 乐活族

10. 剩女

11. 丁克族

12. 套路

13. 照骗

五、实词联想训练

下面每组的两个词似乎是风马牛不相及的。请在中间逐个填上跟前词有明显联系的词，最终使得两头的词有关联，并说明其中每两词之间采用的联想类型。

例如："李白—火星"这两个词之间的距离是非常大的，可以通过在两者之间加词来使它们逐步有关联。

"李白—静夜思—月亮—火星"这样就有了联系。还可以这样加词："李白—诗人—文体—火星文—火星"。

这个方法你掌握了吗？试试吧：

1. 南极—口香糖

2. 公鸡—摩托车

3. 眼镜蛇—扫描仪

4. 蝴蝶结—重型货车

5. 交警—山楂片

6. 木雕—假发

7. 鼠标—无花果

8. 网络—佛教

9. 手机—叶绿素

10. 家猫—登月火箭

六、材料拓展演讲训练

下面给出了一些生活材料，请以此为出发点，围绕一个主题，即兴阐述自己的观点。

材料一

据说,赌城拉斯维加斯的秘密是绝对不能有镜子。赌场最重要的是营造幻觉。去赌场,赌客是要找那种詹姆斯·邦德的感觉。赌场老板最不愿意的就是赌客在镜子里看到自己平庸的形象。眼前出现大腹便便、满脸青春痘的尊容,发财的幻觉立马会破灭,也就不会再继续赌下去了。

材料二

1983年,乔布斯从百事可乐挖来斯卡利。为说服斯卡利加盟苹果,乔布斯当时说出了他的名言之一:"你究竟是想一辈子卖糖水呢,还是想抓住改变整个世界的机会?"

材料三

两只饿狼发现了一片草地,甲狼大喜。乙狼不解:"你又不吃草,高兴什么?"甲狼说:"羊爱吃啊!"说完飞奔而去。乙狼说:"你去哪?"甲狼说:"我要让羊知道这消息呀!"有时,彼此最大的区别不是视力上的差距,而是视野上的差距。

材料四

春秋时,晋国中行文子因罪逃亡,经过一个县城。侍从走累了,就对文子说:"这里的啬夫(掌管诉讼、租税的小官吏)是大人的老朋友,为什么不休息一下,等待后面的车子呢?"文子说:"亏你想得出,跑都来不及,还敢去自投罗网?"侍从问其原因。答曰:"我爱好音乐,这个朋友就送我名琴;我喜爱美玉,这个朋友就送我玉环。我的所有要求他都答应,从不指出我的过错,可见这是个非常会巴结权贵的人。现在我失势了,他会用以前对我的方法去向新权贵求取好处。赶紧逃吧。"说完,主仆二人慌慌张张地离开。果然,这个朋友大义凛然地扣下文子后面的两部马车,献给了新主子。

材料五

钱没了,人还在。汉口老人肖××今年89岁。11年前,孤身一人的他3万元卖掉了家里的一室一厅,准备享受最后的人生,每天聊天、逛街、想吃什么就买什么,没想到六七年不到,钱花完了,老人家身体还很好。幸好社区工作人员了解情况后为他办理了低保,现在他每月都有700元的生活费,继续过着自在、快活的生活。

材料六

科学家已经完成了猪的基因组测序,发现猪和人共有112个相同的基因突变。猪适应性强,容易驯化,在很多方面与人存在共同点。此外,导致人类罹患阿尔茨海默症、帕金森症、肥胖症的基因和蛋白质障碍,猪也同样饱受其折磨,这可用于医学研究。

材料七

美国宇航员尼尔·阿姆斯特朗和埃德温·奥尔德林,1967年7月21日乘坐"阿波罗11号"成功登上月球,成为首次登陆的两名宇航员。这次登月之旅险象环生,最致命的危险来自登月舱,没人知道它能否成功带宇航员飞离月球。美国宇航局甚至做了最坏的打算,如果他们遇上困境无法飞离月球,两人与地球的通信将被切断,而他们所能做的就是等死或者自杀。尼克松总统甚至还拟好了一份讣告。"阿波罗11号"成功着陆月球后,登月舱门竟然怎么也打不开!两人顿时陷入恐惧之中,绝望的奥尔德林进行最后一次尝试,舱门竟然奇迹般打开了。奥尔德林说:"我把舱门虚掩着,不能让它再锁上。"两人最终逢凶化吉。

材料八

美国医学杂志刊登的研究表明:巧克力消费量多的国家,诺贝尔奖获得者辈出。美国哥伦比亚大学的弗朗兹·梅瑟莉教授做出了一个大胆的假设——巧克力的摄取不仅可以改善个人认知机能,而且可以提高全体人口的认知机能。就各厂家发表的23个国家中人均巧克力消费量和1 000万人中诺贝尔奖获得者数的数据进行分析,结果显示两者之间有明显的线性相关关系。

根据梅瑟莉教授的研究,巧克力消费量和诺贝尔奖获得者最多的是瑞士,中等的是美国、法国、德国,得奖最少的是中国、日本、巴西,唯一例外的是瑞典。瑞典国民人均一年的消费总量为6.4千克,按照之前的理论算出其诺贝尔奖获得者数为14人左右,但实际获得者人数为32人。科学家的解释是:因为诺贝尔奖是在瑞典颁发的。

材料九

脑残片、史前厨房工具、剪断缘分的剪刀、孔子用过的橡皮擦、被巫师变成发卡的鲤鱼公主、不知道封印着什么的月饼盒……只有你想不到的,没有淘宝买不到的。连少女口水、蚊子尸体都会标上价钱成为商品。有人说,淘宝就像是一出荒诞剧,考验着卖家与金主共同的想象力;还有人说,淘宝网上的荒诞拓宽了我们的想象力,激发了创造性,却体现着社会中的焦躁不安。这种创造性的强度、力度、丰富性都与美国差不多,为什么美国的创造性就产生了苹果?

材料十

美国的"阿罗兹"饼干是一个知名品牌。圣诞节后的一天,公司突然接到一个匿名电话,电话里的人宣称在澳洲某一地区待售的饼干中投了毒。"阿罗兹"饼干在澳洲有上千个品种,当月批发额已达到4 000万元。几小时后,董事会做出了一项惊人的决定:查封澳洲所有的"阿罗兹"饼干。短短十几个小时内,全澳洲所有商店柜台上的"阿罗兹"饼干被全部撤下,此举让公司遭受了巨大的损失。后来,警察局查出了那个打匿名电话的人,竟然是个精神病人。"阿罗兹"公司的遭遇成了当年商界的一大笑话。但是,原先一直抵制"阿罗兹"饼干的日本、韩国等东南亚国家,闻讯后纷纷进口"阿罗兹"饼干。就在同一年,公司不仅弥补了在澳洲的损失,而且还大赚了一笔。

第二节　思维种类与即兴口语的形成

对思维可以有很多种分类法。以思维探索问题答案的方向划分,可以把思维分为发散思维、聚敛思维、类比思维和逆向思维等。这些思维的样态都与即兴口语有着密切的关系。

一、发散思维与即兴口语的多样性

即兴口语表达的生动灵活、旁征博引要依靠发散思维的作用。发散思维是人的大脑在思维时呈现的一种扩散状态的思维模式,是人的思路从某一中心向不同层次、不同方向辐射,从而引出许多新的信息的思维方式。发散思维可以给即兴口语表达带来多样化的呈现形式。

(一)发散思维的思考方法

人的意识是一个层级反映系统,对于已经在这个连续体中获得全息反映经验的事物,一旦感觉到了,就可以激活连续体各个层级的整体反映经验,这就是发散思维的原理。发散思维是从一个目标出发,沿着各种不同途径寻求各种答案的思维,表现为思维视野广阔,呈现出多维发散状。心理学家认为,发散思维是创造性思维的最主要特点。在即兴口语表达中,它可以使话语源源不断地展开,从而达成形象化的表述。发散思维也是口语表达者进行口头议论、说服、推理的重要思维方式。

图3-1是由"手机"引发的发散思维。发散思维是思路从某一中心向不同层次、不同方向辐射,从而引出许多新的信息的思维方式。它是一种开放、多向、立体的思维空间,不拘泥于点、线、面的推延,能够充分使用所拥有的资料、知识和信息,其思维模式如空间爆炸状,从一个点向任何空间放射出去。在临场即兴发挥的口语表达过程中,发散思维可以帮助口语表达者迅速调取语料,扩展思路,围绕某一信息点,调动记忆"仓库"中尽可能多的知识储备,并通过想象和联想,快速搜索形象、具体、生动、鲜活、贴切的语料用以表达。基于此,训练发散思维,对提高即兴口语表达能力是非常有效的。

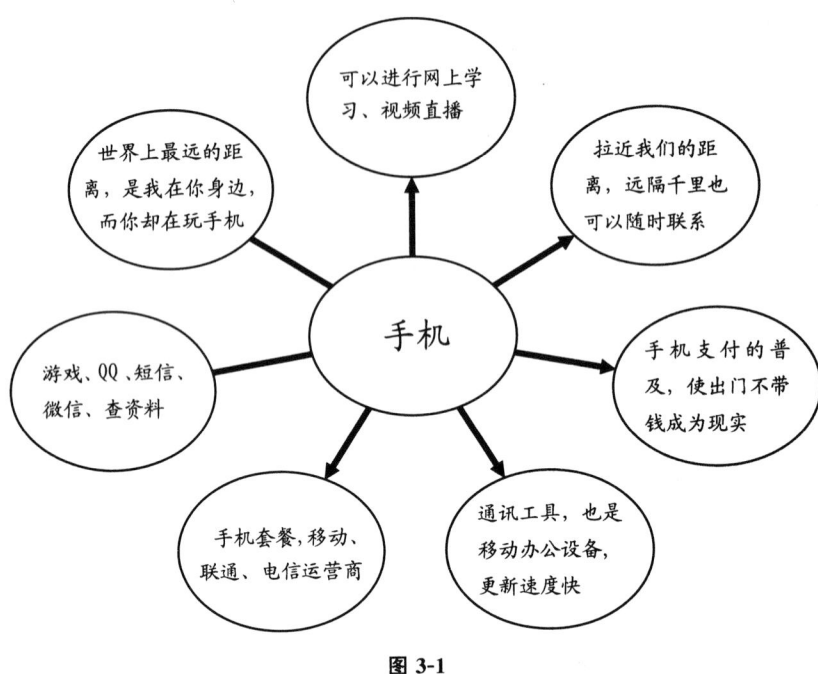

图 3-1

发散思维的方法很多,如立体思维、多路思维等,有人把侧向思维、逆向思维等也归入发散思维。

(二)发散思维的训练

发散思维具有很大的主动性和创造性。训练发散思维能力,可以使说话者思路流畅、长于联想发挥、善于应急变通,从而达到妙语连珠的效果。培养语言语感,最终达到"内化语言",这是理解和运用语言的过程。根据心理学家的研究,能"理解"语言和会"运用"语言,是个体学习语言过程中的两个不同层次。口语表达者运用的较高层次的语言,应该来源于课堂。然而实践证明,绝大多数上过语文课的学生在日后的语言表达中,对学过的语言材料,包括词语和句子的掌握程度,基本停滞在"理解"层次,大部分很难自动上升为"运用"层次,更不用说"发散"和"提升"了。完成即兴口语从"理解"到"运用"的跨越,可以采用这样的步骤:

回忆—想象—体悟—建构

这四步看上去比较复杂,但这种练习可以用一种线性的方式来提升对语言的感觉。以"无辜"这个词为例,来做与表达有关的思维发散练习。

先在"无辜"这个词的使用范围内确定一个切入点,选定一个训练的点,例如"无辜的表情":

1. 回忆

练习者回忆自己曾经见过的能称得上"无辜的表情"的脸。通过回忆，与已有生活经验相联系，在头脑中形成表象。请一个练习者把它说出来：

回忆一个"无辜的表情"。那是在今年初秋的一个晚上，我开车在工业南路从东往西走。因为天很晚路灯又不太亮，我看到前面有红灯就停了下来，旁边一辆车也和我并排停了下来。在等红灯的过程中，我忽然看到前方十几米远的地方有一条白线，我感到那才是交通标志线，于是就把车又往前开，一直开到那条白线前停了下来。有意思的是，刚才和我并排停下的那辆车也跟着开过来了，又停在了我们旁边。副驾驶座上的朋友说，那司机正在望着我们看，他的表情好无辜啊！

原来，稀里糊涂开车的人真是不止我一个啊！

2. 想象

想象带着"无辜的表情"的脸可能是什么样的，这是与重构的形象产生关联。想象之后，试着把这种"无辜的表情"描述出来：

司机是个男的，年龄不算太大，估计在 30 多岁吧。他大概也对这条路不熟，一开始凭感觉跟着我就停下了，但是当我往前开，他又跟过来停下以后，他就往我的车里望了望。我想，他的表情是，有点好奇，我们这个车里的开车人为什么耍了他一下，毕竟他这一停一跟再一停，我们在看着他笑。但是那种表情又不是生气或者不满，他的表情中有一点疑惑，有点困扰，有点奇怪，有点……总之，那种表情只能称得上"无辜"，除此之外找不到更合适的词了。

3. 体悟

从"无辜的表情"这个词我们可以看出"表情持有者"的生活是怎样的。这是与体悟到的形象内涵产生关联。

那个点已经是晚上 9 点多了，路上的车很少，济南本来就是个没有夜生活的城市，这又不是条繁华的路，所以，可以想象那个"无辜表情"持有者的生活是怎样的。因为我们是去送人，所以晚上在那条路上走。那个车里只有一个男司机，估计，他应该也是刚刚去办完了什么事情，或者是去送什么东西，所以也走在一条他不太熟悉的路上；也有可能是这条路他白天走过，但是夜里光线不好，他和我一样也是"路盲"；还可能是，他为人比较随和，有点娘，有些肉，办事凭感觉走。因为他看不清路时，不是开大灯，也不是用导航，而是跟着别的车，尤其是跟女司机开的车。更重要的是，他已经跟错了一次，他居然又跟了一次。

4.建构

到了"建构"这一步,就是训练的最后一步了。练习者可以在前面训练的基础上,重新建构一个"无辜的表情"的语境或话语模式,也就是重新做一个表述练习。至此,这一环节的训练就结束了。这种训练可以培养即兴口语表达的多样性。

二、聚敛思维与即兴口语的凝练性

聚敛思维又叫求同思维,它是一种以集中为特征的逻辑思维。聚敛思维是将许多新的信息围绕中心进行选择、归纳和重新组合,使原先零碎的、杂乱的信息组成系统的、条理分明的、相互联系的、脉络清楚的材料,并从中"摄取"有意义、有价值的东西的思维方法。其思维特点是以一个目标为归宿,将信息加以抽象,使之朝一个方向集中、聚敛,从而找出事物的共同点,寻求唯一的答案、结论或规律,就像运用聚光镜使分散的光线聚集于一点。它和发散思维的相同之处是,在思维活动中,先要尽量多地占有信息材料,尽量地拓展思路,分析、把握、挖掘它们,并将其序列化。不同于发散思维的运动轨迹在于,聚敛思维不是从一个"爆炸核心点"向周边尽可能多的想象空间去发散,去创造更新的内容,而是从无数个分散的点上向"核心"集中,把已知的信息、材料及可利用的各种因素向一处收束、聚焦。以《非你莫属》李季霏一期为例:

张绍刚:你学的是市场营销?

李季霏:对,最大的爱好就是卖东西。

张绍刚:最大的爱好就是卖东西?比如说?

李季霏:什么都爱卖。

张绍刚:什么东西在你卖的过程当中……(笑声),太难听了,在你销售的过程中销售得特别好?

李季霏:刚哥,你不要紧张,我把你的话给你捋一遍。你的意思就是说……(笑声)

张绍刚:我不紧张,你捋,你捋。

李季霏:对对对,知道你累了,我给你捋一遍。就是从高考之后吧,就一直自己做兼职,做过一些销售类的工作,比如说服装、鞋帽,然后大四也是通过面试,进入了一家上市公司吧,天虹百货,也是来北京进行实习,也是做的最基础的超市销售员的工作。

张绍刚:业绩都怎么样?

李季霏:对,因为天虹刚刚进入北京嘛,业绩肯定不是很好,但是我所在的区域,要占到超市销售比例的一半左右吧。还可以。

张绍刚:好,你的优势是什么?

李季霏：幽默,您应该发现了吧?

张绍刚：你比方说,我是一个大爷,就来超市买东西,你怎么跟他幽默呀?

李季霏：大爷,今天外边天怎么样啊?……

……

张绍刚：再说一下,今天找什么职位?

李季霏：就是销售助理类的工作。因为我有针对性的这一家公司嘛,我觉着门槛很高,我还是从助理做起比较好吧。

张绍刚：销售类的工作,做助理。

李季霏：对,反正就是助理类的工作。

张绍刚：行政做不做?

李季霏：可以。

……

张绍刚：好,这样吧,12位,不需要提问了,不要提问。她没有什么工作经验,常年主要是以卖小百货为生,(笑声)没卖过什么大件,在这种情况下,她的工作要求也很低：销售助理、行政助理。

主持人的最后一句总结就是聚敛思维形象幽默化的表现。聚敛思维具有求同性和概括性。优秀的聚敛思维运用者,能够将无数活跃的思维闪光点,经过提炼、浓缩、优化组合出有价值的共同的属性、共同的本质,得出带有普遍性的结论,追求即兴口语表达的深度。张绍刚主持的是求职节目,就要在与求职者看上去漫无边际的聊天中,抓到最重要的线索,从而概括出集中的要点,为求职者的求职指明方向,也为各位老板勾勒出求职者的轮廓。如果说发散思维的特点是一个"放"字,其训练的重点在于加强思维的开阔度,那么聚敛思维的特点则是"收",如图3-2、图3-3。

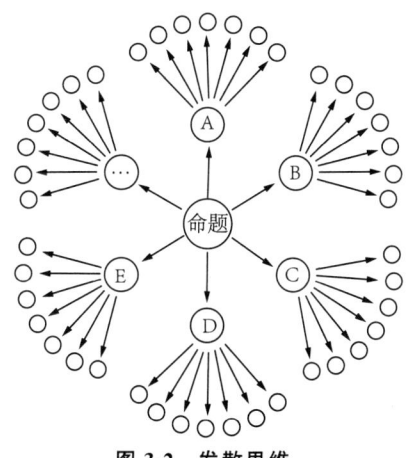

图 3-2 发散思维

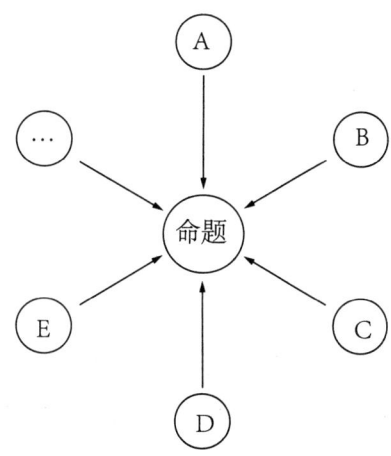

图 3-3 聚敛思维

三、类比思维与即兴口语的生动性

类比思维也叫旁通思维或侧向思维、转移思维。类比思维是从两个对象在某些方面的相似关系中受到启发，从其他领域离得很远的事物中获得启示，从而产生新设想，使问题得到解决的一种创造性思维方法。当一个人对某个目标孜孜以求时，他的大脑皮层里就会建立起一种优势灶，一旦这种思维受到某个偶然事件的启发，就容易产生与优势灶相联系的反应，这就是我们平时常说的触类旁通。

口语表达中新鲜、生动、形象、活泼因素的有无，除了跟口语表达者的知识面、想象力有关外，还取决于其思维转移能力的高低，即能否进行语言表达上的"触类旁通"。触类旁通对科技发明有很大贡献，鲁班从一种能划破手的带齿的草得到启示，发明了锯，这就是类比思维起的作用。在有线电报发明前，远距离传输信号衰减的问题无法解决，美国的莫尔斯由驿站换马联想到信号传输，沿线设立若干个信号放大站。这一创造性设想得以实验成功，有线电报不久就成了远距离传输信息的通信工具。

在即兴口语表达中，类比思维可以带来形象化的表达和更通俗的描述。

据说，有一位女士在晚会上问爱因斯坦："你能不能很快地告诉我，什么叫相对论呢？"爱因斯坦是这样解释的：

亲爱的太太，晚上你等女儿回家，已经是12点，你女儿还没有回家，10分钟长不长啊？那么太长。

如果你在纽约大歌剧院，听一场非常精彩的歌剧《卡门》，10分钟过去，你觉得很久吗？太短了！

所以同样是10分钟，一个感觉很长，一个感觉很短——相对不同，也就是时间的长短是一种相对的误差。太太，这个就叫相对论。

哲学家康德说："每当理智缺乏可靠论证的思路时，类比这个方法往往能指引我们前进。"简单地说，类比就是用一个领域的事物来解释说明另一个领域的事物的思维形式。由于类比思维具有从一个特殊领域的知识过渡到另一个特殊领域的知识的优越性，所以类比思维在创造性思维中居于重要的地位，它具有联想、启发、假设、解释和模拟等多种功能，对于"妙语连珠"效果的出现有不可忽视的作用。

（一）类比思维与口语表达

类比思维是一种比较完善的思维方式，通过它，口语表达者会比较全面地表达自己的意思，表达路径也能做到简单易行。语言是储藏信息和隐喻的巨大仓库，其潜力可以通过各种方式得到扩展、丰富，使一些看上去衰老的隐喻在瞬间恢复活力。一些通过类比思维被打通的表达方式逐渐被固定下来,甚至成为流行语,如"流水账""作业瓶颈""打酱油""吃瓜群众"等,都包含着极为丰富的隐喻。

与口语表达有关的类比思维包括两方面的含义:

一是联想。类比思维中的第一步就是联想,这是思维的主体由新信息的刺激而引起的对已有知识、经验、情景等的回忆。

二是类比。思维的主体在新旧信息间找寻相似或相异的地方,即"异中求同"或"同中求异"。通过类比思维,在类比中联想,以类为比,把自己所需处理的"点",放入与此"点"相关的"面"中对比,其思维的广度取决于思维主体脑海中的相对此"点"的"面"的大小。类比思维具有明显的目的性和比较性。

类比思维具有激活想象力、触发启示性和提高猜想可靠度等特点。一些比较专业的知识在语言传播的过程中往往不好讲解、无法用实验演示,这在理科学习中尤其突出。爱因斯坦在这方面给我们提供了有益的启示,运用类比思维可以让专业而又枯燥的科学道理形象化。以初中物理教学为例(见表3-2):

表 3-2

知识点	一般讲述	类比讲述
导体中为什么会有大量的自由电子,而绝缘体中几乎没有自由电子?	电子绕原子核旋转,不同物质的原子核束缚电子的本领不一样;构成导体的物质对电子的约束能力较差,故能够有自由电子的存在;而构成绝缘体的物质对电子的约束能力很强,故不支持自由电子的存在。	自习课上,一个管理较差的班里,学生随意走动,这个班就相当于使学生自由散漫的导体;管理好的班,学生会认真做作业,没有打闹,这个管理能力强的班就相当于绝缘体。
电流怎样形成?	如金属导体,在没有电压作用下,它里面的自由电子做杂乱无章的运动,不能形成电流;一旦在电压作用下,这些自由电子便由杂乱无章的运动改为定向移动,即形成电流。	把教室看成一段导体,每个学生看成一个自由电子,没有老师的管理,学生处于散乱状态。假如老师让学生排成一列纵队,围绕教室逆时针转圈,这时形成定向走动,才形成电流。

通过这段对初中物理知识点的一般讲述和类比讲述的对比可以看出,类比思维借助联想能充分激发口语表达者的想象力。类比思维是一种或然性极大的逻辑思维方式,人们能够通过类比已有事物,开启创造未知事物的发明思路,它把已有的事和物与一些表面看来与之毫不相干的事和物联系起来,从而开启表达的新天地。

(二)类比思维使用的合理性原则

触类旁通得先把那个"类"找着,然后才能触类旁通。类比思维的"类"非常重要。进行类比思维时应当注意一些基本原则:

一是类比所依据的相似属性越多,类比的应用也就越为有效。这是因为两个对象的相同属性越多,意味着它们在自然领域中的地位就越接近,这样就更有可能合乎实际地推测出两者其他的属性也相似。如果把性质不相关的事情说到一起,就不是正确的类比思维,甚至会出现"雷人"语言。2009年10月27日,在《羊城晚报》记者采访广州天河交警大队就封闭部分行车道是否应该征询市民意见的时候,某快速路有限公司经理突然发火,发出了"雷人"之语:"那么我拉屎要不要通知你啊?臭不臭也要告诉你啊?"

这段"雷人"之语被网友称为"最牛官腔"。个人拉屎臭不臭确实不需要告诉别人,这是个人自知;但作为公权,尤其是事关民生的举措,则有责任、有义务告知公众,这是公众的知情权。抛开官腔不谈,单就这种表达的思维路径来说,就是牛头不对马嘴的,看上去是类比思维,其实所类比的两样事物彼此性质根本不同,也全不相关。

二是类比所依据的相似属性之间越相关联,类比的应用也就越为有效。因为类比所依据的许多相似属性,如果是偶然的并存,那么推论所依据的就不是规律的东西,而是表面的东西,结论就不大可靠了。如果类比所依据的是现象间规律性的东西,不是偶然的表面的东西,那么结论的可靠性就较高。当然,一些带有诡辩和搞笑性质的推论,在某些特定的口语表达场合还是很受欢迎的。

2011年10月7日上午,SOHO中国董事长潘石屹就乔布斯逝世发微博调侃苹果公司,称"苹果董事会应该马上做决定:大量生产1000元人民币以下一部的iPhone手机和iPad,让更多人用上'苹果',这是对乔布斯最好的纪念。"21分钟后,某网友转发了此微博,并评论说,"潘总哪天要也去世了,也请贵公司推出1000元一平(方)米的房子吧,十几亿人民都会纪念您。"此言一出,网友纷纷支持,潘石屹也被网友戏称为"潘一千",还有网友制作了"壹潘"币,并强烈要求物价局备案"1潘=1000元/平方米"。网友的这种推导采用的就是典型的类比推理。

面对潘总的解释,网友继续使用类比推理的思维:

网友一:请问潘总,您与乔布斯对社会的贡献谁大呢?我们老百姓接受谁的服务多呢?至少我知道iPhone现在是街机了,不知道潘总您的房子什么时候成街房?

网友二:请问潘总,按您的意思是,乔布斯去世,苹果就要大量生产1000元人民币以下一部的iPhone手机和iPad才算是纪念乔布斯,我能在全网销售最低的商品,而且保证买家有任何不满意无条件退货,您能做出全国最低价的房子,销售给我们老百姓么?

对此类比调侃,作为"果粉"的潘石屹解释,"理解朋友们对乔布斯爱戴、怀念的心情和对高价房的不满"。网友的类比十分新颖、准确,他们将高端通讯产品"苹果"和高端消费品"住房"联系在一起,将潘石屹的一个调侃反用在他自己的产品上,效果突出。这就是根据两样事物的相似属性之间越相关联,类比的应用也就越为有效的原则做出的推理。

四、逆向思维与即兴口语的精彩性

逆向思维,也叫反向思维,即"反过来想一想",把通常思考问题的路径反过来思考。司马光砸缸救人采用的就是逆向思维。克服思维定式,从相反的角度来思考问题,从而显露出新的观点、新的路径,这是即兴口语表达中十分需要的一种思维能力。这种思维经常出现在相声中,用来制造现场效果,几乎所有带"包袱"的笑料中都有逆向思维的灵光出现。北京电视台《星夜故事秀》请来主持人刘仪伟做嘉宾,而当期的节目主持人是春妮和郭德纲,郭德纲与刘仪伟都是即兴口语表达高手,节目伊始就收获了精彩的现场效果:

郭德纲:我们这个节目有一个特点吧,凡是请来嘉宾,比我个头高的一概不用。

刘仪伟:我比你高点吧。

郭德纲:不能,你头发长了。

刘仪伟:你穿高跟鞋了。

郭德纲:该剪头了。

春　妮:你们俩背对背来比一下吧。

刘仪伟:太无聊了吧。

(两人都忙着跷脚)

郭德纲:我比他高。

刘仪伟:(我比他)高多了,高多了。

春　妮:有点耍赖啊。

刘仪伟:不过这个我觉得我还是挺佩服郭先生的。

郭德纲:为什么呢?

刘仪伟:如果你把他的肉往中间一挤,他一定比我高。

郭德纲:我们这一期节目就到这儿了,感谢刘仪伟。

本来"比个头"是个笑点一般的环节,但是刘仪伟在两人比个头的情况下让思维展开,从另外一个角度找到了"笑点",那就是对稍显富态的郭德纲比划"如果你把他的肉往中间一挤,他一定比我高",而说相声出身的郭德纲也不甘示弱,在对方抛出这个引发全场大笑的妙语之后,机智地接了一句"我们这一期节目就到这儿了",使得刚才的笑点没有掉下去。这是典型的逆向思维在现场即兴表达中引发的效果。

五、创造性思维在即兴口语中的应用

即兴口语表达最怕的是展不开,说几句之后没有话说,可以采用创造性思维来解决这个问题。这一部分把几种思维方式和即兴口语表达的一些具体方法结合起来阐述。

(一)类比思维——联想法

有些话题孤立地去谈容易平淡、枯燥,如果展开联想,由这个事物想到与之相关的另一个事物,在它们的相互联系中去突出事物的特征,发掘事物的本质,这样不仅可以使表达层层深入,而且可以使思路变得活泼而开阔。2012年11月,郭德纲分别在麻省理工学院和哥伦比亚大学演讲"相声艺术",一开始就展示了大跨度的"郭氏联想"创新思维的火花:

我就不说英文了,说英文我怕我自己听不明白(笑声)。好多人都说什么时候开始有的相声,其实按照业内统一的认为,应该是在清朝的咸丰年间。咸丰皇帝大家都知道,咸丰帝驾崩也就是去世那一年,也就是1861年,这一年呢,麻省理工创立。所以说相声跟麻省之间还是有点关系的。只不过从来没有人把这两者合在一起,今天这门课程算是了了这个夙愿了。

(选自郭德纲在麻省理工学院的演讲)

这个地儿叫哥伦比亚大学,世界知名的学校,1754年有了它。那一年是乾隆十九年(笑声)。有这个大学那一年,乾隆皇帝正忙着禁读《水浒传》,看《水浒传》的全家抄斩诛灭九族,艺人也不许唱《水浒传》的戏,说书先生也不能说《水浒(传)》。在那一年有了这么一所大学。好多高人都在这儿毕业,梁实秋先生、胡适、马寅初、徐志摩、郭德纲(笑声)。

(选自郭德纲在哥伦比亚大学的演讲)

联想法就是从一点出发,利用事物间的相似、相关、相反的横向联系,或者过去、现在、未来的纵向联系,进行由此及彼运用的思维过程。看到一个话题,或者一个事物,可以从以下两方面展开联想,打开思维。

横向:相似—相关—相反
纵向:过去—现在—将来

可以把联想法具体分为几种类型:
- 古今联想型。从古到今,从今溯古,这种联想脉络性强,有连贯性,放在即兴表达中很容易掌握,显得有条理。
- 类似联想型。某几个事物由于有相似的特点或本质,在联想的时候可以成串地连起来。网友们在调侃潘石屹时,对"苹果手机"和"房子"的联想就属于这种类型。

- 对比联想型。某些事物彼此间有相反的性质,这也是联想的一种方法。
- 因果联想型。由一个原因导出某个结果,这种联想非常自然。

以下是《非你莫属》中的一段对话,体会求职者李一舟运用联想的妙处:

李国庆:美术学院还有设计创新方法论这么一个专业,导师是谁啊?开这么个专业干什么呀?干吗不到哲学系呢?

张绍刚:怎么跑哲学系啦?

李国庆:这不方法论吗?创新方法论,管它是设计还是什么呢?

李一舟:可以让我解释吗?

张绍刚:可以让你解释,国庆不许说话,话太多。

李一舟:其实设计方法论,我可以这样来解释吧。比如说您喝水这个问题,如果是一般的设计师,他会给您做一个杯子,杯子做很多图案,做很多形状,这是一般的设计师。如果第二个问题,就是您是要解渴,或者您是要做一个盛水的容器,那么这个时候您有很多的想法,盛水的容器不一定是个杯子,它也是个台子,或者是别的方式。但是更进一步,如果你想往方法学上去讲的话,就是说它是一个为您解渴,提供这样一种体验、这样一种方式的一种解决方案。比如说您在沙漠里面……

在即兴表达中运用联想,也不是只要丰富,尽量展开就行,不能把所有想的内容一股脑儿地用进去,而是首先要符合事物特征,其次符合生活逻辑,再就是选择比较有意义的内容,力求在准确的基础上做到语言美感和思想深度的结合。求职者李一舟在现场临时想到"解渴"和"杯子"的例子,来解释李国庆对"设计创新方法论"的疑问,虽然比较仓促,例子表述比较粗糙,但类比是正确的,比较完整地解答了对方的问题。

(二)发散思维——分类法

有的话题看上去很容易,但往往说几句之后就不知再说什么了。面对比较抽象的话题,笼统地谈很难展开,可以利用发散思维将所要表达的内容分一分类。比如"谈微信",这个题目大家都不陌生,但越是看上去简单的题往往越难以深入展开论述。遇到这种情况,采用分类法就简单了,可以分为"微信可以干什么""微信带来的好处""微信带来的弊端""微信的发展前景"等。

同样一个话题,因为有了分类,可供表达的内容就一下子变得丰富了。分类,不仅能打开思路,而且可以使人看问题更加深入。分类法是从不同角度认识事物的性质,把抽象的论题具体化的好方法。

(三)发散思维——层递法

层递法是一种利用发散思维,把论题加上其他成分,进行变形思考的方法。有些概念比较抽象,可以采用"层递"的方法,使表达层层深入。

层递法可分两种方式：

1.增加定语

随着论题的展开不断增加定语,表达的思路便不断向前发展,表述的范围则逐渐缩小。比如"谈电子商务"这个话题,即兴表达的第一层可以泛泛地谈"电子商务",第二层在此基础上增加成分,谈"中学生与电子商务",第三层继续增加成分,谈"电子信息技术极大发展的今天,中学生与电子商务的关系";第四层继续增加成分,谈"电子信息技术极大发展但教育理念未完成同步更新的今天,中学生与电子商务的关系"。

2.扩展话题内容

把一个抽象的话题具体化,从而使表达的思路更开阔,表述更全面。比如"考证族"这个话题,可以先谈"考证族的定位",其次谈"考证族的表现",再次谈"考证族的优势",最后谈"考证族的误区",等等。

在使用层递法时应注意两种情况:一是不要转移论点,二是增加成分以后的概念只能作为分论点,以免论点不集中。

(四)发散思维——阐述法

阐述法也就是举例法,在阐明一件事情或事理时,可以借助举例子这一方法打开思路。使用自己熟悉的、听众感兴趣的、新鲜的、个性化的例子,通过举例子把观点揭示得更鲜明、更充分。这种方法在对话中很常见,例如《非你莫属》中主持人张绍刚和求职者李季霏之间的对话：

张绍刚：好,你的优势是什么?

李季霏：幽默,您应该发现了吧?

张绍刚：你比方说,我是一个大爷,就来超市买东西,你怎么跟他幽默呀?

在这里,主持人张绍刚就是用一个实际例子,给求职者提供了一个充分展示销售才能的舞台。

(五)逆向思维——反谈法

一些看上去似乎已成定论的问题,仔细分析一下,有时可以提出新的见解。这种逆向思维出新意的方法用在即兴口语表达中就是"反谈法"。比如"近朱者赤,近墨者黑"是千百年来流传的名言,运用逆向思维就会发现,这个观点意在强调环境对人的影响,但外因要通过内因起作用,因此它有一定的局限性,可以得出"近墨者未必黑"这样的结论来阐明新的观点：每个人都应加强自身修养,做到"出淤泥而不染,濯清涟而不妖"。

运用反谈法时,不能没有事实根据而刻意标新立异,否则那就不是思路的创新,而是哗众取宠了。

感悟与训练

一、记忆搜索快速发散思维练习

每道题限时5分钟,每说出一个得1分,说出的种类越多得分越高。如果是多人练习,可以采用接龙的方式说出。这类题看上去比较容易,但是越往后做难度越大。

1.尽可能多地快速说出你所知道的花的名字。
2.尽可能多地快速说出你所知道的鸟的名字。
3.尽可能多地快速说出你所知道的树的名字。
4.尽可能多地快速说出你所知道的车的种类。
5.尽可能多地快速说出你所知道的船的种类。
6.尽可能多地快速说出你所知道的水果的名称。
7.尽可能多地快速说出你所知道的乐器名。
8.尽可能多地快速说出你所知道的国家名。
9.尽可能多地快速说出你所知道的游戏名。
10.尽可能多地快速说出你所知道的世界名著。
11.尽可能多地快速说出你所知道的新兴职业。
12.尽可能多地快速说出你所知道的有腿不会走的东西。
13.尽可能多地快速说出你所知道的无腿走天下的东西。

二、途径搜索快速发散思维练习

这也是快速发散思维练习的一种,相对于把发散的点放在"名称"上的第一题,本题是把发散的点放在了"途径"上。每道题限时5分钟,每说出一个得1分,说出的种类越多得分越高。这道题同样可以采用接龙的方式进行集体训练。尽可能多地说出下列题目的答案。

1.爸爸为什么半夜起床?
2.你骑着自行车在马路上走,突然停下来了,为什么?
3.上课的时间,一位同学走了出去,为什么?
4.你住在岛上,椰子熟了,你有多少种方法可以摘到树上的椰子?
5.你住在岛上,有事要到另一个小岛上去,有多少种方法可以到达?
6.灯不亮了,可能有哪些原因?

7. 太阳光有哪些用处?
8. 电脑可以和哪些东西组合在一起?
9. 手机可以和哪些东西组合在一起?
10. 怎样能够达到取暖的目的?
11. 一位女子在路边的长椅上坐了下来,为什么?
12. 一个推着婴儿车的老人,在路边停了下来,为什么?
13. 巡考的老师,在考场中停了下来,为什么?
14. 有人在下雨的路上,没有打伞地行走,为什么?
15. 午饭时间,食堂有饭,但学生没有在食堂买饭,为什么?
16. 一个男人对一个女人说:"我们不能结婚。"为什么?
17. 一对夫妇没有孩子,为什么?
18. 一个孩子爬到了树上,为什么?
19. 一个 25 岁的女人,通宵未睡,为什么?
20. 玫瑰花有哪些用途?
21. 面巾纸有哪些用途?
22. 书有哪些用途?
23. 可乐瓶有哪些用途?
24. 盘子有哪些用途?
25. 硬币有哪些用途?

三、创新思维训练

请将下列物品相互联系起来,想象出一些新的物品。这些新物品可能现在还没有,也可能正在开发,它们可能会改变我们的生活。

1. 回形针　台历　笔记本
2. 树枝　花瓶　红酒
3. 护手霜　香水　汽车模型
4. 自行车　轮船　海鸟
5. 石头　火　扇子
6. 签字笔　精油　U 盘
7. 卷纸　挂钩　毛巾
8. 耳机　眼镜　帽子
9. 书包　钟表　救生圈
10. 戒指　药品　运动手环

四、双向思维训练

双向思维训练,就是训练从两面看问题的思维。根据下面的提示来举例子,举出的例子越多得分越高。

1.请举出一些从宏观看有利,从微观看有害的事物。

2.请举出一些从未来看有利,从现在看有害的事物。

3.请举出一些从客观看有利,从主观看有害的事物。

4.请举一些从主观看有利,从客观看有害的事物。

五、原因搜索快速发散思维练习

同一种现象可能由无数个原因造成。根据下面的现象,构想可能的各种原因,并表达出来。

1.老师上课时迟到了。

2.某五星级酒店的霓虹灯不亮了。

3.某二线城市牛奶突然涨价。

4.相邻的两个国家突然开战。

5.白菜价格一跌再跌却无人购买。

6.马路边汽车站站满了等车的人,而旁边的长椅上却没有一个人坐。

7.一个男人未穿雨衣在雨中骑自行车,车后座却夹着一把漂亮的折叠伞。

8.桌上摆着丰盛的饭菜,桌边坐着的两个人却不动筷子。

9.第二天有重要考试,两个学生却在宿舍里下棋。

10.某网购的商品,没有质量问题却被纷纷退货。

六、属性搜索聚敛思维训练

从下面不同物体中抽象出某个共同的属性。如,橡皮、笔袋、书包三个物体,共同的属性是:文具。

1.冰箱　春节　雪花

2.沐浴液　香波　吹风机

3.花生油　牛奶　白酒

4.薯条　冰淇淋　咖啡

5.耳机　数据线　储存卡

6.饭盒　瓶装水　方便袋

7.短信　网络　广播

8.塑料　玻璃　不锈钢

9.吸管　纸杯　托盘

10.路标　隧道　测速仪

七、逆向思维训练

联想一下与常理相反的观点,对下面的俗语做逆向思维立意。

1. 出淤泥而不染
2. 异想天开
3. 班门弄斧
4. 开卷有益
5. 杞人忧天
6. 东施效颦
7. 当一天和尚撞一天钟
8. 没有规矩,不成方圆
9. 良药苦口
10. 飞鸟尽,良弓藏
11. 刻舟求剑
12. 黔之驴

八、类比思维合理性判断

类比思维表现了即兴口语表达中的一种"转移"能力,但这种"转移"是否具备合理性却需要具体问题具体分析。在《非你莫属》中,求职者董菲菲画线部分话语中的类比是否准确?

董菲菲:在刚才上场的时候我已经说过了,我觉得我更适合于做公关类,或者是营销类的管理职位,或者是像百合网那样的,它那边有一个资深爱情顾问,我觉得跟我比较匹配。

慕　岩:因为你看人看得比较准?

莫华璋:可是你自己不是还没结婚吗?

董菲菲:这个并不冲突啊,<u>给您举个例子吧,就比如说理发师不会给自己理头发对吗?然后医生也不会给自己看病对吗?</u>

莫华璋:那菲菲这个其实是有冲突的。因为百合网的最终目的是一个婚恋网站。其实我知道百合网有一个特别的规定,说员工……(对慕岩)你自己说吧。

董菲菲:他是优先考虑。

慕　岩:对,我们优先考虑已婚的。但是呢,对于有比较丰富的社会阅历,也有恋爱经验,最重要的其实还是一个说服力,还有一个看人、识人的能力,这个是最重要的。

九、聚敛思维概括训练

根据以下材料概括出一段半分钟之内的话,表达出来,然后给整篇表达加一个标题:

1976年唐山大地震的时候,我在马鞍山的一家工厂里。地震时厂里有两个跑供销的正在唐山,他们回来后绘声绘色的讲述,让不少人经历了一番对地震场面的联想式体验。不久,便有坏消息传开了:我们脚下的城市也处在地震带上。有天我正在狭小的暗房里洗照片,忽然觉得身体和屋子摇晃了一下,当时竟没反应过来,出了暗房发现整个机关已人心惶惶。原来,刚才是一次小小的地震。这以后,"防震""抗震"成了当地人口中出现频率最高的词语。

当时我住集体宿舍,晚上睡觉前,跟其他小青年一样,将啤酒瓶倒立在金属脸盆里,祈望它们在地震发生的第一时间里把自己惊醒。酒瓶倒是从未倒下来,但俗话说,"人吓人,吓死人",常有调皮捣蛋鬼瞎吆喝一声,或故意弄出点什么声响来,引起群体性恐慌。记得有个深夜,集体宿舍里正在梦乡中的员工,被房门外一阵急促慌乱的脚步声惊醒,于是都惊恐地冲出房门,沿着走廊往楼外飞跑。逃到楼外才明白又是虚惊一场!这时,有人才发现脚底生疼。原来,刚才只顾逃命,汹涌的人流冲倒了一个刚下中班,提着热水瓶回宿舍的员工,一只只光脚踩过了碎玻璃和滚烫的开水。

故意吓人的行为,迅速被严令禁止和警告,但人们的神经依然处在风声鹤唳的极度脆弱之中,有时候连汽车行驶发出的声响,也能在人多的场所引起剧烈的惊慌和骚动。于是,在当时男多女少、两性比例悬殊的钢城,男同胞们津津有味地咀嚼着一个美丽诱人的传说:

一辆重型卡车从剧场外的马路上驶过,正在看戏的观众以为地震了,在拥挤不堪的逃命中,许多力不从心的女人——其中当然包括了漂亮的、平时非常矜持的女人——都死命地抱着、拽着相识或不相识的男人!我想这个大老爷们一厢情愿的故事还应该有个下半截,比如英雄如何救美,如何赢得芳心等等。

远比这个故事真实的情况是,在一些惊恐万状的瞬间,有的男人奋不顾身地呵护身边的妻子、孩子或恋人,也有些男人的行为,却足以让他的枕边人寒心一辈子。有家医院妇产科的医生护士正在接生,地震警报响起后有的医生护士惊慌地跑开了,造成婴儿死亡。追究责任时,有人说等在门外的产妇的丈夫是第一个逃跑的。不幸的产妇以泪洗面,在她心里死去的,何止那个可怜的小生命。

但温馨的风景总是占了多数。比方说,厂里女集体宿舍楼前的广场上,渐渐出现了一个蔚为壮观的"棚户区",那是一片密密匝匝的防震棚,是恋爱青年顺势而建的爱巢。棚子虽然简陋,搭建却不容易,就地取材需要斗胆捞点公家的东西,施工需要力气和技能。患难小工程的建设,给了情侣尤其是男方表现爱情和责任的极佳机会,个个称得上能工巧匠。以往羞羞答答的"地下恋情",这会儿也都公开了。以往喜欢对青工谈恋爱管头管脚的厂领导和干部,对防震棚里的爱情也睁只眼闭只眼,有时还走进"棚户区",挨"家"挨"户"嘘寒问暖哩。

令人喷饭之事也还记得不少。有一天,全市真的响起了警报,我跑出宿舍楼以后又转身往回跑,身后响起严厉的呵斥声,回头看见厂办公室主任正摇晃着高高胖胖的身躯,气急败坏地追过来。我说忘带钥匙了,一向乐乐呵呵的主任白脸憋得通红:"你是要命还是要钥匙?!"更搞笑的是我们宣传科的那个临时广播员,她跑到广场上以后也重新往宿舍跑,而且对身后的一片警告声置若罔闻,视死如归地坚持跑到楼上,英勇地抢出了几根挂蚊帐用的细竹竿!

第三节 空间思维与线性语言的转化

即兴口语的实质是运用线性的语言符号序列表现平面化或立体化的思维内容。既然是线性符号序列,就有时间上的顺序性与持续性问题。在运用基于语言符号的概念进行判断、推理时,只能按照不同词语符号出现的先后顺序,一步一步地进行。即兴口语表达的线性特点给思维带来的一个难题是,它似乎难以真实地反映动态的立体化的事件和视觉情景。即使在一个最简单的直言判断陈述句中,语言的这种影响也会清晰地显露出来。语言符号本身是线性的、分离的,它们就像念珠上的一颗颗珠子,只能一个一个地依次出现。现在就来探究一下空间思维与线性语言的转化。

一、空间思维形式的难以取代性

思维是人脑对客观事物的本质和事物之间内在联系的规律所作出的概括与间接反映。根据马克思主义认识论的原则,人类思维至少应当具有两种基本的反映形式:空间思维形式和时间思维形式。

空间思维形式用于对事物运动状态的"空间结构特性"作出概括与间接的反映,是对事物处于存现状态时的本质和内在联系的规律性作出反映的空间思维形式;时间思维形式是对事物运动过程的"时间顺序特性"作出概括与间接的反映,即对事物处于运动状态时的属性和内在联系的规律性作出概括与间接反映的时间思维形式。其中,"时间顺序特性"似乎与线性的语言表达方式还是有一些吻合的,但是"空间结构特性"就需要做较大的转换。例如,试着用语言把人的左右半脑的分工和功能差异表现出来,会发现线性的语言表述怎么都是比较麻烦的,图3-4非常直观地表现了左右脑的分工。

有些东西,要想用线性的语言表述清楚比较麻烦,但通过一幅思维导图就可以很清楚地表达出来,这就是为什么有时人们不能完全依赖口语表达的缘故。很多课堂讲述再具体生动,再举例再类比,也不如画一幅图更能直观地解决问题。这就是语言的

左右脑的功能差异

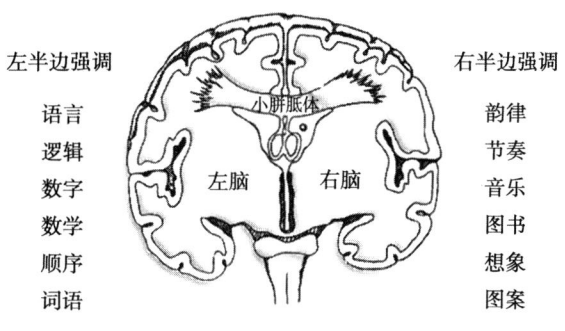

图 3-4

线性描述和空间思维形式所产生的矛盾。

逻辑思维对于空间视觉景象的完整而真实的反映,是通过使用准确的语言,把三维空间的坐标转换到一维时间轴上来实现的。有时候,这是以牺牲效率为代价的,需要对当前事物的空间结构特性在瞬间作出整体把握。比如在需对事物之间的复杂关系作出决策的场合,线性顺序的逻辑思维及表述会显得比较无力,而基于表象的空间结构思维则能发挥重要作用,从而弥补逻辑思维的不足。例如,图 3-5 是一个很直观的导图,一个人对自己的评价和介绍可以通过导图一目了然:

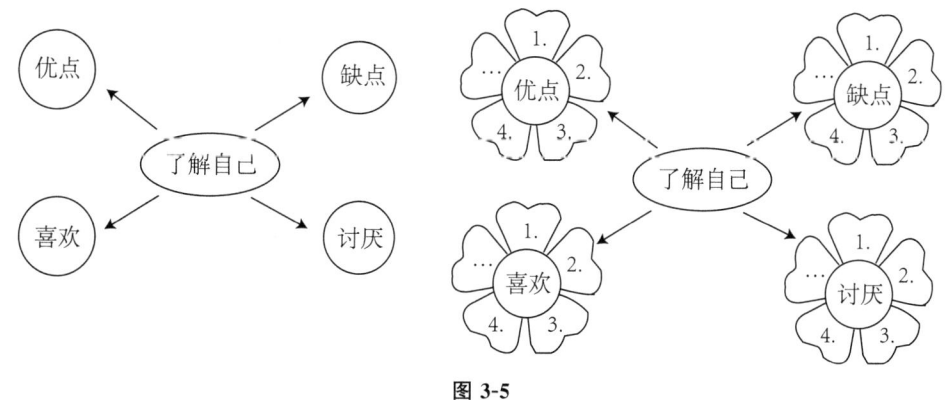

图 3-5

但是如果要求一个人用口语表达的方式讲出自己的情况,那就是需要转化思维,把这种空间表达方式用线性的语言表达表现出来:

我是一个……的人,我的优点是……,我的缺点是……,我喜欢……,我讨厌……。

时间逻辑思维即线性逻辑思维,主要是对处于运动状态事物的本质属性作出反映,并通过用词语表达的"概念"来把握事物的属性。在时间不受限制的条件下,时间逻辑思维也可以对事物之间内在联系的规律性作出反映,这时主要通过由概念组成的"判断"和"推理"来把握事物之间的这种内在联系规律。

在瞬息万变的战场上,军事家排兵布阵凭的是什么?对战争全局的把握必定要运用到空间结构思维,才能从大处着眼,从总体上把握敌我双方的情况。这里的"全局在胸"就是指把握战争全局的空间结构特性,只不过它的对外表达是要靠线性语言方式来实现而已。再如图3-6这幅青年西班牙画家达利在1931年创作的超现实主义代表作《记忆之永恒》:

图 3-6

《记忆之永恒》这幅画映入人们眼帘的是几具绵软变形的钟表。画面用螺旋容积体制造出三维空间的感觉。什么能够软化坚硬?热、水流、想象力,还有时间和记忆。总有一些记忆的片段会永恒。还有什么样的线性语言方式能够如此生动地表达出绵软的记忆里残存着的碎片?思维是通过空间结构思维和时间逻辑思维两种基本形式实现的,但这两种思维的表达却是有区别的。一个有趣的情况是,似乎以表象作为心理加工对象的空间结构思维可以实现初级形式的概括,逻辑线性思维才能实现高级形式的概括;然而,一个难以用线性语言概念来表达的画面,却可以通过平面展示来体现其高度抽象的意义。一个典型的事例是日本长崎原爆资料馆展出的钟表。长崎原爆资料馆坐落于一个当时被原子弹炸毁的教堂之上,教堂仅仅剩下一面墙,一个被冲击波毁坏变形的时钟挂在墙上,时针停止在11:02,定格了原子弹落下的刹那(如图3-

7)。这个停止在 11:02 的被损坏的钟表,具有震撼人心的抽象意义。显然,由这样的钟表表象所产生的抽象意义及社会效果,用空间平面方法来表达是最合适的。

图 3-7

二、线性语言流程的标记性

时间思维形式是对事物处于运动状态的本质属性作出概括与间接的反映,这种思维的基本特点是从一维线性的时间轴去把握运动过程的本质属性,而建立在线性语言流程基础上的逻辑思维正好最适合这种需求。逻辑思维使用的材料是用语词表达的概念,加工的手段包括分析、综合、抽象、概括、判断、推理等。建立在语言符号序列线性基础上的逻辑思维,尽管其优势只是对一维时间轴上展开的活动事件作出反映,但由于三维空间中的视觉景象也可转化成一维时间轴上的一系列活动事件,所以,只要时间上不要求瞬间作出决断,逻辑思维原则上就可以满足人类对思维提出的全部需求。也就是说,它既可适用于时间思维的场合,也可适用于空间思维的场合。但就逻辑思维的实质来说,由于它建立在语言符号序列基础上,具有一维、线性的特点,最适合反映具有顺序性、持续性的运动变化过程,所以,它更适合于时间思维的场合。有两位给领导开车的司机,两人的个人情况相似,现在需要竞争上岗。每人可以发表一个竞争上岗的演说。

第一个司机讲了十几分钟:

我有十几年的工作经验了,已经给领导开了很多年车。将来要是还能开车,我一定把车收拾得非常干净利索,遵守交通规则,要保证领导的安全,做到细心周到⋯⋯

第二个司机没用两分钟就结束了。他说：

我在以前开车的十几年间遵守了三条原则。如果今后用我，我还将遵守这三条原则：第一，听得，说不得；第二，吃得，喝不得；第三，开得，使不得。我过去这样做，现在这样做，今后还将这样做。

从这两段发言来看，哪一个司机更成功呢？答案显而易见。第一个人用的是平面铺陈的表达方法，虽然他的语言中没有任何不妥，也符合"面试语言"突出个人长处的要求，但给人的感觉比较平淡，缺少亮点。第二个人表达的成功之处在于给短短的话语加上了鲜明的"标签"，也就是给线性表述贴上了标记，这就给人以鲜明深刻的印象，而且容易突出优势。由这个例子可以看出口语表达中标记的重要性，标记的作用相当于给线性的语言流程加上了空间的标记图形，显得既鲜明又重点突出，部分规避了线性语言不能从宏观反映事物的弱点。

三、思维短路与即兴口语失误的产生

思维的内容通过语言表达出来，即兴口语的形式是由思维的内容和形式决定的，二者相互联系，相互促进。从一些具体的即兴口语表达失误的实例中，可以明显地看出说话人的思维过程有偏差。"短路"原是物理学中的用语，指电流不通过电器直接接通。发生短路时，因电流过大导致机器损坏或火灾。在口语表达中，"短路"往往用来指人的思想空白或思维断裂，它会直接映射在口语表达中，造成失误。根据思维和语言的辩证关系原理，言语失误产生的原因可以从以下两个角度来理解：

(一)思维转换延迟导致言语失误

一般人都习惯于一种语言表达方式，当说话人需要在变化了的情境中进行表达的时候，就会有习惯的力量出来干扰，使思维转换延迟、滞后，导致即兴口语表达失误。这些习惯的力量主要包括方言习惯、母语习惯、职业习惯以及其他习惯等。

第一是方言习惯对普通话表达的干扰。习惯对人有很强的影响力。方言是语言因地域的差别而形成的变体，是说话人成长过程中一直在听或说的语言形式，对人的影响是根深蒂固的。一个来自方言区的人即使已能说一口流利的、标准的普通话，在特定情境中偶尔也会冒出某个方言音或方言词干扰普通话的表达。尤其是当说话人刚说完方言时，大脑还停留在方言思维上，不能及时转换到普通话思维上来，就容易出现失误。一位来自山东临沂的语文老师上课时说"百(bǎi)发百(běi)中"，这位老师平时爱用方言，上课时一部分思维还停留在临沂方言上，前一个"百"字还能说对，后一个"百"就发成了方言音。这个例子是说话人在讲普通话时受方言习惯的干扰，思维转换

延迟、滞后导致的言语失误。一个习惯说方言的人，突然在某些场合中转为普通话表达，就很容易由于思维跨度大而出现断层。

第二是行业语对日常语言的干扰。行业语是各行各业使用的专门词语，是社会方言的一种。长期从事某一职业的人，由于职业习惯，其语料库中、语言格里储备的和本行业相关的词语占很大比例，语言格放的位置也便于提取，交际时就会不自觉地联系到自己的职业上去，在讨论和本行业无关的话题时也倾向于用自己的行业语来表述，俗称"三句话不离本行"。

每个人都可能有多重身份，不同身份下的言语状态也大不相同。一个保险客户服务人员工作了一天回到家里，思维依然停留在工作状态中，家中的电话响起，她迅速接起并用甜美的声音说："你好，这里是××人寿。"这就是说话人精力过于集中于某一情境，而误在其他情境中使用该情境下的语言形式，说话人受职业习惯的影响，没有把思维及时地从职业情境转换到其他情境下。

第三是上下文情境对口语表达的干扰。在语言的线性流程中，上一句话可能对下一句话产生引导的作用。如果这种引导与说话人所要表达的内容不一致，就很容易产生表达失误。

北京师范大学的学生在北京大学门口向别人介绍时说："你看，这里写的校牌'北京师范……，哦，'北京大学'。"平时说得多，习惯了，遇到其他需要表达的具有相似性、相关性的语言形式时，思维转换延迟、滞后，导致习惯的表达代替了应有的表达形式。

(二)思维空白和缺失、断层导致失误

相对于思维转换延迟来说，思维空白、缺失与我们平时常说的"大脑短路"更相近一些，即大脑在一瞬间处于空白的状态，没有任何语言材料可以使用。导致思维空白的原因有很多，比如话题不熟悉、精神过于紧张或者过于松懈等。如一位教师身份的人参加公务员面试，在面试时因为紧张就对考官说："各位同学，下午好！"说话人明显是大脑突然"短路"，导致说出在那个情境中不合适的话。

有一个网络热词"无语"，本意是没有话讲，在网络中引申为看到某种人或事表示不理解、没有头绪，或者表示不愿再为此计较、懒得说，或者是无话可说的感觉，都叫"无语"。或许这个解释也可以用于即兴口语的发生过程，很多情境下说话人找不到恰当的话来表达他的心情，有的人干脆沉默，有的人会自我解嘲地说"我无语了"。当有的人在交际中出于礼貌或别的原因一定要说话来回应时，就容易说出不恰当的话语来。

感悟与训练

一、给材料演讲

根据下面的材料做即兴演讲。

1. 你知道万里长城不足2 500公里吗？中国长城学会的调查表明，目前明长城有较好墙体的部分不足20%，有明显可见遗迹的部分不到30%，墙体和遗址的总量不超过2 500公里。有关专家呼吁，保护长城刻不容缓。

2. 1974年，美国政府为了清理给自由女神像翻新扔下的废料，向社会广泛招标。但几个月过去了仍无人问津，因为纽约政府对垃圾处理有十分苛刻的规定，弄不好会受到众多环保组织的法律起诉。一位犹太商人听到消息后立即飞往纽约。看过自由女神像下堆积如山的废旧铜块、螺丝和木料后，他没有提任何条件，当即签下合同。犹太商人开始了清理工程——他组织工人将废料进行分类，把废铜熔化后铸成小自由女神像，用水泥块和废木料做底座；把废铅、废铝加工成纽约广场图案的钥匙型饰物；最后，他甚至还把从自由女神像身上扫下的灰尘都包了起来，准备出售给花店。不到3个月的时间，犹太商人的那些"100%自由女神像纪念品"畅销世界各地，让一堆废料变成了350万美元的现金。

3. 第二次世界大战期间，美国陆军反间谍队的高级官员伯尼·费德曼被德军虏获，为了从他嘴里掏出情报，德国审讯员施出了种种手段：严刑拷打，心理压力，耍弄诡计，给以厚遇……但均未奏效。德国人后来把他送入一所培养间谍的干部学校去，并让他每天陪同一个教官上课。这位教官不知是有意还是无意，每次讲给学员的东西大都是错误的。起初，费德曼极力忍耐，冷笑置之。有一天他实在忍无可忍，便情不自禁地批驳了德国人一通，并谈了美英机关一些工作的内幕，还提了一些应该怎样搞清通讯网的建议。自然，这些正是德国人希望知道的。

4. 梵·高在成为画家之前，曾到一个矿区当牧师。有一次他和工人一起下井，在升降机里，他陷入巨大的恐惧之中。颤巍巍的铁索嘎嘎作响，箱板左右摇晃，所有的人都默不作声，听凭这机器把他们运进一个深不见底的黑洞，这是一种进地狱的感觉。事后，梵·高问一个神态自若的老工人："你们是不是习惯了，不再感到恐惧了？"这位坐了几十年升降机的老工人答道："不，我们永远不习惯，永远感到害怕，只不过我们学会了克制。"

5. 在德国，一个造纸工人在工作中不小心弄错了配方，生产出了一批不能书写的废纸。他被老板解雇，正在灰心丧气时，他发现，这批纸的吸水性能相当好，可以吸干家庭器具上的水分。于是，他把纸切成小块，取名"吸水纸"，拿到市场上卖，竟然十分畅销。后来，他申请了专利，独家生产吸水纸，发了大财。

6.非洲土著人抓狒狒有一绝招:将其爱吃的食物放进一个口小里大的洞中。等人走远,狒狒将爪子伸进洞里抓取食物,但由于洞口太小,它的爪子握成拳后就无法从洞中抽出来了,这时人只管不慌不忙地来收获猎物,根本不担心它会跑掉。因为狒狒舍不得那些可口的食物,越是将食物捏紧,爪子就越无法从洞中抽出。其实只要一撒手,就可以溜之大吉,可它偏偏不。

7.20世纪30年代,英国送奶公司送到订户门口的牛奶是不封口的,因此,麻雀和红襟鸟很容易喝到凝固在奶瓶上层的奶油皮。后来,牛奶公司把奶瓶口用锡箔纸封起来,想防止鸟儿偷食。没想到,20年后,英国的麻雀都学会了用嘴把奶瓶的锡箔纸啄开,继续吃它们喜爱的奶油皮。然而,红襟鸟却一直没学会这种技能。这种现象引起了生物学家的兴趣,两种鸟的生理结构没有很大区别,但为什么在进化上却有如此大的差别呢?原来,麻雀是群居的,当某只麻雀发现了啄破锡箔纸的方法,就可以教会别的麻雀。红襟鸟喜独居,它们圈地为主,沟通仅止于求偶和对于侵犯者的驱逐,因此,就算有某只红襟鸟发现锡箔纸可以啄破,其他的鸟儿也无法知晓。

8.斐塞司博士总是在午后坐在门前晒会儿太阳。一只母猫在阳光下安详地打着盹儿,时间一分一分地流走,太阳一步一步向西边走去,渐渐被拉长的树影,挡住了母猫身上的阳光。母猫醒了,它站起来伸了伸慵懒的身躯,又踱到另一块有阳光的地方,重新卧了下来,接着打盹儿。每隔一段时间,猫都会随着阳光的转移而不停地变换睡觉的场地,这一举动唤起了斐塞司博士的好奇心。猫为什么喜欢待在阳光下面?这说明光和热对它是有益的,那对人是不是同样有益?这个一闪而过的想法,成为闻名世界的日光治疗法的引发点。之后不久,日光治疗便在世界上诞生了。斐塞司博士,也因为一只睡懒觉的猫而获得了诺贝尔医学奖。

9.英国机械专家布利阿里是和武器打交道的人,绝大多数时间都在琢磨枪支的性能和构造,但他的最大的成就之一是发明了与武器毫不相干的不锈钢餐具。一战前,布利阿里的任务是改进枪支构造,布利阿里发现造成枪支性能问题的原因是枪膛的用材硬度不够,为了找到相当硬度的材料,他找到了各种各样的合金钢进行耐磨和耐热试验。试验场地上很快被各种合金钢堆满了。布利阿里在清理场地时,发现一块锃光发亮的钢材,他分析了这块钢材,发现它并不适合用在枪支上,但就在抛弃的时候,他突然觉得这漂亮的材料没有派上用场太可惜了。他看到了试验场里暗淡无光的餐具,他想,"如果把这些材料用来做餐具,不是十分漂亮吗?"因为这个念头,布利阿里成了一位不锈钢餐具推销商。数年后,不锈钢餐具开始进入家庭。当布利阿里获得极大收益的时候,不锈钢材料的发明者、德国人毛拉不禁感叹:"我把它扔到了垃圾堆,怎么没有想到它可以成为餐具呢?"

10.在英国伦敦,一位名叫斯尔曼的残疾青年,一条腿患上了慢性肌肉萎缩症,走起路来都很困难,可他凭着坚强的毅力和信念,创造了一次又一次令人瞩目的壮举:19岁时,他登上了世界最高峰珠穆朗玛峰;21岁时,他登上了阿尔卑斯山;22岁时,他登上了乞力马扎罗山;28岁前,他登上了世界上所有著名的高山。然而,就在他28岁这年的秋天,却突然在寓所里自杀了。功成名就的他,为什么会选择自杀呢?有记者了解到,在他11岁时,他的父母在攀登乞力马扎罗山时不幸遭遇雪崩双双遇难。父母临行前,留给了年幼的斯尔曼一份遗嘱,希望他能像父母一样,一座接一座地登上世界著名的高山。在遗嘱中,父母列举了一些高山的名单:喜马拉雅山、乞力马扎罗山、阿尔卑斯山。年幼的斯尔曼,把父母的遗嘱作为他人生奋斗的目标,当他全部实现这些目标的时候,感到了前所未有的无奈和绝望。斯尔曼留下的遗言:"这些年来,作为一个残疾人创造了那么多征服世界著名高山的壮举,那都是父母的遗嘱给了我生命的一种信念。如今,当我攀登了那些高山之后,功成名就的我感到无事可做了,我没有了新的目标。"

二、有关"一"的话题演讲

下面是一些关于"一"的说法,请据此演讲,发表你的看法。

1. 一个艺术家问一个书法家什么字最难写,书法家回答,是"一"字。
2. 有人说"得第一不难,只要愿意改行就行"。
3. "值"字拆开就是一个"人"和一个"直",于是有人说"做人要直才能体现价值"。

三、根据"鸟笼逻辑"进行破除思维定式训练

惯性思维的破除对培养即兴口语能力来说至关重要,请根据下面的材料体会思维定式,并做评述。

挂一个漂亮的鸟笼在房间里最显眼的地方,过不了几天,主人一定会做出下面两个选择之一:把鸟笼扔掉,或者买一只鸟放在鸟笼里。这就是鸟笼逻辑。原理很简单,只要有人看到鸟笼,就会问:"鸟呢?"当主人回答:"我从来没养过鸟。"人们又会问:"那你要一个鸟笼干什么?"最后主人不得不选择买只鸟或扔掉鸟笼,因为这比无休止的解释要容易得多。鸟笼逻辑的原因很简单:人们绝大多数时候是采取惯性思维的。

四、根据下面材料做一段演讲

赵老板做生意发了财,在郊区买了块地皮,建了别墅,后院有一株百年荔枝树,当初买地就是看中了这棵树,谁叫他老婆喜欢吃荔枝呢。

装修期间,朋友都劝他找个风水先生看看。原本不怎么信这套的赵老板,专程去请了个大师。

大师姓曹,看风水30余年,很有名气。赵老板开车载着曹大师前往郊区。一路上,如果后面有车要超,赵老板都是避让。

曹大师道:"赵老板开车挺稳当呢。"

赵老板一笑:"要超车的多半有急事,让他们先走吧。"

一个小孩嬉笑着从巷子里冲了出来,赵老板一脚刹车避开,小孩笑嘻嘻跑过去以后,他并没有踩油门前行,而是看着巷子口,似乎在等着什么。片刻,又有一个小孩冲了出来,追赶着先前那个小孩远去。

曹大师讶然:"你怎么知道后头还有小孩?"

赵老板耸耸肩:"小孩子都是追追打打,光是一个人他可不会笑得这么开心。"

曹大师竖起了大拇指,笑道:"有心。"

到了别墅,刚下车,后院突然飞起几只鸟。见状,赵老板停在门口说:"麻烦大师等一会。"

"怎么了?"曹大师再次讶然。

"后院肯定有小孩在偷摘荔枝,我们现在进去,小孩一慌,万一掉下来就不好了。"赵老板说。

曹大师默然片刻:"你这房子的风水不用看了。"

这次轮到赵老板讶然了:"大师何出此言?"

"有您在的地方,都是风水吉地。"

第四章　即兴口语语流失畅的矫正

作为线性的即兴口语，免不了出现语流失畅的问题。语流失畅是言语失误的一种表现，是口语表达者在说话时无意中偏离原来的言语表达计划所致的错误。语流失畅主要表现为停顿、重复、改正、口吃、失言等，是调取失误、组接失败、语境干扰等诸多因素影响的结果。

第一节　口语的线性和文本意识的阻碍

许多人的口语，其实都受文本的潜在影响。自科举取士以来，逐渐形成了全社会"重文轻语"的风气。语文教学也存在"重文轻语"的现象，张志公说过："过去教语文，往往忽视口、耳，只注重手、眼，这是砍掉植物的根而希望它开花的办法，充其量这叫插花。也许能开两朵花，然而开不多，也开不久。"这里对语文的性质是这样理解的：语是口头语言，文是书面语言。汉语口头语言是第一性的，是书面语言的基础，即"文本于语"。① 然而，人们普遍认为日常原生口语太俗，难登大雅之堂。在应试教育的影响下，口语技能的培养没有得到应有的重视。人们在正式场合进行即兴表达时常常下意识地想着文本，这是导致口语不流畅的关键原因之一。

一、舍弃文本意识

即兴口语的重要标志就是无稿、线性流动，然而学校教育却注重培养学生的文本意识，文本意识会使口语表达捆绑在几页起草好的稿子上。动态语境往往会与文本话语产生矛盾，当即兴表达处于"依据文本"和"依据语境"这"两难"境地时，容易导致话语失畅。因此，在即兴口语表达中，应当特别注意将文本意识置换为现场意识，一切服

---

① 陈建民.张志公先生与口语教学[J].语文建设,1993(1).

从于语境,让文本为现实语境服务,这样才可能做到语流顺畅。口语对人的思维敏捷性有更高的要求,在进行口语表达时,要根据语境的不同和听者的反应随时对口语做出调整,以使口语的单向表达或者双向交际得以顺利进行。

(一)文本感觉对即兴口语的干扰

口头性本是语言的第一特性,远在文字发明以前,人类的口头创作就已经进入高度发达的阶段,因此《荷马史诗》才成为高不可及的范本。

从古代口耳相传到纸笔传书,再到今天的全媒体语境,人类交流的速度、频度、广度等发生了巨大变化,人与人之间的交流空间似乎变小了,形成了"天涯若比邻"的感觉。随着电子技术的日渐发展,图像和视觉的重要性逐渐大于声音和听觉,"读图时代"的到来似乎使人们用有声语言与他人交流的欲望日渐消退。前面说过,没有受到文字影响的口头语言是"原生口语",与之相对的是有文本依托的"次生口语"。"次生"的意思是第二次生成的、间接造成的、派生的,比如朗读、有稿演讲、电影对白等都是比较典型的次生口语。语言植根于口语,本应通过语音来刺激听觉系统达到交际目的,文字却总是把语言禁锢在视觉领域。年轻人热衷于用单音节词来表达自己的心情,比如"汗",表示汗颜的意思,可以是无语和无奈的表示。在网络用语中,省略号"……"由于与汗珠的外形相似常用来表示"汗";也可以用"——||||| = ="" ——!"" ⊙_⊙b"等符号表情来表示;还可以使用静态的""图形。随着微信、QQ 表情包的盛行,人们似乎拥有了太多现成的东西来取代语言。在交流日趋多元化的今天,人们也可以不用这个口语音节,而是代之以一个动作:伸出单手的食指、中指和无名指,把它举到额上然后做一个往下梳理的动作,形象地表达汗珠往下落的情形,以此来代表"汗"。一个了解当代文化的人想到"汗",通常脑子里会呈现出一个朦胧的文字形象,而不是只注意这个词的发音。也就是说,识文断字的人不可能完全恢复口语文化中的人对这个词的感觉。由于书面文化的优先地位,读书人掌握语言的感觉和语言被转换为视觉符号的结果是联系在一起的。

以下面这句话为例:

书,绚丽了我 18 年来的花样年华。

这句话虽然很美,但很显然属于书面语言。如果在口语表达中保持"书面语态",就很容易造成语流失畅。当它需要使用在口语中时,就要"翻译"成口语语态,以获得更符合情境和更自然的表达。例如:

书对于我的成长是十分重要的。

书伴我一路走来。

读书令我受益匪浅。

书这个东西真好。

书影响了我的人生路程。

书带我走进了五彩斑斓的世界。

书伴我成长。

书照亮了我的人生路程。

翻译成口语语态的句子,在进行口语表述时才会与表达相吻合,使得口语表达在轻松顺畅的情境中进行。

(二)即兴口语句式的弃文本选择

从口语语态上讲,人们的口头语言多使用简短的句式,这是因为简短句式符合口语传播的经济原则和求美原则。长句子句型复杂,包含的意思多,信息量大,一时难以让别人听明白,口语表达者自己也难以把握。短句子更能表现出口语表达者的语气、声调、感情和神态。汉语为单音节的语言,相对于复杂的长句子来说,短句子更好被掌握和表达,所以在口语表达中要尽量少用关联词"因为……所以""不但……而且""在……之下"等,尽量不用倒装句。口语中一般应按汉语的正常语序来表达:主语在前,谓语在后,宾语接在谓语的后面,附加成分紧接中心词,而倒装句、倒装词组不符合人们倾听和接受的习惯,这也是跟口语的单一线性特征密切相关的。比如:

忙于会朋友、逛街、沉溺于网游、谈恋爱、请客比拼,是大一新生不适应大学生活的五种表现。

这句话就明显属于书面语句式,从信息接受的角度来看,更适合于平面化的"目视",而不是线性的"耳听"。这句话如果要便于听者理解,就需要对句式加以调整,使其更加适合于口头表达:

大一新生不适应大学生活有五种表现:忙于会朋友、逛街、沉溺于网游、谈恋爱、请客比拼等。

后一种表达方式更适合口语的线性传播,既能引起听者的注意,也便于说者的表达。口语化是即兴口语的基本要求,就是在即兴表达中,所用词语和句式让人听了容易理解、容易接受,这是有声语言传送信息的基本要求。适合口语传播的语言,通过声音作用于人的听觉,又叫"耳治语言"。书面语言写在纸上,是语言最终的形式,看不懂可以停下来思考,还可以重复看几次,它作用于人的视觉,又叫"目治语言"。"耳治语言"不允许倒回去或停下来细细品味,因此,即兴口语所用的词、句式,甚至整个讲话的布局安排,都要紧紧围绕着口语单向线性这个基本要求来进行。

二、使用超前处置

超前处置是使即兴口语保持流畅的重要技巧。在本书第二章第五节话轮转换策略部分提到过超前处置。超前处置能力是口语表达者流畅语感的重要表现之一。很多口语表达者在进行口语表达的过程中可以"预见"自己会卡壳。当预感要"卡壳"的时候,可以在现行的口语表达时段进行超前减速,插入几句相关之语,力争绕过暗礁;也可以暂时冻结"忘点",小跨度超越,想起来后再作"补证";如果脑子里记忆信号完全乱了,就要当机立断,丢掉原来的框架,减慢语速,重新组织表达。

在口语翻译的"同声传译"中也有一些技巧,如"适度超前"采用的就是这种超前处置方法。同声传译中的"适度超前"是口译过程中的"预测"(anticipation)技能,就是在原语信息还不完整的情况下,翻译者对发言人可能要讲的内容进行"超前翻译",从而赢得时间,紧跟发言人进行同步翻译。如在很多会议的开幕式中都会出现这样的套话:

……我谨代表……对与会代表表示热烈的欢迎,并预祝本次大会取得圆满成功

在翻译这段话的时候,翻译者就可以根据自己的经验,在发言人说出"我谨代表……"的时候把整句话都译出来:

Please allow me to be on behalf of …to extend our warmest welcome to the participants of this conference…

在听到"预祝"之后,有经验的翻译者就会知道后面要讲的是"本次会议成功"。不善用"预测"技能的口译工作者很难做好同声传译工作,因为在翻译过程中要是等到全部信息说出以后再进行翻译,就不是同声传译了。即使翻译能够进行下去,也是断断续续,听众很难接收到完整的信息。汉语的口语表达也跟这种同声传译流程有相像之处。

三、即兴语言附加技巧

即兴口语是线性的、单向的,具有不可逆性,因而在表达中不可避免地有粗糙和单薄的地方,为了弥补这种不足,就需要一些追加和附加的手段。这里要说的"追加"就是即兴口语中为了弥补过失、避免误解、保持通畅而使用的常见又有效的手段。

(一)追加是积极调控意识支配下的语言修补手段

追加是对即兴口语表达中信息存在方式的灵活调节控制,是口语表达者根据语境的需要,对说过的话做追补或加工的方法。适度追加是积极调控意识支配下的语言修补手段。它有许多作用,如强调话语重点,以引起听者对某个信息的关注;整理某些不规则表达,使之更完整;补充前述遗漏的地方,使之在表达上更加周密;排除语境干扰,提高语言信息传播的有效性;对说话者的某些模糊表述予以及时更正,以免造成误解等。追加的类型包括:

1.重复性追加

重复性追加是对说过的话不做什么改动,在适当的地方再强调一遍,包括连续性重复追加和间隔性重复追加,整体归并性重复追加和局部选择性重复追加,自述性重复追加和转述性重复追加等。

重复性追加是在重要报告以及教学活动中很常见的语言样态。它可以强调重点或难点,使听者听得懂、记得牢,也可以起到调整表达的作用。

2.复释性追加

复释性追加是口语表达者对说过的话换一个角度或方式加以解释或强调。它不是单纯的词语反复,也不是仅仅追加几句修饰限制的内容,而是换一种说法以使语意表达更明确。复释性追加如果用在课堂教学语言中,可以使学生理解得更透彻、记得更牢。课堂用语中,有的老师喜欢说"就是说……""或者说……",这样的用语可以看作是复释性追加的一种"标记语"。例如,在对外汉语教学的课堂上,教师经常要用一些简单的方式来消除课堂交际障碍,在这种语境中,复释性追加就会大量出现:

这句话"谁想去谁都可以去",也就是说,你想去你可以去,我想去我可以去,大家谁想去都可以,都可以去。

在学生的汉语能力不足以理解"谁想去谁都可以去"这句话的复杂性时,教师用学生已经学会的意义相同、结构不同的句子来进行复释性追加,使得语意表达更加明白。再如郭德纲在麻省理工学院的演讲:

咸丰皇帝大家都知道,咸丰帝驾崩也就是去世那一年,也就是1861年,这一年呢,麻省理工创立。所以说相声跟麻省之间还是有点关系的。只不过从来没有人把这两者合在一起,今天这门课程算是了了这个凤愿了。

谈到咸丰皇帝时,郭德纲通过复释性追加,对"驾崩"这个词做了一个通俗化的解释。

3. 归并性追加

归并性追加是口语表达者在语言表达的过程中,对自己前面说过的话进行有选择的类聚和归纳。归并性追加的目的是为了强化印象,因而在一些重要报告、讲话以及讲课中比较多见。在日常对话中,父母对子女进行叮嘱时,归并性追加也比较常见。

4. 增饰性追加

增饰就是增添、修饰的意思。增饰性追加一般是有意将一句话、一个意思分开来说,先作一般的概括,然后追加修饰词句。在口语表达中,增饰性追加就是对刚说过的话,随机补说几句,增添一点被忽略或遗漏的内容,或作一点必要的强化修饰。它使紧句变为松句,舒缓了表达节奏,也有助于增强表达效果。主持人戴军在节目中讲到自己有一年获了很多奖,奖杯太多了以至于很多奖杯都做了烟灰缸或小孩的尿壶:

有些奖杯做得像一个烟灰缸,放在桌子上。我不抽烟,我的朋友来到家里,抽烟的时候,(看到奖杯上的字)最佳男歌手?好玩好玩(做按灭烟的动作)。

这里的"我不抽烟"的解释就是增饰性追加。增饰性追加很好判断,如果去掉后面的追加修饰部分,原来的话语依然是通顺的。再如,郭德纲在哥伦比亚大学演讲时讲到相声的发展:

有人问我说这相声什么时候有的呢?刚才在座的有一位先生跟我说,天津老乡,天津人最爱听相声,天津、北京就是相声的窝子,"北京是出处,天津是聚处",这两个城市功绩非常大。大约在清朝的同治年间,开始有了相声。

郭德纲的话语中使用的也是增饰性追加。说相声什么时候有的,但是中间追加上了相声的发源地,使得演讲的节奏舒缓,更加生活化,利于听众接受。如果去掉加点的追加部分,就有些像讲课,显得比较生硬呆板。

5. 自纠性追加

自纠性追加是口语表达者在表述不妥当时所作的补救性追加,有时也可以立即更改说错了的词句。2012年10月的一期《非诚勿扰》中,来自四川阆中的戴彬是第一个充分利用点号器选择心动女生的,主持人问他看点号器和看真人哪个效果好,为什么不看着台上的女生选,戴彬说:"我觉得看哪一个都能达到目的(mú di),都能达到目的(mù di)。"由于常年的基层工作,戴彬的普通话中带着较浓的四川方言味儿,他说话的时候将"目的(mù di)"说成了四川味的"目的(mú di)",意识到后,随即修正了过来,这就是比较典型的"方言自纠性追加"。

6.示错性追加

在某些情况下,口语表达者故意把话说错,然后自己纠正。这种追加以"示错"的方式出现,可以形成幽默的语用效果。一位老师在报告中要引用《长恨歌》中的"在天愿做比翼鸟,在地愿为连理枝"来形容对爱情的忠诚,但他为了活跃现场气氛,就采用了示错性追加,故意说成"在天愿做比翼鸟,在水愿为比目鱼",引发了会心的笑声,然后再说出正确的诗文,收到了很好的现场表达效果。

即兴口语中的追加是积极修辞的有效手段,是为了体现语意表达的缜密和对"侧重面"的强化。结合语境,运用多种方式的追加是对信息存在状态的一种控制。因为在即兴语流中,一条单线下来很难说得全面,所以就需要恰当运用追加来完善表述。但追加不可滥用,多了就成了冗余的表达。

(二)附加语的作用

附加语是即兴口语中的一种常用口头语。附加语不是口头禅,但某一附加语重复多了就成了口头禅,所以两者的界限有时并不太好划定。附加语是经常用于即兴口语中的某个词或词组,它具有某种潜在的争取时间、延宕话语、普通呼应或舒缓语气的作用。附加语具体可以分为以下几类:

1.句首附加语

句首附加语是很多人在开始一段讲话之前的惯用语,不能小看它,有的人甚至不说句首附加语就不好开口。它通常包括以下几类:

这个么……

那么……

说起来……

随便说几句吧……

然后呢……

句首附加语可以帮助口语表达者尽快找到说话的感觉,将讲话顺利进行下去。合适的附加语可以起到润滑剂的作用,但有些,如"然后呢",有人就习惯把它用在每一句话的开头,这就不合适了。

2.延宕附加语

延宕附加语通常用于句子中,是在表达受阻时拿出来"填空",争取思考时间,借机字斟句酌的词语。如:

这个……

那么……

那个……

哦……

然后呢……

接下来……

除了用来争取时间思考、舒缓语气以外，延宕附加语也可以用来转移话题，温和地接续话轮等。

3.掩饰附加语

顾名思义，掩饰附加语通常用在话语中需要掩饰的地方，可能是需要时间思考，或者是解释，或者是需要变相地让步。掩饰附加语比延宕附加语多了些语言意义。如：

怎么说呢……

说实话……

说不定……

反正……

其实……

4.商榷附加语

商榷附加语用在即兴口语中通常表示一种征询，并不一定真的需要对方的回答。使用商榷附加语会使口气更加委婉。如：

是不是……

好不好……

对不对……

能不能……

可不可以……

5.聆听附加语

聆听附加语是一种应答语，在即兴口语中表示呼应、礼貌的意思。很多聆听附加语都是下意识表达出的，就是为了避免沉默，向对方表示自己在听。如：

嗯嗯……

哦……

是吗……

后来呢……

还有呢……

这种聆听附加语在进行面对面交谈时通常伴随着态势语,如点头、面部表情变化、手势等,或完全由态势语所取代。聆听附加语在接听电话时十分必要,如果说话人长时间未听到对方的聆听附加语,就会以为通讯中断了。

总之,附加语是即兴口语中的一种常见的语言标记,人们对此司空见惯。它本身比较中性,它的利与弊要看它在话语中使用的"度"。以即兴表达为职业的人,如主持人、外景记者、律师、新闻发言人、教师、导游等,要注意附加语的使用频率,冗余单调的惯性附加语只会滑向口头禅的误区。

四、降低语言冗余度

语言量丰富但语流质量不高的一个重要原因就是语言冗余度过高。

具备张口就说的即兴口语能力是一件好事,但即兴口语丰富并不意味着它可以无限生成。无限生成是即兴口语表达中的不良习惯,它是以极少的语料使言语无限扩张,利用言语生成的递归性产生大量无用的语言垃圾的冗余现象。

语言冗余现象容易出现在某些以口语表达为专业的人身上。比如,播音主持专业学生能说"流利的废话"似乎是专业要求的第一步,在备考受训过程中特别容易练出超限生成的废话。在"能说"的基础上,语言是为了表达观点或展示信息点的,而不是为了掩饰思想的贫乏。

降低语言的冗余度,就要控制即兴口语的无限生成。即兴口语表达中语言冗余度过高主要由四个原因造成:

一是准备不足。在进行即兴口语表达之前,口语表达者并没有做好充分的准备,开始说话之后,思维点聚集不起来,结果导致语言冗余。还有一种准备不充分的表现就是由于担心讲话时间不足,因而语言追加过多,增饰不断,造成冗余。

二是思想不集中。在进行即兴口语表达时,口语表达者思想不集中,随想随说,言不及义,于是随时再加上几句,造成语言冗余。这种状况通常会被口语表达者自我定义为"状态不好",或者"不在状态"。

三是追求完美。口语表达者追求完美是好事,但是口语表达毕竟有粗略性的特点,在表达中过于追求完美,希望面面俱到,反而容易在语言上造成冗余。

四是受口语表达不良习惯的影响。有的人受周围人话语习惯的影响,本身带有口头禅。在即兴口语中习惯性的附加语、口头禅太多,就会造成语言系统中垃圾过多,导致冗余。

对于真正善于表达的人来说，其过人之处就是擅长对信息系统进行调节和控制，擅长对语言信息存在方式进行设计和对信息交换过程进行优化。如果即兴口语语量丰富却语质低下，将初始思维用即兴语言一股脑儿地倒出来，这其实是自我语言形象展示的一种失败。

随时开启搜集引擎，搜集信息点，紧扣信息点，对于精炼表达、降低冗余非常重要。人们的感性话语只是表达的一层外衣、一个载体，口语表达最重要的还是要寻求外表之下的根本、载体之上的内容。

感悟与训练

一、追加分析

说出下列语句中运用了哪种类型的追加。

1. 我很同意这个观点，就是学历不重要。我父亲也没有学历，他是小学毕业就辍学的，但他给我创造了很好的生活和学习条件。

2. 在考大学的时候，我一个亲戚，也就是一个叔伯哥哥没有考上，他就去打工了。

3. 我站在这儿其实特别高兴，为什么呢？相声艺人其实大部分是幼年失学，我们这行很少出来俩博士，博士前博士后的都没有过，尤其过去老先生，文盲较多，但是我很愿意跟大家聊一聊相声。

二、语流拓展训练

按照下面三个步骤做一组以"月饼"为关键词的语流拓展训练，然后可以将引号内的词换成"秋天""泉水""蘑菇"等其他关键词继续做练习。

1. 在1分钟内说出20个和"月饼"有关的词语。

2. 在3分钟内，说10个跟"月饼"有关的句子。

3. 在10分钟内，编一段跟"月饼"有关的故事。

三、感悟即兴口语表达对书面文本的舍弃

舍弃书面文本的感觉是使即兴口语顺畅的一个关键点。即兴口语的弃文本选择是熟读诗书者的一个重要训练和感悟点。下面是《出师表》(节选)以及与之对应的白话幽默翻译，体会一下口语的弃文本效果。

出师表(原文节选)

臣亮言：先帝创业未半而中道崩殂(cú)，今天下三分，益州疲(pí)弊，此诚危急存亡之秋也。然侍卫之臣不懈于内，忠志之士忘身于外者，盖追先帝之殊遇，欲报之于陛下也。诚宜开张圣听，以光先帝遗德，恢弘志士之气，不宜妄自菲薄，引喻失义，以塞(sè)忠谏之路也。

宫中府中,俱为一体,陟(zhì)罚臧(zāng)否(pǐ),不宜异同。若有作奸犯科及为忠善者,宜付有司论其刑赏,以昭陛下平明之理;不宜偏私,使内外异法也。

侍中、侍郎郭攸(yōu)之、费祎(yī)、董允等,此皆良实,志虑忠纯,是以先帝简拔以遗(wèi)陛下:愚以为宫中之事,事无大小,悉以咨之,然后施行,必能裨(bì)补阙(quē)漏,有所广益。

出师表(搞笑口语版翻译节选)

你亮叔我跟你讲几句:你爸当年出来混,半道上就给挂了。现在地盘又分成三块了,益州好像咱也罩不住了,这世道眼瞅着要杯具了。但是你爸留下的保镖还很忠心啊,出去砸场的那些二杆子也都不想要命了。

这些都是看在你爸往日给好处的份上,现在想报答到你小子身上罢了。叔现在就希望你放机灵点,完成你爹的遗愿,让兄弟们也扬眉吐气。千万不要把自己当成不值钱的葱,把弟兄们的心给屈了。

你家里咱帮里,都是一起的,该批评谁该扇谁,一碗水端平。不好好干的,给咱整天惹事的,以及为人忠厚实在的,交给保卫科,该剁手的剁手,该发钱的发钱,这能说明你对弟兄们都一样,你也不要偏谁向谁。

小郭,小费,小董,人都实在,事情办得周全,你爸特别看得起,叔认为帮里的大事小情就交给他们。二杆子老向,性子好得很,人也猛得很,能打能杀,你爸说过"能干",不行就提拔一下,叔觉得砍人的事就交给他,肯定能扩大咱的地盘,以后没人敢惹咱。

第二节　言语缺失

有人在较为正式的场合说话时会出现这种情况:开始比较流畅,但中间突然中断,变得语无伦次,或者突然卡壳,瞬间找不到合适的词或组织不起整个句子,这就是言语缺失。言语缺失这种现象在许多人身上都发生过,这种表达障碍带来的最直接的影响就是话语中断。言语缺失轻则出现"卡壳"现象,严重时就表现为"大脑空白",从而造成"言语休克"。言语缺失通常是调取失败或组接失控造成的,这对即兴口语有很大的消极影响。

一、语料不足导致言语缺失

平时我们的语言资料都以块状的方式储存在语料库,一些相近的还会放在固定的语言格里。口语表达者在表达过程中为表述一个现象或看法,会从个人的语料库中直接调取与话题相应的词语,这就是即兴表达中的"调取"环节。然而,当语料积累不足、语料库困乏、词语严重短缺时,就会出现"难为无米之炊"的调取失败。

成年人,尤其是现在大量接触网络和书籍报刊,受过教育的成年人,其语料库中的词是不会少的,但关键时刻往往调不出来,因为词语在作为口语使用时会有"受限"的情景,即大量的词语平时总是尘封在某个角落,有的甚至从未被激活,临时要用时当然想不起来。调取是在即兴表述过程中与其他环节同步进行的,只有词汇丰富、语言能力强的人才可能一次调取就准确成功。仅从即兴语言使用的角度来说,一些相声演员、自媒体脱口秀节目主持人等均是调取语料的高手。他们不仅能从相近的语言格中调取语料,而且擅长从相隔很远的语言格调取语料,而这也恰好是笑料诞生的源头。再来看郭德纲在麻省理工学院演讲"相声艺术"的例子:

好多人都说什么时候开始有的相声,其实按照业内统一的认为,应该是在清朝的咸丰年间。咸丰皇帝大家都知道,咸丰帝驾崩也就是去世那一年,也就是1861年,这一年呢,麻省理工创立。所以说相声跟麻省之间还是有点关系的。

能够把这样的资料拼接起来的人,通常是即兴语言的大师级调取者。他们似乎打通了语言格之间的隔阂,在他们的语料库中没有尘封的词语,他们的语料都是活的、有生命的、灵动的。郭德纲的语言调取,不仅迅速而且灵活、形象,善于挖掘新词,使得语言表达非常有效果,例如他对"瓷实"这个词的调取和使用就很有新意:

这哥们儿抢了银行开车就上了北三环。下午五点半!警察到的时候在路上堵得正瓷实……

那谁谁谁能吃,一天到晚看谁都像烙饼,没事儿烙饼卷馒头就着米饭吃,那玩意瓷实,扛时候。有时候来后台,提溜煎饼果子准备饮场用……饮场饮到这份上也算古今第一人了。

方言背景为语料的调取提供了取之不尽的资源,然而普通话的普及导致了青少年群体的方言缺失。其实多接触各类方言会提高口语表达者对语言的感悟,有利于语言的丰富性。

二、语料组接失控导致言语缺失

语流断档的一个重要原因是语料不足,而在有语料的情况下依然可能出现语流断档,那就是调取后的语料组接失控。造成语料组接失控的原因还是在于调取环节:有时虽然口语表达者"触到"了想用的某个语料,但在表达瞬间,他调取到的往往并不是特别清晰的词语,而是一些模糊的平面化的东西。在即兴口语的内部言语阶段,我们脑子里只是一些"语点",要完成即兴口语,就要把"点"连成"线"。将内部言语阶段脑子里形成的"语点",按一定的语法规则选择适当的词语,将简略的信息点快速地扩展、丰富、编码为完整的句子,并清晰地表述出来,这才是顺利的组接过程。任何一个环节出现问题都会造成组接失控,轻度的组接失控会造成词语搭配不当,就是俗话所说的"前言不搭后语",重度的组接失控会导致即兴口语中断,进入言语休克状态。

前面介绍的一些给即兴口语贴标签的方法,有助于消减线性传播中的语言混乱现象,更容易达到表达的目的。

三、完善语料建构,弥补言语缺失

人们之所以可以顺畅表达,源于脑子里有一个丰富完善的语料库。当一个人听到一个词的时候,该词所有的语音邻词都会被激活。当内部言语以某个词或词组表示要表达的某种思想时,网络中这个词就处于兴奋状态,同时,兴奋会沿着网络的通路自动扩散到邻近的节点,提高这些节点的激活水平,降低它们被接通的阈限。

(一)口语表达者心理词库的丰富扩展和即时调用

每个说话人都建有一个心理词库,这是说话人头脑中储存的与口语有关的所有词语及相关信息的总和,是一个储存浩瀚词语信息的仓库。在需要瞬间提取储存在头脑中的词语时,口语表达者要在流畅的语流中 1 秒钟说出 2—3 个词语,而不能有选择性错误。数量巨大的词语及其迅捷的提取速度都说明组成一个有机的词库系统的重要性,这些语料库中的词语在头脑中组成一个巨大的、多维的网络,其中每个词语都与许多其他的词语联系在一起。大部分词语是正常选用的,但有时由于特殊语言效果的要求,比如相声的表达,要进行语言偏离时,还需要以非常规的手法调用。这就要求口语表达者在积累阶段注重丰富和扩展自己的心理词库,不然容易出现调取失败或组接失误,从而导致言语缺失。

说话人的心理词库越丰富,调用起来就越得心应手。

(二)口语表达者语言格的构建及有序提取

在词语检索过程中,言语缺失的产生往往源于调取失误,或者语义区域内其他的表述方法被错误地激活。

说话者能在一瞬间从数以万计的心理词库中检索到某个词,说明词语的存储是有序的。在词语检索过程中,如果外部刺激错误地激活了这一区域内的另一个语义相关的词,就会发生语义提取错误,语义偏离就会发生;而语音提取错误则表明大脑中还有一个语音区,如果检索已到达了语音区域,但外部刺激却错误地激活了这一区域内的另一个语音相似的词,那么语音错误就产生了。可以通过对"嘴边现象""词语换位"以及"失言"等言语错误的分析,搞清人们是如何理解词意或提取语言信息的。

每个人都有一个心理词库,说话人从心理词库中选择适当的词作为说话的内容,但遇到两个或者几个词同时符合说话要求时,就会发生碰撞。碰撞发生时,并不一定都是说话人心里筛选出来的两个词产生冲突,还包括我们看到的、听到的词与我们要说的话产生的冲突。这时两种感官刺激同时作用于大脑,产生冲突。这种现象往往发生在语义相近的词语之间,这表明相近的词在词库中是储藏在同一区域的。口语表达者在从脑子里提取语言材料组织话语时,发生了冲突,想要使用的语言形式部分地被替代,从而产生负偏离。在心理词库理论的基础上,可以把我们的语料库理解为一个个语言格的放置处,具有相似特征的语音、词汇或语法单位被放在同一个语言格之内,它们平时按需排放,需要时就随时调取出来。负偏离的发生多是处于相同或相近语言格内的语言单位之间的冲突,产生了不正确的表达形式。说话者应当从心理上扩大这些具有相似性的语言单位的差异性,减少相似特征在心理上的作用。

人的"心理语库"是由许许多多平行的、交叉的、带有包含和被包含关系的语言格构成的。说话人可以在心理上缩小每个语言格内所包含的内容,将每一个语言单位及其所包含的信息明确化,着重强调具有相似性的语言单位之间的差别,扩大不同语言单位之间的差异性。具体来说,是相应补充自己不熟悉或是容易出错的部分的知识,以此做更细致的区分。

四、言语缺失的艺术化规避

中规中矩地调取词语,有时反倒没有多少表现效果,一些非常规使用反倒可以避免语言缺失,同时增加表现力。其中,最突出的当属即兴口语运用中的"偏离"和"模糊"手法。

(一)口语表达语词偏离的非常规调用

即兴口语表达的语言应该是规范的,然而如果始终中规中矩,反而可能会乏味。随着信息社会的不断发展,网络的普及,现代人知识水平和综合素质的普遍提高,即兴口语在表达时,无论是纵向还是横向的联系空间都被大大拓宽,言语的偏离和变异频率也随之增高。时事的发展变迁总是很快地折射到人们的口语中来,人们喜欢追求个性化语言以及不断体现自我创造性的需要,很多人的语言观已自发地倾向于反常、求新和不对称,冲破规范模式的约束,凸显出动态的美感,以显示现代文明生活中的丰富多彩。通常情况下,语言在传播中,词语或句子的意义都是固定的,如果重新拼接搭配语言格,巧妙地放弃词语的固解,追求别解,就会造成新奇、诙谐的表达效果。例如,反常规词语调取的一个偏离手法是"别解"。《超级访问》在"超级奶爸"这期节目中请来了刘仪伟做嘉宾,主持人说刘仪伟刚出生的女儿跟他长得很像:

刘仪伟:这个你有所不知,从遗传学动物学的角度来讲,任何的小孩儿刚出生,他一定像父亲,就是他要从最简单的程序和方法上证明他的来源是正确的。

李　静:这个出处是对的。

"来源"这个词在这里就故意偏离了其概念意义"事物的根源",而是返回到词面意义"是谁的孩子";"出处"这个词也是同样方法的偏离。这种对词语的反常调取和偏离运用就达到了一种特殊的幽默效果。再如韩乔生在做客王刚主持的《天下收藏》时对王刚说:

韩乔生:您从各方面来讲,包括您父辈的父辈的父辈……种种迹象表明,这个DNA传给您都具有这种收藏价值,而且不光今天,过多少年以后,哪怕咱一起在木乃伊墓穴里边,都具有收藏价值。

"收藏"是用于物品的词语,在这里把它用在人(王刚)身上,显然是一种语法的偏离,这是"比拟"辞格的运用,给观众创造了轻松愉快的氛围。通过错位搭配,成功地扩张了语言的潜能,使语义产生了盈余,达到了延长审美过程的目的。

在口语表达的传播场中有固定的语法规则,一个词语在调取之后,会和能跟它相搭配的全部词语构成一个关系网络,称为语法场,表示这个词语在常规形式下的一切合法搭配。完备的语法体系一方面保证了语言的稳定和规范,另一方面也给人提供了突破常规的机会。语法场的偏离只要获得合理的解释和现场效果便是正偏离,如拈连、移就、仿拟、转类等辞格运用的就是语言的正偏离手段。这些偏离也常常是主持人语言幽默美的产生方式。《艺术人生》有一期特别节目,几位著名主持人齐聚一堂,妙语连珠,"偏离"不断:

敬一丹:我到了《东方时空》以后,就和小白、小水他们这些比我年轻很多、很有锐气、特别有激情的人在一起工作,就是我想偷懒都不行。

朱　军:对,被这些年轻人催着。

敬一丹:不是催着,是裹挟着。

朱　军:哈哈,裹挟着。

"裹挟"一词,原意指"形势""潮流"等把人卷进去,迫使其采取某种明确的态度,或者"风""流水"等把别的东西卷入,使随着移动。但在这里用在"人"的身上,造成了语法偏离的效果,就比朱军所用的"催"字更有表现力。词语选用需要进行偏离时,要以非常规的手法调用,这就要求口语表达者平时注重丰富和扩展自己的心理词库。

一个有趣的现象是,曲艺界一些优秀的相声演员往往并未读过太多书,播音主持界"非科班"的节目主持人往往更受欢迎。这跟他们在语言表述过程中,约束心灵的框架较少有关,他们有更多的自由来发挥和创造。

(二)口语表达语词的模糊使用

面对包罗万象的客观世界,采用模糊表达法,借助较少的语言单位表达最多的信息是个明智的选择。汉语丰富的蕴藉及单音节、双音节词的构成特点,使得在原生口语中,说话人会在词项空缺或缺少特定的信息时用模糊语言来救场,这是语言模糊性存在的内在原因。

感悟与训练

一、"旺财"与"忠犬八公"的故事讲述练习

阅读下面的材料,按顺序做练习。

1. 有感情地朗读故事。
2. 讲一个1分钟的故事。
3. 以"旺财"为主人公,用自己的话把它讲成一个4分钟左右的故事。
4. 加上材料二《忠犬八公的故事》梗概,做一个夹叙夹议的演讲。

材料一 旺财的故事

你知道吗,人的一生有许多重要的人,而狗狗的世界只有你一个。

白天的沙杨路车水马龙。人车交织的南开步行街附近,一条狗安静地蹲守在民生银行门口。

这两天阳光不错,狗狗还是蹲守,那样安静。

昨天,打扫附近街道的清洁工阿姨说:"我在这边扫了两年街,差不多,对,差不多天天跟它打照面。"

红绿灯附近是一家民生银行,3年多前开的。银行保安告诉记者,打从那时起,他就见过这条狗,"不过下午5点以后,就很少看见它了。"这个保安大哥还打趣道:"银行一关门,它也下班了。"

这是一条普通京巴狗,有时还穿上红色衣服。附近熟悉它的人讲,这只狗每天在这里朝九晚五地守候,都快4年了。从早到晚,没人知道它究竟为啥要守在这里。

有网友发微博说,这条狗狗也许是被抛弃了:"逛完街回家,它还蹲在那儿。看着过往行人一动不动,太可怜了……"

你知道吗,成年的狗狗,拥有相当于4岁小孩的智商。

昨天上午10点左右,《重庆晚报》记者来到沙杨路南开步行街红绿灯附近,找到了这条传说中的狗狗。人们叫它旺财。

记者逗它,它不回应;给它拍照,它呆呆地配合;喂它东西,它也不吃。这条京巴如此忧郁,难道是条流浪狗?银行保安说,应该不是,"旺财,它每天身上干干净净的,冬天还穿外套,夏天时,毛还被人修剪过。"

几经打听,记者终于在附近的嘉多利广场小区找到了旺财的主人,16楼的住户秦先生。记者没想到的是,许多人眼中充满忧郁色彩的旺财,在秦先生家人眼中完全是另一个样子。

"我家旺财挺活泼的,又聪明,还会坐电梯呢。"提到旺财,秦先生笑得合不拢嘴。

昨天,秦先生带着旺财向《重庆晚报》记者演示。"走,旺财,我们去逛街。"秦先生话音刚落,旺财马上摇着尾巴跑到他脚边,仿佛听得懂人话。电梯从16楼降到1楼,其间不断有人进出,旺财都乖乖候着,电梯一下到一楼,旺财便飞快地冲了出去。

"看到了吧,我家旺财很听话的。"老秦骄傲地说,它中午饿了,会自己跑到门卫处,等门卫给它按电梯,然后跑到16楼家门口,吃主人提前放在门口的饭菜。吃完饭,看见有人下楼,它又会跟着下。

老秦还说,晚上夫妻俩回家后,是旺财一天中最高兴的时候,因为它可以跟女主人一起看电视了,"看得比我老婆还认真。"

记者注意到,狗窝是用女主人的羽绒服做成的,看来旺财生活过得不错。

你知道吗,狗狗的世界是黑白的,但它能记住熟悉的气味,一生不忘。

秦先生介绍,旺财常在附近逛,早就成了这一带的"明星狗"。不过,嘉多利广场小区保安告诉记者,他眼中的旺财不仅没啥明星范儿,反而一副心事重重的样子。银行保安也说,旺财总是独自在门口蹲守,其他狗要是靠近银行门口,它会立即将它们撵走,然后又开始独自守候,一副若有所思的样子。

人前人后,狗狗为何有如此大的反差?秦先生对记者道出了一段旺财背后的身世。

原来,旺财是秦先生捡来的。大约4年前,秦先生在重庆大学A区附近经营一家快餐店,"它跑了进来,样子很逗人喜欢。我就把它收养了,取名旺财。"

不知是不是捡来的原因,秦先生说,旺财一直不爱待在家,而是喜欢逛街。"步行街、师范学院、沙坪公园等,它都去过了。最常待的地方,就是民生银行门口。"

秦先生介绍,他捡到狗狗的地方离民生银行不远,也许那里,有旺财的特殊回忆。

狗狗能记住熟悉的气味,一辈子都不会忘。

你知道吗,狗狗的寿命一般为12至15年,它陪伴你的十年,是它生命中唯一一个十年。

秦先生说,沙杨路附近车多人多,自己以前曾担心旺财被别人带走,后来发现它格外经得住食物诱惑,"嘴挑得很,只吃火腿肠和鸭肠,肯定是以前主人疼的。"

"现在,旺财每天都跟着我。"秦先生说,每天下午5点左右,他下班回家,如果在电梯口看不见旺财,就会走到附近的民生银行门口,"它一定在那里。"

"不管它是在等以前的主人,还是在等我,我都觉得很感动,很幸福。"秦先生说。

旺财究竟在等什么?在等一个人吗?我们的一生有许多需要珍视的人,而狗狗只有主人一个。

明天的明天,旺财还会在那里……如果你路过沙杨路,见到这条狗狗,不要怀疑它的守候。

材料二 忠犬八公的故事

《忠犬八公的故事》根据20世纪30年代发生在日本的真实故事改编,1987年在日本首登大荧幕,创造了40亿日元的票房;2009年12月,影片的美国版上映。八公是一条谜一样的犬,没有人知道它从哪里来。教授帕克在小镇的火车站拣到一条走失的小狗,冥冥中似乎注定小狗和帕克教授有着某种缘分,帕克一抱起这条小狗就再也放不下来。帕克上班时,八公会一直把他送到车站,下班时八公也会早早在车站等候。一天,帕克因病去世。帕克的妻女以沉痛的心情埋葬了他,可是不明就里的八公却依然每天傍晚5点准时守候在小站的门前,等待着主人归来……

忠犬八公(1923年11月10日至1935年3月8日),日本历史上一条具有传奇色彩的忠犬,其品种为秋田县大馆市的秋田犬。这个真实的故事发生在1924年,八公被它的主人、东京大学农业系上野秀三郎教授带到东京。每天早上,八公都在家门口目送着上野秀三郎出门上班,然后傍晚时分便到附近的涩谷火车站迎接他下班回家。这样的幸福生活一直持续到1925年。一天晚上,上野秀三郎并没有如常回到家中,他在大学里突然中风,抢救无效猝然去世,再也没有回到那个火车站,可是八公依然忠实地等着他。

上野秀三郎死后,八公由小林菊三郎收养,但八公常常从小林家逃出去,一次又一次回到从前住过的地方。八公并不知道主人已经离世,一次次失望之后,它只是意识到它的旧主人已经不住在那幢旧房子。于是,它跑到涩谷火车站寻找旧主人,因为它记得以前就是在这里迎接主人下班回家的。每一天,它都默默地蹲在这里等候上野秀三郎,然而每一天,它都失望而归,来来往往的人群中并没有它望穿秋水的身影。就这样持续了十年,八公每天傍晚准时出现在火车站,准确无误地等候火车靠站。后来,上野秀三郎的学生在火车站里发现了八公,并跟着它回到小林的家中,从小林口中得知八公的故事。不久之后,这位学生在日本发表了一份关于秋田犬的调查报告,报告当中包含了八公的故事。1932年,这份报告被刊登在东京一份最大的报纸中,八公成为全国的焦点。它对主人的忠实感动了日本人民,老师和家长都把八公作为忠于家庭的例子去教育小朋友,它教会了人们什么是爱和不屈不挠的忠诚,大家都称呼它为"忠犬"。1934年4月,人们在涩谷车站前为八公树立了铜像。八公也出席了铜像的揭幕式。此后,铜像附近的车站入口就被称为"八公入口"。另外,在其出生地的大馆市车站前也有同样的一座铜像。1935年3月,八公11岁时因心脏感染丝虫病死亡。它死后尸体被制作成标本,保存在科学博物馆。

二、"忠犬八公"故事评论训练

下面是一些历史上的"忠犬八公"的散乱资料。请依据这些材料,加上修饰,讲述忠犬八公的真实故事,并加上你的评论。

(一)八公生平

1923年11月10日:八公在秋田县大馆市大子内的齐藤义一宅出生,随即被送到上野秀三郎教授家。

1924年:八公与宠物犬John和S同住于上野教授家。

1925年5月21日:上野教授在大学因急病辞世。八公因未等到主人归来,三天三夜未进食。

1925年5月25日:与宠物犬John和S一起到涩谷车站迎接主人上野教授。

1925—1927年:八公先后移居至上野太太亲戚的家、亲戚的友人高桥家,最后又返回上野家。

1927年秋:移居富之谷上野太太友人小林的家。每逢上野教授回家的时间,八公都会独自前往涩谷车站,像是等候主人回来。

1932年:日本犬保存会的齐藤弘吉把八公在涩谷车站等候主人一事撰写成文,并寄稿至东京《朝日新闻》,以《惹人怜爱的老犬故事》为题刊登。八公因而成名,被称为"忠犬八公"。

1934年4月:八公像在涩谷车站前建立,揭幕仪式有300位名人参加。

1935年3月8日:八公在泷泽酒店北侧路地入口死去,享年11岁。

1935年:八公的告别仪式在涩谷车站盛大举行,最后与上野教授同葬于青山灵园。

(二)八公传说

关于八公,有这样一些不同的说法:

说法一 曾任大学教授的牧隆泰与上野秀三郎相熟,他写了些关于八公故事的细节补充,诸如八公是从哪儿来的,为什么叫这个名字,以及辟谣:

1.上野先生死后,八公由小林菊三郎收养,而小林家附近就是涩谷车站的站长吉川家。吉川会带八公到站长室,也会给它吃东西。

2.因为八公是大型犬,伙食费很高,所以有时难免吃得不是很好或很够,而车站旁烤鸡店老板常会喂它吃东西。这也是它每天去车站的原因之一。

3.最重要的是,上野秀三郎是驹场农科大学的老师,方向不同,并不会每天去涩谷站坐火车。事实上,在八公与上野先生相处的17个月中,每天它都是在家门口送迎主人的,有时会跟着主人走一段到学校,但并不是到车站。

说法二 牧隆泰教授提供的这些并不能作为决定性证据,因为有人提出了其他说法:

1.八公在教授去世后去车站的时间与生前一致。

2.八公只有后两年才得到烧鸡店的喂食,以前去都受驱赶和暴力虐待,八公怎么还会对烧鸡感兴趣呢?

3.到了车站后,只在教授平时出来的闸口等候。

4.这点是最重要的,每次去车站途中,八公必然去教授的旧宅窗口窥视一番。

三、根据图片编故事并评论

下面三组图片有一个相同的题目,就是"恐归"。根据图片表现出的意思,完成下面的练习。

1.根据图片分别编三段关于"恐归族"的故事。

2.将三段故事表现出的主题概括出来并做评论。

图1　　图2　　图3

四、看图讲述

1. 根据每张图片中人或动物的表情态势,想象一段场景,描述出来。
2. 根据这个场景编一段故事或情节。

图1

图2

五、交通警示牌图片评论

下面是分别出现在湖北蕲春和山东济南的交通警示牌,请就此发表看法。

图1

图2

第三节 即兴口语中的口误

人们在即兴口语表达中追求没有失误的"理想言语"状态,但这种理想言语只有在机器操作中设定了某些程序才有可能实现,由人脑生成的自然言语是达不到这种理想状态的。在口语表达形形色色的言语失误中,口误是最常见的形式之一。

言语失误是连续性的言语之中语言的一种失误的使用,它不仅包括口误的各种形态,如先置、滞后、互换、颠倒、替代、混合、归并、增减等,还包括说话时无意间出现的停顿、重复、迟疑、结巴,以及由于认知、心理、社会、文化因素而导致的不恰当的话语等。口误是言语失误中的一个重要组成部分,它是没有语言障碍的人在口语表达中偶然不由自主地偏离目标言语形式的失误现象。

一、即兴口语中口误的表现形式

按照语言单位内部成分的关系,即兴口语中常见的口误可以分为先置、滞后、互换、颠倒、替代、混合、归并、增减等类型。[1]

(一)即兴口语中的先置口误与滞后口误

在即兴口语表达过程中,一个将要说出的语言成分干扰或取代了一个正要说出的语言成分,这就造成先置口误。先置口误包括即兴口语中的声母先置、韵母先置、声母+韵母先置、声调先置、韵母+声调先置、单音节先置、多音节先置等形式。

口误形式:他当时可是乐队的第一小提(qí)琴(qín)手。[正:第一小提(tí)琴(qín)手]

即兴口语表达中"琴"的声母"q"提前,干扰了"提"的发音,属于即兴口语表达中的声母先置口误。

即兴口语中的滞后口误与先置口误相反,是一个已经说出的成分干扰或取代一个正要说的成分。

口误形式:那一天去卢浮宫参观的队伍中,大部分是中国(gōng)人。[正:中国(guó)人]

这里,"国"受"中"(ōng)的影响,出现韵母+声调滞后。

(二)即兴口语中的互换口误、颠倒口误与替代口误

即兴口语中的互换口误指表达中前后两个成分互相交换位置。互换的两部分一般属于同一范畴,如声母与声母互换、韵母与韵母互换、名词与名词互换、动词与动词互换。互换口误包括音节成分互换和语素、词、词组互换两大类。

---

[1] 沈家煊.口误类例[J].中国语文,1992,229(4):306-316.

口误形式:今天我们社区里面花(huā)发(fā)盆种花。[正:发(fā)花(huā)盆种花]

"发"的声母"f"和"花"的声母+韵头"hu-"互换,属于音节成分互换,也可以理解为"花"(huā)先置或是"发"(fā)滞后。

即兴口语中的颠倒口误可以看作一种特殊的互换口误,互换的是两个相邻的语素或词,而且两个语素或词的词性一般不同。

口误形式:你一会儿给带瓶回水来。(正:带回瓶水来)

这两个口误可以看作是"瓶"和"回"颠倒而形成的。

即兴口语中的替代口误,是一个不在话语中出现的成分干扰并取代一个想要说出的成分。包括声母替代、韵母替代、声调替代、语素替代、词替代、词组替代等类型。

口误形式:那儿的英语会说话吗?(正:那儿的鹦鹉会说话吗?)

说话者一直在说关于"学英语"的话题,所以当"鹦鹉"这个词需要调取时,就在表达中受到干扰,被"英语"这个词替代,属于词的替代口误。

(三)即兴口语中的混合口误、归并口误与增减口误

即兴口语中的混合口误,是说话者的语料库中两个竞争待选的语言成分在调取时出现失误,各取了一部分合并为一个成分说出的结果。例如,有人想喝汽水,在冷饮摊本来想说"来瓶汽水",不料看见面前柜台上放着的啤酒,说出来的是:"老板,来一瓶啤水!"

在即兴口语中,从构成一个大成分的两个相邻的小成分里各取一小部分结合成一个成分说出,这就是归并口误。如果混合口误好比是两根绳各取一股拧成一根,归并口误就好比是两根绳各取一段接成一根。[1]

口误形式:我先喝完这段片子再去。[正:我先看完这段片子再去(喝)。]

这段话的语境是说话者正在看一段影片,家人叫他去喝汤,说话人本来是想说"先看完这段片子再去喝",结果在口语表达时两个词混合,变成了"喝完这段片子"。这里可以理解为"看片子"和"喝汤"连接在一起,属于归并口误;也可以理解为竞争待选的两个语言成分混合而成的口误。

增减口误包括即兴口语表达中的音段增减、语素和词增减等。

---

[1] 沈家煊.口误类例[J].中国语文,1992,229(4):306-316.

口误形式:你该换(huà)车了。[正:你该换(huàn)车了]

这个话语中略掉了"huàn"的韵尾"-n"。

二、即兴口语中口误的产生

即兴言语的生成是个复杂的机制,任何一个环节出了差错都可能导致口误的发生。下面从四个不同的语言阶段分析一下口误产生的原因。

(一)即兴口语的动机和意向阶段:潜意识的干扰

动机和意向是即兴口语产生的起点。按照弗洛伊德的解释,每个人都有表述自己意念的动机和愿望,但说话人并不认为自己所有的意念都应该被别人了解,那些不应当被表达出来的意念就被压制在潜意识里,理想言语所表达的仅是口语表达者意欲表达出来的意念。当口语表达者精神紧张、注意力分散或处于疲惫、焦虑等状态时,伴随着压制力量的放松,干扰的意念就会跳出来,替代说话者有意识的意念,导致言语失误的发生。弗洛伊德把所有口误都看成在潜意识中被压制的意念入侵到有意识的言语输出的结果,并且强调,心理动力因素可以使某些内容比别的内容更容易出现。例如,某个学生因为父母禁止他抽烟,就偷偷地吸。有一天吃完饭烟瘾犯了,打算借口散步出去吸烟。在门口换鞋时,父亲问他:"干吗去?"他本来要说"去散个步",可是随口说出来的是:"去散个烟!"结果父亲从他身上搜出一包香烟。再如,有一次湖南卫视《快乐大本营》节目快要结束的时候,主持人何炅说:"有那么多的观众在等着看我们的节目,这对我们是多么大的负担!"虽然主持人说完后立刻改口说成"责任",但"负担"可以说是一个真实的意念。在前面两个例子中,说话人潜意识中的意念——"吸烟"和"负担"成功地干扰了其有意识的意念,把说话人的"心里话"说了出来。

弗洛伊德的精神分析理论还可以解释口误发生频率的差别。成年人即兴表达中的口误大大多于儿童,就是因为成年人的意识动机比较复杂,说话时经常会有不同的意念同时出现,互相干扰形成口误。对儿童来说,他们的心理复杂程度远远小于成人,一般是想到什么就说什么,很少存在压制某些意念的情况,所以口误也少得多。

在人的潜意识中,心理倾向是导致口误发生的一个重要因素。如果某人在说话时带有某种心理倾向,就可能在言语表达中流露出来,造成口误。一对情侣准备打车,恰好路过一个水果摊,女孩看到了水果摊上的菠萝,产生想吃菠萝的心理倾向,女孩本来想问男友"你还有钱坐车吗?"结果却说成了"你还有钱坐菠萝吗?"说话时不自觉地把"坐车"说成了"坐菠萝"。可见,心理倾向会影响人正常的认知,并成为口误的诱因。

(二)即兴口语的内部言语阶段:词语提取失误

当人有了言语的动机和意向后,就进入内部言语阶段。在这一阶段,说话人从心理词库中提取所需的词语,作为下一步组合造句的材料。语音口误的产生往往发生在语音相近的词语之间,这表明语音相近的词在词库中是储藏在同一区域的。语义口误则表明大脑中还有一个语义区,如果外部刺激错误地激活了这一区域内的另一个语义相关词,语义口误就会发生。由此可见,语音相似的词集中存储在语音区域,语义相关的词集中存储在语义区域。人脑中至少存在着两个有组织的区域——语音区域和语义区域。心理词库的区域性正是词语存储的一个重要特点。

一次考试后发下卷子来,某位学生说"我的分数太便宜了!"这位学生把"太低了"说成"太便宜了",分析"低"和"便宜"这两个词,它们在语义上具有某些共同之处。"低"一般指"在一般标准或平均程度之下",也可专指"价钱少";"便宜"的其中一个义项也是"价钱低廉"。二者在语义上相近,因此所处的位置也相近。当这个学生想说分数太低时,"便宜"一词被错误地激活并代替了"低"的形式,导致了口误的发生。还有学生想问同学"一个填空多少分?"结果说成"一个填空多少钱?"也是同样的原因。

除了口误之外,其他形式的失误,如笔误等也会由于词语的提取冲突而产生。

(三)即兴口语深层句法结构阶段:句法转换机制失灵

乔姆斯基的转换生成语法理论提出了深层结构(deep structure)和表层结构(surface structure)两个概念,深层结构决定语义,表层结构表示交际中使用的句子形式,决定句子的语音。深层结构和表层结构通过转换规则进行转换。言语产生的转换生成结构图(图4-1),表示了句法、语义和语音之间的联系。

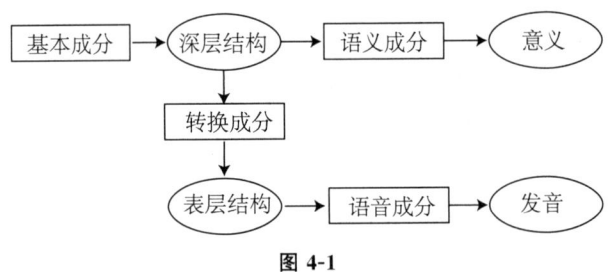

图 4-1

图中有两种不同的句法成分:一是基本成分,二是转换成分。基本成分产生深层结构。深层结构有两个加工方向:一是转换成分把深层结构转换成表层结构,表层结构又利用语音成分转换成发音的声音;二是深层结构由语义成分确定出意思。[①] 言语生成时转换结构的失灵会直接导致口误的产生。

某学生在床下找拖鞋,一边找一边问:"为什么我的拖鞋哪里去了?"这个学生在说话前脑子里就已存在着一个深层的言语结构,而且会形成一个内在的句子,即询问舍

---

① 黄希庭.心理学导论:第2版[M].北京:人民教育出版社,2007:446.

友是否知道他的拖鞋在哪里。这一深层结构可以转换为好几个同义句式:"为什么我的拖鞋找不到了?""我的拖鞋到哪里去了?"但是说话人在由深层结构向表层结构转换的过程中出现失误,在不同句式中进行选择时产生了杂糅,导致口误的发生。

(四)即兴口语的外部言语阶段:语音相似性的干扰

这是即兴言语产生的最后一个阶段,说话人将已经转换好的表层结构扩展为外部言语,以有声语言的形式表达出来,但很多时候说话人已经准备好了要说什么,发音时还是可能出现差错,这一阶段导致口误产生的原因主要是词语在语音上的相似性。语音相似的词或词组在心理词库中处于相近的位置,即使在从心理词库中提取词语时没有发生失误,也可能在发音时出现差错,因为发音相近的词语在表达时,唇形、舌位等也会有近似性,说话人一时"舌头转不过弯来",就会产生口误。

例如,有人在家里听到门铃声,知道是送奶的来了,站起来开门时说"奶(nái)来(lǎi)了",说话者仓促间将两个字的声调发混了,出现了声调互换,虽然并不影响听的人理解他的意思,但这是一个比较典型的由语音相似性造成的表达干扰。"nai"和"lai"在发音上具有很大的相似性,声母相近,主要元音相同,而声调不同,说话人发音时两个声调互相干扰,导致出现了口误。

三、减少即兴口语口误的法则

许多人感觉,口误的发生是舌头一时转不过弯所致,是非常偶然的,说话人几乎捕捉不到要发生口误的任何信息,所以是不可避免的,但口误发生的原因存在普遍性规律。口语表达者无法通过改变语言的各种特性来避免口误的发生,但是针对导致口误发生的各种主观方面的原因,可以有意识地控制自己的言语行为,使影响言语的各种因素向着对自己有利的方向发展。

(一)集中精力,保持良好的思维状态

精神紧张、激动、生气等情绪很容易导致思维的不畅、阻滞、跳跃或空白,引发口误。增强注意的稳定性,锻炼情绪控制能力和语言控制能力,做到在各种环境下都保持思维的顺畅和语言的流畅,可以降低口误的发生率。

过度松懈也是导致口误发生的重要原因:注意力没放在谈论的话题上,说话过程中出现了其他的人或事,被其他信息干扰,说话人注意力分散,口误就容易发生。在交谈的时候精神集中,口误就会减少。

(二)放慢语速,保证充足的思维时间

语速越快,口误的频率越高。中央电视台韩乔生主持解说多项体育节目,因解说时语速快、口误多而留下"大嘴"之名,好事的网友甚至给他编了一本《韩乔生语录》。球迷们总结他的口误主要源自"意识流解说法",就是在转播中不完全按照比赛场面来解说,他的话是为了衬托和渲染比赛场面的意境,为了将赛场上观众的意识与情绪传达给电视前的观众。这种"意识流解说法"在解说时,眼睛看着球员 A,脑子里想起球员 B,嘴里说着球员 C,实际指的是球员 D,观众听着以为是球员 E。这是典型的杂糅的结果。

语速较慢的人出现口误的几率相对较少。国家领导人讲话时准确鲜明,极少出现口误,和他们在重要场合说话时语速较慢存在一定的联系。

(三)增加认知,扩大不同词语的心理差异

在语音、语义等方面有某些相似性的词语在心理词库中处于相近的位置,说话人从心理词库中提取材料组织成语句,如果出现提取词语的冲突,就容易造成口误。不仅语音相近、语义相近的词会提取冲突,语义相关、相反,句式相近等都可能导致提取时出现冲突或代替。所以心理词库应当扩充,把适用范围扩大到所有的语言单位,称为"心理语库"。为了减少"误提取",可以从心理上扩大这些具有相似性的语言单位的差异性,减少其相似特征在心理上的干扰。

人的心理语库是由许许多多平行的、交叉的、带有包含和被包含关系的语言格构成的。体育用品"阿迪达斯"和甜品"哈根达斯"两个品牌,结构类似、字数相同,又都以"达斯"结尾,在很多不熟悉品牌的人的心理语库中,这两个词被放在相近的语言格内,甚至有人放在了同一语言格内,说话时自然容易说错。类似的例子很多,有学生放学回家后先玩手机,妈妈想让他先做功课,于是说:

孩子,这学习就要趁火打劫才有效果!

这个妈妈就是把"趁火打劫"和"趁热打铁"这两个词误放在了同一语言格内。"趁火打劫"指的是趁人家失火时去抢劫,比喻乘人之危谋取私利,是个贬义词;"趁热打铁"比喻抓紧有利时机和条件去做,是个中性词。两个成语的意思区分不开就很容易出错,如果增加对两个成语来历及具体用法的了解,就会避免发生这样的口误了。

肯德基餐厅推出一种有脆骨的炸肉串,名叫"骨肉相连",名字挺形象,但有人不熟悉这个名字,在点餐的时候说:

给我两串你们新出的……血肉模糊。

这是在短语使用上发生的口误。每个人掌握的常用词数量有限,接触的新词中成语和专有名词占很大的比例,由于熟悉程度较低,遇到这些新词时就很容易出错。这类口误的解决办法是：适当补充相关知识，增加对事物的认知。对点餐者来说，由于第一次点叫"骨肉相连"这种名字的餐，不熟悉，突然无法正常调取，但可能对其中的"骨""肉"和"连"有一定印象，结果就取了一个在他的语言格中放得非常近的另一个词——"血肉模糊"。这个词虽是把"骨肉"换成了"血肉"，但意思还挺接近，而"相连"和"模糊"也有相近之处。然而这两个词的根本意义相差还是比较大的，所以就闹了笑话。

这就是在心理语库中扩大两个词的心理距离，以减少口误的重要性。有些人在方言和普通话转换之间出现口误，有的人在跨文化交际中因为习惯的力量而脑子转不过弯来，适当补充相关知识就可以减少口误的发生。

虽然不能为了减少口误而不说话，但假如对某个领域语言格的内容不熟悉，那么在谈话时避免涉足该领域是减少口误的一个方法。避免谈论不熟悉的事物，将话题转到自己熟悉的领域，可以减少口误出现的几率。

(四)平定情绪，保证良好的即兴口语状态

人在情绪不稳定的时候往往容易出现口误。在说话时适当控制自己的情绪，遇事沉着冷静，对于减少口误的发生很有帮助。

从说话者的个人状态来看，当说话者处于疲劳、醉酒，或是着急、烦躁的状态时，出现口误的频率较高，因为在这样的状态下，大脑神经不能高效地进行语言编程，或者不能有效地支配言语器官。所以，保持身心健康，保证良好的表达状态也能有效地减少口误的发生。

感悟与训练

一、日常口误生成收集分析

收集一些日常生活中自己的或别人的口误案例，分析特定语境中口误生成的原因。

二、体育解说主持人口误生成分析

说到体育解说中的口误，资深主持人韩乔生被提及得最多。下面是一些网友收集的韩乔生语录，根据口误的生成原理分析一下这些口误为什么会发生。

1.这是一位老运动员，他的体重是30岁。

2.这是来自湖南的广东选手。

3.现在由中国队守门员范志毅开任意球……

4.第一名的韩国选手朴泰桓领先第二名的朴泰桓……

5.北岛康介赛前说，他不拿到两块金牌就不回日本了。这回他拿到了，我们应该请他参观一下鸟巢。

6. 由于阿曼的攻势很猛，所以中国队千万要大意。

7. 沈阳的天气很冷，所以阿曼队要有一个逐渐的不适应过程。

8. 每一寸草皮都在进行激烈的争夺……

9. 在上周刚举行了一场别开婚面的生礼。

10. 可能有的观众刚刚打开电梯，我们再把比分……

11. 巴乔在前有追兵，后有堵截的情况下带球冲入禁区……

12. 水晶宫队已经赛了7场，2胜2平4负……

13. 各位观众，现在站在跳台上的是英国裁判！

14. 已经有很多俱乐部表示要购买皮耶罗，拉齐奥出价3 000万美元，曼联出价更高，2 800万美元。

15. 中国队解围，现在对中国队来说，把球门踢得越远越好。

16. 现在场上火药味很浓，两队队员在场上你争我抢，两队的教练也在场下争风吃醋。

17. 乌拉圭的主力门将是尤文图斯的主力门将×××，这位21岁的门将很年轻，今年只有19岁。

18. 只见防守队员一个队员两条腿，两个队员四条腿，三个队员八条腿……

19. ××球员30公里外一脚远射！

20. 高峰和郝海东是中国队的两把菜刀！

21. 球被守门员的后腿挡了一下！

22. 这球进了！姜还是老的辣，××队10号小将再立新功。

23. AC米兰队目前以1∶3领先……

24. 以迅雷不及掩耳盗铃之势……

第四节　口头禅的成因及规避

口头禅原意是指禅宗和尚只空谈禅理而不去实行，或借用禅宗常用语作为谈话的点缀；现指在即兴表达时不自觉地说出来的、没有实际意义的词语或字音。口头禅的表现形式很多，具体可分为两种：一种是无意义的，如"是不是""对不对""大概""反正""差不多""这个""那个""嗯""啊""吧""啦"等。有人说10句话，掺着8个"是吧"，基本上都是无意义的。还有一种口头禅本身是有些意义的，但是用语严重重复，出现频率过高，早已失去了其原来的使用意义。有口头禅的人很多，肯尼迪的女儿接受《纽约时报》采访时，就曾一连说了142个"you know（你知道）"。在大受欢迎的选秀节目《美国偶像》中,一位黑人评委的口头禅是"as for you, as for me(就我而言,对你来说)",曾被做成片花反复播放,引人捧腹。

2012年10月,美国总统候选人展开电视辩论,民主党候选人奥巴马明显不在状态,据统计,奥巴马共"嗯""啊"了51秒钟。在首场总统电视辩论后,共和党候选人罗姆尼民意支持率追平奥巴马,抹去对手在辩论前多达5个百分点的领先优势。而早在2009年10月13日,美联社就曾撰文称,如果你经常听奥巴马演讲,那么对下面这些短语一定不陌生:"make no mistake(不犯错误)""Change isn't easy.(改革并非易事。)""It won't happen overnight.(不会一夜之间发生。)""There will be setbacks and false starts.(挫折和失败难以避免。)"。这些口头禅经常出现在他的演讲中。

日常生活中口头禅常把一句话弄得支离破碎,破坏了语言结构,使本来有机联结的话语断断续续,削弱了表达效果。这种无意识重复的口头禅没有任何语义,它是一种干扰素,干扰了有用信息的接收。

一、口头禅出现的心理投射功能

一位知名人类行为学家曾说:"人类有两种表情,一种是脸上所呈现的表情,另一种是说话时传达给对方的信息。"可见,语言是人类的第二表情。而语料库中提用率和重复率较高的口头禅,有的是个人习惯,有的是职业习惯,它是心灵的莫尔斯电码,具有某种心理投射功能,在一定程度上揭示了说话者的内心世界。

(一)口头禅是个人标志

中小学老师容易形成"什么呀"这样的口头禅,本是在课堂上惯用的,然而在形成之后就会无意识地用在其他场合,形成具有个人标志的口头禅。某位教师在做关于"月光族"的即兴演讲时,就反复出现富有教师标志的口头禅"什么呀"。演讲时长3分27秒:

"月光族"就是说每个月的工资都花完,到下个月还没有发工资的时候,几乎已经透支了,就是说月月的工资不剩一分,宁可负债透支也不什么呀,盈余。这是它的一个定义,大家都非常什么呀,熟悉。"月光族"的特征是什么呢?他有知识、有头脑,他能赚钱同时也非常什么呀,能花钱。在"月光族"的世界里,可以说是我们年轻一代、无根一代的,是吧。它当然是我们父辈痛恨的一种消费的方式。我突然联想到我生活中有这么一群美女,她们追求的是名牌的服装,高档的什么呀,化妆品,你比如说兰蔻呀、LV的包呀,她们都去追求这些,可以说让我们普通人望尘莫及的东西。如果是外企的高管,她们有一定的什么呀,经济基础,是吧。但"月光族",我对他们的看法可以说是一分为二,"月光族"追求时尚的口号可以说是促进了经济的繁荣,促进了货币的流通,促进了市场经济的发展,是吧。当然,他的这个追求跟我们父辈的勤俭节约的消费方式有冲突,我们父辈也有父辈的优点,优点是什么呢?当金融风暴来临的时候,父辈手里有一些钱,可以什么呀,抵挡一阵子。为什么这个金融风暴对中国影响不是很大,就是因为中国有个消费观念,就是喜欢存钱,外国人就是喜欢用信用卡透支,是吧,这是我们父辈勤俭节约的观点,这个对金融风暴有一定的什么呀,抵制作用。你比方说,在生活中,"月光族"有不速之客来的时候,你比方说别人的这个什么呀,来向你借钱,朋友来要你帮助的时候,不能够什么呀,帮助别人。从另一方面看,我觉得人要有一个中立的观点,既不能说"月光族"就是把什么钱都花完,一点也不剩余,当然我也不赞成父辈的那种勤俭节约,小病不到医院去看积攒成大病,舍不得吃舍不得穿,身体营养不良。所以我认为就是说,"月光族"和父辈的这种勤俭节约的观点,要什么呀,稍微中和一下。我认为既不月光也不太勤俭,每个月花一部分钱,当然也要存一部分钱,为以后的生活什么呀,打算,来计划将来。好,谢谢。

  这段长达3分27秒的演讲,其实有效信息并不多,口头禅反复出现是造成单位时间内信息含量小的重要原因。"什么呀"这个口头禅反复无规律地出现,它是演讲者个人语言特征的展现,源自口语表达者个人的生活经历,用在即兴演讲中最初是舒缓语气的,为自己争取一些思考的时间,但它又来源于课堂,虽然口语表达者此时并不是在讲课,但这个口头禅的反复出现是口语表达者课堂教学经历的再现,是启发式教学的一个标记语。还有一个口头禅"是吧",是附加语的繁化而造成的口头禅。如果去掉这些口头禅,即兴演讲的语言就会更干净、更流畅。口头禅在某种程度上严重干扰了即兴口语表达。

  在奥巴马众多的口头禅中,"Let me be clear(坦白地说)"使用频率最高。无论讲话是什么内容,每当他想强调结尾时,就会用到它。闻听自己获得诺贝尔和平奖,奥巴马用这句话表示他的惊讶:

Let me be clear, I do not view it as a recognition of my own accomplishments, but rather as an affirmation of American leadership on behalf of aspirations held by people in all nations.(坦白地说,我不把获奖看作对个人成绩的肯定,而把它当作怀有期望的全世界人民对美国领导力的肯定。)

在谈到医疗改革问题时,他指出:

Let me be clear, If you like your doctor or health care provider, you can keep them.(坦白地说,如果你喜欢你的医生或医保提供者,你可以继续留着他们。)

其他还有:

Student testing? Let me be clear: Success should be judged by results, and data is a powerful tool to determine results.(学生测验?坦白地说:成功应该通过成绩来衡量,而数据则是决定成绩的强有力的工具。)

或许因为奥巴马经常当众演讲,需要向老百姓阐明一些复杂的问题,所以简单明了就成了头等大事。在谈论恐怖主义、伊朗问题、对汽车行业的拯救、美俄关系、美中关系、气候变化等一系列问题时,他都会直接或间接用到"坦白地说"。

据一位白宫发言人称,奥巴马使用这句口头禅是有目的的,"很多华盛顿官员都含糊其辞以求政治上的优势,而总统则会清晰明确地表明自己的立场和意图"。受奥巴马的影响,美国前副总统拜登、白宫高级顾问艾克斯·罗德也在不同场合"坦白地说"。

到了奥巴马的继任者特朗普这里,他特别爱用的一句话是"We will see(what happens).(看看吧。)"

记　者:对朝鲜动武吗?

特朗普:We'll see.

记　者:还在不在墨西哥边境修墙了?

特朗普:If it's necessary, we'll have to see.

记　者:废不废奥巴马医改法案?

特朗普:I think we are going to see. … We'll see. … So we'll see what happens.

特朗普的"we will see(what happens)"口头禅看似模模糊糊又没什么营养,其实并不简单,它至少可能有三个用法:一是制造悬念,故意不明确表态,其实是说给有心人听,暗示事情尚未尘埃落定;二是表达质疑或者不确定性,有时特朗普真的还没作出决定,他也不知道接下来会发生什么;三是遁词,当记者提出的问题令他不好回答、不好明确表态时,只好拿"We'll see."当挡箭牌,为理清思路而争取时间。特朗普的总统身份给这句口头禅增添了一点神秘色彩,常常引发外界的猜测和不安。

口头禅是即兴语言中的一种标志,一些口头禅代表了口语表达者的生活态度。口头禅的形成跟使用者的性格、生活境遇或精神状态有关,可以算是个人标志。做过14年家政工,曾获得"嘉乐会年度稳定奖"的肖爱珍常把"对不起,我错了"挂在嘴边。每当雇主对她提出批评甚至挑剔时,她总是说这句话。这是一种积极的口头禅,它同时也影响着其他人对使用者的感觉。

常说"差不多""随便"的人大多安于现状,爱从众,缺乏主见,"随便"隐藏着"错了别怪我,和我没关系"这样推卸责任的潜台词;常说"据说""也许""算了吧"的人大多自信心不足;常说"看我的""没问题"的人可能充满自信,也可能是吹牛大王;爱回答"不知道"的人,容易表现出不合作的态度,同时也是缺乏责任感的表现;"凭什么呀"的心理潜台词是:事情不该是这样的,但却这样发生了。看不惯那些与意愿相悖的事,以此来鸣不平,以"凭什么呀"为口头禅的人通常耿直而有几分神经质,常给人以事事看不惯的感觉,有些"愤青"情结。"凭什么呀",其实是在诉苦,抑或是在控诉。还有"不知道""为什么""有病""你妹""不会吧""还好啊""我晕""疯了"等通常表现了年轻人的一些生活和语言习惯。还有些中性的口头禅是没有任何意义的,比如"然后""嗯""这样"等。口头禅所暴露的常常是心理和思维的惯性。

(二)口头禅是积久形成的语言习惯

造成口头禅的原因主要包括以下几个方面:一是个人的语言习惯,通常是受周围人影响或者无意模仿他人所致;二是口语表达者事先无准备或准备不充分,临时现编而又来不及,只得用口头禅来填补言语缺失所造成的空白;三是口语表达者知识少,语汇贫乏,老是用某些固定词语,用滥了就成了口头禅;四是负面心理的表现。

一些职业用语,经过缩略而成的惯用词可能会演化为口头禅。职业惯用语用于职场中,只要双方能心领神会即可,但若是主客双方非同一职业,就不可滥用本职业惯用语了。

二、口头禅的负面效应

口头禅中有一些是积极上进的,能给说话人和听话人带来"正能量"。例如,奥巴马的口头禅"变革并非易事""这不会在一夜之间发生""挫折和失败难以避免"等都是积极的口头禅,有助于塑造良好的形象。但大部分口头禅比较消极,有一种心理暗示作用,它会在不经意间磨灭人的意志,导致"负能量"聚集。2010年有个调查显示,白领阶层四成以上将"郁闷"挂在嘴边。据某网站和平面媒体联手进行的北京、上海等十几个城市人口参与的调查显示,国人最爱说的"十大口头禅",按排名分别是:"随便"(10.5%)、"神经病"或"有病啊"(8.1%)、"不知道"(7.2%)、脏话一类(6.7%)、"郁闷"(6.5%)、"我晕"(5.6%)、"无聊"(5.5%)、"不是吧?"或"真的假的?"(4.8%)、"挺好的"(4.6%)、"没意思"(4.6%)。从词意来看,绝大部分属于消极词汇。

其实"随便"一词不仅中国人说得多,英语国家的人也爱说,"Whatever"就相当于汉语中的"随便"或"无所谓"。美国曾做过一项调查,结果"Whatever"当选为美国人说得最多但最让人讨厌的口头禅,排在后面几位的还有"你知道""总之""这就是事实"

"到头来"等。除了这些比较"经典"的口头禅,每年还会出现很多新的"热词",成为人们的口头禅。

三、建造丰富多彩的口语词汇

口头禅常常是不经意溜出来的,有的说话人并不清楚自己的口头禅是什么,可以问问身边的人,记下来,分析一下为什么出现频率高,哪些说多了可能让人不舒服,哪些说的时候可能会对自己有消极影响。不好的口头禅要一点点减少说的次数,最终将它们从口语表达中驱逐出去。敏捷的思维和严谨的语言习惯会帮助口语表达者克服口头禅。有口头禅的人要在嘴边设一个"岗哨",尽量把话讲得稳健些,克服口头禅带来的"负能量"。

(一)丰富词汇

口头禅多是一些毫无价值的词,由于口语表达者潜意识里担心话语中出现空白,因而口头禅就被拉出来"填空"。如果平时注意锤炼语言,扩大词汇量,口语表达时调取便捷,有充足的语料"待选",形成单调口头禅的几率就会大大下降。所以,要规避口头禅就要让自己的语汇丰富起来。取之不尽的语料多了,口头禅就会"无用武之地"。

(二)避免消极口头禅

脱口而出的口头禅并不是毫无意义的,某个习惯性口头禅反映了对某一类情形的反应模式。带有消极词语的口头禅,对认知和情绪都是一种消极暗示。心理治疗师即使肯定别人,也很少说"不错"等带有双重否定的词语,而是会改成"很好"这样的肯定性词语。心理医生指出,有三类口头禅要避免:

1.自我贬低类口头禅

这类口头禅直接导向一个否定自己的表达。"我不行""老了""不中用了"这类口头禅很多见,中国人讲话时习惯自贬以示谦和。然而就表达方来说,贬低自我的口头禅有很强的心理暗示作用;就信息的接收方来说,这相当于让人时刻注意到自己的弱点,强化了消极评价。长此以往,容易形成自我挫败的恶性循环,不利于自我形象的塑造和即兴口语积极语境的营造。

2.环境偏见类口头禅

这类口头禅是对外界环境存有偏见的表达。鲁迅在《风波》中塑造了一个"九斤老太"形象,她的口头禅是"一代不如一代",这句口头禅在文中出现了8次之多,鲁迅以此揭示出一种陈旧腐朽的保守观念。这样的口头禅往往夸大了现实事物的阴暗面,成为一种消极的思维定式。

3.负面情绪类口头禅

过于频繁地宣泄负面情绪的口头禅,如"郁闷""烦死了""没意思",这些情绪词的脱口而出,有时确能起到宣泄和缓解情绪的作用,但是反复出现则会导致负面情绪徘徊不去,不仅使自己持续低迷,也让别人觉得压抑。

消极的口头禅对于个人来说,也许能达到一种心理宣泄的作用,比如说一句"有病"或"没意思""郁闷",心里会舒服一些,但这些负面口头禅带有很强的心理暗示作用,会影响身边人的情绪;而中性的口头禅,比如"随便""不知道"等,反映的也是放弃自我选择、消极拒绝等心态。尝试换一种积极的口头禅,其实就是换了种心态。比如韩剧《加油,金三顺》流行过后,不少人把"加油"两个字当成了口头禅,还有"太棒了"或者"给力"这样的流行语,都有利于保持健康的心理状态。因为在表扬他人时,内心的欣赏情绪会被他人感觉到,他们也会用同样的情绪来回报交谈对象。

感悟与训练

一、导游的游戏

关于口头禅,有许多有趣的游戏。下面这个游戏是导游经常在旅游车上让游客们做的,在课间或联欢会时大家一起玩这个游戏,可以借机发现自己和别人的口头禅。

1.有三个问题,每个人根据自己的情况回答一下:

(1)说出你最喜欢乘坐的交通工具。

(2)说出你最喜欢的动物。

(3)说出你最爱说的口头禅。

2.接下来做一个连环游戏。大家记得自己刚才的回答吗?现在每个人将自己刚才说的答案连成一句话。这句话的格式是这样的:

我乘坐着(最喜欢的那个交通工具),遇见了(最喜欢的那个动物),我对它说:"我爱你。"那个动物说:"(你的那个口头禅)。"

二、要规避的社会角色口头禅

每个人都有自己的社会角色,社会角色容易带上标记性口头禅。体会一些常见的职业口头禅,想想还有没有其他的口头禅,如果这些社会角色和自己相吻合,看看自己有没有这类口头禅,注意规避。

家长:这是为你好。

幼儿园老师:手放好。

餐厅服务员:马上就好。

主持人:那接下来……

中小学老师:什么呀?

三、即兴益智训练

为了使口语句子更加通畅,进一步提高即兴口语水平,可以进行下面几种形式的即兴益智训练。

1.词语扩展练习:注重平时的词语积累,在练习中给出一个词,尽量使用更多的表达方式。假如是一组人一起练习,可以采用"描述猜词"的游戏:一个人说,一个人猜。说的人通过出题人的卡片看到自己要描述的词,然后用语言描述给猜词人,猜词人根据同伴的描述来猜出这是什么词。

2.句子连接:一人先说一句话,另一个人接上与之意思相通的话,依次类推。要求简洁生动,表意准确。

微信扫码,
加入本书读者圈,
查看配套视频与课件

第五章　即兴口语专项训练

针对即兴口语进行专项训练可以迅速有效地提高即兴口语表达能力。即兴口语简便易行的训练形式有即兴演讲、即兴评说、即兴问答、即兴论辩和即兴主持等。这些专项训练不仅可以提高日常的即兴口语表达水平,而且也是自主招生、艺考、应聘面试、社团活动中的重要语言考查形式之一。

第一节　即兴演讲专项训练

即兴演讲是没有充足的文案准备,在即兴状态下的登台演讲。跟准备充分的命题演讲相比,它的难度更大。它是在特定的时境和主题的诱发下,自发或被要求立即进行的当众讲话,是一种不凭借文稿来表情达意的口语活动。即兴演讲由于出题简单,形式也不复杂,不需要过多解释说明,因而在竞争上岗、招聘面试、招生面试中具有极高的出现频率。

做好即兴演讲不一定要背诵大量现成的文章,而是要积累一些有代表性的"段子"。这种模块使用的方法在"即兴口语模块连缀技巧"中已经介绍过了。

有一些简单易行的方法,可以助你即兴演讲成功,如"一个中心,两个基本点",这也是即兴口语训练时应当遵循的有效方法。

一、"一个中心"——确定一个鲜明的目的

"一个中心"指的是在演讲中要明确自己讲话的目的是什么,以及到底要告诉别人什么。弄清楚这一点,讲话才能有的放矢,才有可能达到表达的目的,这是给讲话立一个依据,它是即兴表达之本。对一个成熟的口语表达者来说,"出口成章"是最高境界,有时提前写了文稿反倒容易使演讲失掉生动性和灵活性,但对大多数人来说,事先做一个准备,特别是针对演讲的立意和选材、组织和表达等有一个统筹的安排,才能胸有成竹。

"确定一个鲜明的目的"是指即兴演讲前需要先弄清两个问题:

(一)本段即兴表达要传递什么

明确要告诉人们什么,就是确定演讲的基本内容。做不到这一点,演讲就容易不知所云。很多即兴演讲者在准备阶段做了些效率不高的工作,至于到底要通过这几分钟的演讲告诉人们什么,自己也不清楚。这种情况在命题即兴演讲中非常普遍。比如,演讲者在面对"我们的教育中最缺少什么"这个题目时,如果上台前没先明确要告诉听众什么,势必在几分钟的演讲中表述得不知所云。有时,演讲者要告诉人们的事情太多太杂,也会显得不得要领。以下是一位演讲者的即兴演讲:

我们的教育中最缺少的是对学生的实践能力,以及对学生的思维的开发和对学生想象力的培养。老师应当了解学生需要的是什么,然后针对这个问题来教育学生。但是现在我们很多老师并不是这样的,他们过分看重学生的学习成绩,似乎有了成绩就有了一切,他们找家长也主要是因为学生学习成绩不好,而很少因为学生创造力不强而找家长……

这类即兴演讲很常见。这个演讲者在上台前虽然对演讲内容有所设计,但是由于演讲一开始涉及的面太宽,要说的内容很杂乱,所以显得思路混乱,语言流畅但主题不清。

即兴演讲的设计应该是简明集中的。这个题目可以先确定即兴演讲的主题是"我们的教育中最缺少的是给学生自由发挥的空间",主题确定后,再围绕"如何给予学生更多的自由空间"来发挥,演讲就会更有章法。

(二)本段表达的最终目的是什么

即兴演讲也应该是有备而来的,通过演讲最终要达到一个什么目的,这是演讲者在即兴演讲前要弄明白的第二个问题。打算通过演讲给听众留下什么印象——是天真可爱还是老成稳重,是聪明活泼还是严谨踏实,是人云亦云还是看法独到;打算在演讲过程中如何控制听众,希望听众被感动还是受教育,是说服他们还是吸引他们……确定了目的,才会在演讲中扩大有利因素,规划先声夺人的方案,从而收到良好的演讲效果。

在这一点上,作家莫言给我们做出了榜样。莫言作为中国本土第一位获得诺贝尔文学奖的作家,在瑞典发表获奖演说之前,他会如何演讲曾引起人们的各种猜测。莫言给演讲确定了一个很细化的点,就是"讲故事",世界各国的人都喜欢听故事,莫言的演讲就定为"面对世界讲个人的故事"。世界各国语言中有一个词的发音最相像,那就是"妈妈",莫言就以"母亲"为主要讲述人物,以"故事"为主要线索,既吸引人,又饱含对人生的感悟和深深的哲理。哥伦比亚新闻网站的记者评价说:"莫言用了一种最为平实的方式,叙述了自己成为'讲故事的人'的历程,简简单单,却透彻心扉。"

二、"两个基本点"之一——用词用语的丰富度

一些词可能在即兴演讲过程中反复出现,这是十分正常的,词语的重复有突出强调的作用。不过,同一个词在一段话语中反复出现,如果不是为了突出强调,就会显得单调,这通常是词汇量贫乏所致。一位语文老师对 30 篇以《我爱我家》为题的学生作文进行统计,学生用的词不超过 200 个,成语、俗语很少见,更不用说个性化的语言了,青少年用词用语贫乏引起人们的担忧。

在这一点上,有一些演讲者给我们做了榜样。2012 年 7 月 13 日,圆满完成天宫一号与神舟九号首次载人交会对接任务的航天员景海鹏、刘旺、刘洋,与媒体记者见面并回答提问,这是 3 位航天员首次讲述对接任务中鲜为人知的幕后细节。在对接任务中,刘旺担负着手控交会对接的操作任务,刘旺说:

我亲身体验到开飞船的感觉,确实是得心应手,操纵自如,要问我的评价,就两个字,很好!

我在任务前,说有百分之百的把握完成任务,这与其说是诺言,不如说是信心。

我相信经过长时间的训练,在前几次任务基础上的积累,再加上两位战友的帮助与协作,我们这次的突破,一定能成功实现。

我的诺言和信心还来自于天宫和神舟。在天上,在天宫和神舟里,我感觉真的很好。

这里"很好"的反复使用就起到了重复强调的作用,作为总结性用语,听的人并没有觉得多余,反而更深切地感受到宇航员的心情和收获。几个动词的使用非常准确,用词没有重复,显得语言丰富大气。这些都体现了即兴演讲用词丰富的重要性,语言的丰富主要靠词语的丰富表现出来。刘旺是我国培养的第一批航天员,进入中国人民解放军航天员大队已经十多年,谈到这些年的体会,他说:

这 5 000 多个日日夜夜中,我实际上只做了一件事,就是在为实现自己的使命做准备。

我相信只要坚持,终有所获。不管是做人还是做事,都会百炼成钢。

即兴演讲时多用熟语,可以避免用词重复和用语贫乏,使得演讲精彩、深刻、有力。在这一点上,宇航员们给我们做出了很好的榜样。

三、"两个基本点"之二——有序的模块串联

即兴演讲就像有目的的一段旅程,必须事先确定好行程先后及目的地。有序的模块串联就是演讲者为了充分表现主题,打动听众,把看似散乱的、零碎的材料,按照事物发展的内部规律,有机地、巧妙地组织安排起来的讲话框架。

常见的即兴演讲的模块串联方式有三种:

(一)珠串式连缀法

这种串联结构有点像前面提到的纵式结构。所谓"珠串式连缀"就是在演讲中按一定脉络将模块串接起来,按照一个单一的线索顺序,把已经选好的材料——那些看似孤立的人、事、物——有机地联系起来,并在串联中将这些材料上升到某种高度,以表达主题,最后重复点题,使演讲首尾一贯,一气呵成。珠串式连缀法最重要的是有连缀典型信息点的功力,要求演讲者在明晰的语言推进脉络上,缀入"亮点",这样才能逐层拓展表达的内涵,使演讲迸射出纵向穿透力。这种连缀不是点与点的简单罗列、互相关系的简单陈述、华丽词句的简单堆砌,而是通过有机的联想把材料组织在一起,层层递进。

公务员面试中有一道"你为什么选择报考这个职位"的即兴演讲题,一位报考公安岗位的女生是这样演讲的:

在我考警校的时候,就做过这样的选择。其实,对这个工作的选择源自我小时候的一段经历。我小时候胆子很小,怕黑,上高中后,我们要上晚自习,我每晚都是跟一个同学一起回家,但有一天平时一起走的那个同学请假了,我得自己走回家。那时大约晚上十点多了,我要自己走很长的一段路,虽然并不偏僻,但是对我这种胆小的女生来说还是一件挺难的事情。我鼓起勇气往家走的时候,身后突然跑过一只猫,我差点吓哭了……这时,我突然看到路的前方有一辆警车缓缓地驶过来,一看就是夜晚巡逻的车,我的心突然就放下来了,一点也不害怕了。这个场景一直深深地印在我的脑海里。在我报志愿的时候,我再次想起这一幕,如果有一个工作,能够让周围的人看到你感到心安,虽然他们不说什么,但是你的警服和警徽会给他们带来安全感,你的出现会让别的人感到温暖和幸福,这不是一个我梦想中的职业吗?

在顺利考入警校之后,我越来越发现我的选择是正确的,因为通过4年的系统学习和训练,我不仅变成了一个胆大心细的人,而且专业技能得到提高。我在派出所实习时,协助民警抓住逃犯,获得嘉奖,我参加了全运会和世博会的安保工作,并获得了赞扬。我觉得,选择一个职业不仅要看收入、舒适度,更重要的是,这个职业给你带来的幸福感和认同感。选择公安岗位,就给我带来了这样一种幸福感和认同感。

这一段演讲就是用珠串式连缀法串起的。在面对职业选择时举了高中的一个事例，这个事例的详细描述和考入警校后的简略叙述相得益彰，演讲层次清楚，深入浅出。

(二) 扇子式连缀法

即兴演讲中的扇子式串联结构是先确定几个基本观点，按照各点之间的内在联系，或并列连缀，或纵横连缀，或对比连缀。这种演讲逻辑严密，重点突出，还有一定的气势。在即兴演讲中，话题只是最原始的材料，要把它们归纳并扩展开来才能构成完整的演讲。把这些零零散散的点组织在一起，最常用的方法就是扇子式连缀法。这一方法可以将各个点并列在一起，排比成篇，借此分析彼此间的关系，得出有意义的结论。

(三) 蝴蝶结式连缀法

蝴蝶结式连缀法是一种左右引申式连缀法，以一个听众熟知的事物为出发点，略加变动，将其所包含的意义引申，转化为一个新的概念；或者从一个方面谈到相关的另一方面，包括正反阐述。

美国前总统富兰克林·罗斯福的演讲《对民主党青年俱乐部的讲话》，就是运用引申的方法，巧妙地将"地理拓荒"与"社会拓荒"连缀在一起：

有人不认为拓荒时代已经结束，我就是持这种看法中的一个：我只认为开拓的领域改变了。地理上的拓荒阶段大体上已经完成。但是，朋友们，社会的拓荒时期却刚刚开始。我们必须清楚明白，在治理现代社会的斗争中，我们需要具有与征服大自然相同的甚至更高的英雄气概、忠诚信念和洞察能力。不论你们年岁几何，倘若你们在精神上青春常在，善于梦想，能想象出一个未来更伟大、优越的美国；相信贫穷现象将大幅度地改善；相信可耻恼人的失业现象将彻底被消灭；相信国内的安定与国际和平能永远保持；相信后代子孙有一天能够使我们的国家掌握现在想象不到的物质和精神财富，令人类的生活丰富无比。如果你们怀有这样的青春梦想，今夜你们应该感谢上帝。如果这就是你们的梦想，那么我要说："深深地沉入你们的梦想，牢牢地把握住并实现吧。美利坚需要它！"

罗斯福的演讲就是从"地理上的拓荒"引申到"社会的拓荒"，从而把演讲从一个具体的点引申推进到了一个更高级的阶段。

四、理查德结构模式

"悬念切入、优化成篇"是美国公共演讲专家理查德创建的演讲模式。理查德认为即兴发言应分为 4 个步骤进行,他主张直接用生动典型的事例画龙点睛,道出主题。

面对网购狂潮带来的问题,以《理性消费,适度网购》为题,套用"理查德结构模式"发表即兴演讲。下面是"理查德结构模式"与"常规结构模式"即兴成篇的比较:

表 5-1

	喂,请注意!	为何要费口舌?	举例子	怎么办?
理查德结构模式	点点鼠标在网上买东西,居然会扰乱生活,甚至掉了手指?	女性成为"网购"主力消费群并容易上瘾,是如今女性工作、生活压力大于男性时,对压力的一种宣泄。女性是"网购瘾"的最大和最易受害人群。	2012 年 11 月 22 日晚,苏州的张女士一气之下剁了自己的左手大拇指,为了向丈夫表示"不再热衷网购"。血淋淋的事例表明"网购需谨慎"。	下面我告诉大家,当……时应当……;当……时应当……;当……时,应当……。这样,就可以把网络当作正常的工具,而不是任由网购扰乱我们的生活了。
常规结构模式	今天我要给大家讲的是节制网购,理性消费的问题。	理性消费是很重要的,现在网络发达,网购成风,带来一些问题……	造成大家热衷网购的原因有如下几点: 1…… 2…… 3……	下面我提出几点建议供大家参考: 1…… 2…… 3……

理查德认为,即兴演讲应当记住 4 句话,也就是 4 个步骤的提示信号,它们是:

——喂,请注意!"喂"的意思是,首先必须激起听众对你演讲的浓厚兴趣。开头的悬念就为激起听众的兴趣。

——为何要费口舌?向听众讲明为什么要听你说话,你所说的内容要使听众感到有直接的利害关系,产生紧迫感。这样易于吸引听众。

——举例子。举例子是为了形象化地将一个个论点印入听众脑海。生动的事例列举不但能深化记忆,激发兴趣,而且也能开拓主题。

——怎么办?在这一步具体、实际地讲清人家该做些什么或怎么做。"怎么办"是演讲的目的所在。

"理查德结构模式"以"耸人听闻"的悬念开头,吸引听众的注意,并用鲜明警醒的议论"勾"住听众的感知兴趣,几部分衔接紧凑,表述通俗生动。"为何要费口舌"和"举例子"这两部分如同馅饼里的馅,味道全在里面,与开头的"喂,请注意"和结尾的"怎么办"相呼应。虽然"网购"这个主题并不算新颖,但按照"理查德结构模式"来布局,句句诱人深入,而"常规结构模式"却给人以"老生常谈"之感。

五、即兴演讲创新法则

即兴演讲是千变万化的,在这千变万化之中,有一些创新的法则可以随时调用,这里主要分析标记法、中心开花、讲故事和 TMBK 原则。

(一)标记法

口语是具有一维性特征的。声音不能在空间中展开,语言信号发送出来立即消失,在无反复的口语流程中的每一瞬间,听话者有"即时记忆"的极限。口语的无法保存,使得它的传播有着区别于书面语的特殊性。给一维的口语加上标记,是即兴演讲的重要创新法则(如图5-1)。

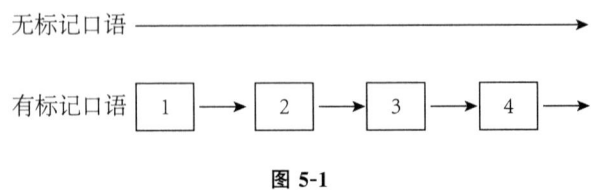

图 5-1

可以在即兴演讲中用作标记的有数字、序数、显著因素、时尚元素、重复因素等。

以山东省首批电力劳模的讲述稿为例,感受一下加上重复标记和数字标记之后的修改稿有什么不同:

表 5-2

	原稿	修改稿
题目	痴心电业终不悔　埋头只做追梦人	我是一个平凡的人
开头	我叫杨××,来自国网××供电公司,是工程分公司线路三班班长。1986年,抱着对人生美好未来的向往,初中毕业的我走进××供电公司,当上了一名不起眼的线路工。 那时的电力部门不像现在这样声名鹊起、趋之若鹜。企业管理粗放,干活又苦又累不说,电光铁石般的工程还处处充满了危险,尤其是外线工,更被人们低瞧一眼,"选行不选电业行,有女不嫁外线郎",就是对外线工的真实写照。 然而,面对父母亲友的劝阻,我还是毅然地选择了当外线工,并且在挥汗如雨的劳动中,渐渐喜欢上了这里高亢入云的号子和粗犷豪放的性格。伴随着那一排排铁塔走向了山山水水的遥远,青年人梦想的种子,也深深地埋进了这片广袤富饶的土地。	那一年,我初中毕业,成为一名电力新兵。 那一年,人家不愿干的活,我干了,我成了一名外线工。 那一年,第一次参加公司线路技术比武,我拿下了一个总分第一、五个单项第一。 那一年,病重的父亲去世,可我正在工地排杆作业。 那一年,我解决了压接管校正难题,有了第一项创新成果。 那一年,我当上了省公司首届劳动模范,感受到了作为一名劳动者的光荣与自豪。 …… 尊敬的各位领导、亲爱的同事们: 我叫杨××,国网××供电公司工程分公司线路三班班长。我是一个平凡的人。 30年前,我成了一名平凡的外线工。 外线工长期野外作业,干活不光又苦又累,施工中还处处险象环生,业内人常开玩笑地说,"选行不选线路行,有女不嫁外线郎",这,就是外线工的真实写照。 然而,伴随着那一排排铁塔,走向山山水水的遥远,青年人梦想的种子,深深埋进了这片广袤的土地,我渐渐喜欢上了这个行业。

续表

	原稿	修改稿
主体	如今,承揽的大小外线施工究竟有多少,我已经记不太清楚了,但首次外省作战的经历却记忆犹新、历历在目。 2007年10月,我们工程分公司承接了山西500kV府忻线路的施工项目。第一次承接省外线路,第一次承担500kV施工任务,第一次在偏远的山区复杂地形上进行施工,诸多的第一次让公司面临着巨大的挑战。公司领导再三权衡,最后决定由我担任山西府忻项目部经理。	我们班承揽了多少工程已经记不清了,但有三次重点工程,却一直记忆犹新。 第一次是2006年的"不扰民工程"。 …… 第二次是2007年的"高难险重"工程。 …… 第三次是2014年的政府"民心工程"。 ……
结尾	我的人生答题还算漂亮,当选省公司首届十大劳模,是我职业生涯中的最大收获,也是省公司党委给予我的至高荣誉,在追梦的征程上,我成就了自己生命的辉煌。此时此刻,我忘不了各级领导对我的谆谆教诲,忘不了各位师傅对我的无私帮助,更忘不了各位战友给我的鼎力支持。建设尖兵这一光荣的称谓,将激励我再接再厉,奋勇前行! 尊敬的各位领导,亲爱的同事们: 党的十八大以后,习近平总书记提出了实现中华民族伟大复兴的中国梦。中国梦是中华儿女奋斗实干之梦,也是我们国家电网人创新强企之梦。中国梦,国网情。作为一名新时期的线路工,就是要把自己的梦想,汇入伟大的中国梦,汇入企业改革发展的滚滚洪流,在实现中国梦的雄壮交响中,奏出时代的最强音!	30年的工作历程,我最大的感悟就是:选定了职业就是选定了忠诚,守望忠诚,有牺牲、有奉献,也有收获和幸福。当选省公司首届十大劳模,是我追梦征程上一个莫大的鞭策。此时此刻,我心中充满了感恩,感恩各级领导对我的谆谆教诲,感恩各位师傅对我的无私帮助,感恩各位战友给我的鼎力支持,感恩父母妻儿给我追梦的力量! 走出初中,我踏入了社会,那是1985年。 人家都不愿干的活,我干了,我成了一名外线工,那是1986年。 参加××公司线路技术大比武,我拿了第一,那是1993年。 父亲病重去世,我坚守在排杆作业现场,那是1995年。 创新解决压接管校正难题,我开始了技术创新之路,那是2007年。 当上省公司首届劳动模范,我再接再厉、奋勇前行的新起点,那是2014年。 一步步走来,是××公司这片沃土使我成长。一年年过去,是电力建设这份事业成就了我。 我是个平凡的人,但我有梦想,有了梦想才能启程。在平凡的岗位上,守望我热爱并忠诚的事业,我所追求的是——不怕行路万里,只愿光耀千家!

通过对照稿可以看出:加了标记的线性演讲和没有标记的平面铺陈演讲,效果大不相同。

(二)中心开花

从故事中间部分切入、讲起,就是"中心开花"的讲述方法。它能立即抓住听众的注意力。

刘若英的歌《后来》就是一种"中心开花"的开场法:

后来,

我总算学会了如何去爱。

可惜你早已远去，

消失在人海。

后来，

终于在眼泪中明白，

有些人一旦错过就不再。

栀子花，白花瓣，

落在我蓝色百褶裙上……

"后来"本是"随后、之后"的意思，词作者却把它放在最前面，起到了半道插入、中心开花的作用。

某考生在考场上抽到一道即兴演讲题目"谈环保"，这个题目难度不算大，也没有太大新意，于是考生就按部就班地开始了演讲：

环保，是一个国家的大问题，我们是生活在空气中的，近年来，空气质量问题堪忧，引发了人们越来越重视……

考生说着没有意思，考官也听得昏昏欲睡。因为会有不少考生抽到同一个题目，重复的语言和平庸的表达实在吸引不了考官们的注意力。直到这样一个考生使用了中心开花的方法：

设想一下，当你在2046年8月的一天早上醒来，往窗外看去，透过厚厚的玻璃窗，你会看到什么？

这个开场方式就是中心开花。有一些开场白，它能像磁石一样吸引着人们的注意力：

2018年8月的一天，我醒来时发现自己躺在医院的病床上……

办公室的门打开了，领班查理闯了进来……

我正在湖中央钓鱼，刚抬起头，看到一艘快艇正朝我快速开来。

如果开场白中讲清楚了时间、地点、人物、事件和起因，那么就是在使用最古老的获取注意力的方式。"从前"是个魔术字眼，能一开口就抓住听众，很多小朋友听故事就是从"从前"听起的。"从前"是个传统开场法，而"后来"就是中心开花：从故事的中间讲起。

要让听众看到你所看到的，听到你所听到的，感觉到你所感觉到的，要做到这一点，唯一的方法就是使用丰富而具体的细节。准备演讲的工作是重建答案的工作，它必须讲清楚时间、地点、人物、事件和发生的原因,用这五个问题的答案来刺激听众的视觉想象。

(三)讲故事

要成为好的演讲者,首先要让自己成为故事大王。叙述时加入细节是讲故事的关键所在,演讲者应该让自己描述的情景再现。演讲和它的姐妹艺术"表演"有相近的地方,所有出名的演讲家都会有一种戏剧感。这不是只能在雄辩家身上找到的特质,孩童大多也具备这种丰富的语言才能,只不过长大后就慢慢退化了。我们周围的一些人还保留着这样的天赋,他们有丰富的面部表情,善于模仿或做手势,只要稍加努力,便能成为会讲故事的人。

叙述事件时加入动作和细节会给听众留下深刻的印象。有细节,紧扣主题的细节,而且是演讲者以再创造的热情来讲述的紧扣主题的细节,才是最成功和富有说服力的。下面是某省公安系统举行的"两好一高"演讲比赛中的两篇演讲,演讲者分别来自省安全系统和省交警系统。对比一下,看哪篇演讲更吸引人,现场效果更好:

表 5-3

用奉献谱写无悔人生(安全系统)	滴水情怀(交警系统)
朋友们,"作风好、形象好、效率高",这不是一句空洞的口号,它是我们全心全意为人民服务的承诺,更是我们"对党绝对忠诚,精干内行、甘当无名英雄"的具体表现。它凝结着我们爱岗敬业、积极进取的艰苦努力。在创建"两好一高"的热潮中,我清楚地看到,公安干警用坚定的信念和辛勤的汗水写就的两个大字——"奉献"。 近年来,在公安战线上涌现出了众多不畏艰险、顽强拼搏、勇于奉献的无名英雄。 朋友们,如果说有一个人,十年如一日地忘我工作,刻苦钻研,为了全身心地投入专案侦破工作,几次推迟婚期,您是不是非常佩服他?您知道吗,这就是被同事们叫作"拼命三郎"的李××。为了工作,他经常通宵达旦,几乎养成了抱着电脑睡觉的习惯,2004年以来,李××同志从事的业务工作共立专案 10 起,其中 9 起被国家安全部评定为甲级专案。 如果说,有一位在公安战线上战斗了近 30 个春秋的侦查能手,在身患绝症后还经常加班加点,更加勤奋地忙碌在侦查工作第一线。您知道吗,尚××同志就是这样的人,用他的话说,生命只要存在一天,就要燃烧一天,而且要激情燃烧,在奉献中燃烧,不让人生后悔!	党中央提出了建设"作风好、形象好、效率高"的优良机关,给我们提出了新的要求,作为公安机关在工作中怎样践行"两好一高"呢?我给大家讲个故事吧: 2003 年 11 月,一个阴雨绵绵的傍晚,于英大姐骑着摩托车,驮着儿子和刚买的水果、蔬菜,匆匆忙忙往家赶。正是下班高峰,又赶上雨天路滑,视线模糊,朦胧中,一个隔离墩猛然出现在眼前,只听"砰"的一声,于大姐昏倒在地…… 交警迅速赶赴现场,120 救护车也及时地把伤者紧急送往医院…… 风雨交加,路灯昏暗,事故现场一片狼藉,撞碎的摩托车、摔裂的头盔、散落一地的蔬菜和水果,突然,勘察现场的民警发现了一块带有鲜血的骨骼!这是哪来的骨骼?难道是从伤者身上撞出来的吗? 凭着丰富的现场勘查经验,民警立即决定把骨骼火速送往医院! 医院里,于大姐多处受伤,昏迷不醒。医生发现:于大姐左腿膝盖下面,整整一块骨头全都撞没了,因为失血过多,必须马上进行手术,医生甚至做好了截肢的准备! 从民警手里接过那块完整如初的骨骼,正准备手术的医生激动得一时说不出话来!他不敢相信自己的眼睛,因为这样的幸运概率实属万分之一!

用奉献谱写无悔人生（安全系统）	滴水情怀（交警系统）
如果说，有一个人，对工作兢兢业业，竭尽忠诚，直到生命的最后一刻。您知道吗，这就是国家安全系统二级英雄模范董×同志。2004年10月，董×同志在对一起重大案件实施侦控的过程中，由于长期超负荷工作，不幸突发大面积心肌梗死，牺牲在工作岗位上，年仅32岁。32岁呀！朋友们，这是一个多么年轻的生命！然而董×同志却永远地离开了他深爱的亲人，永远地离开了与他并肩战斗的战友。为了工作，他没有在白发苍苍的双亲面前承欢膝下；为了工作，他没能跟挚爱的爱人长相厮守；为了工作，他没能陪伴年幼的女儿长大成人。他把最美好的青春年华奉献给了钟爱的国家安全事业，他用自己的生命诠释了人生的价值和"对党绝对忠诚"的真正含义。 　　是啊，奉献是一个信念，一句誓言，一种呕心沥血的实践；它是一种追求，一种执着，一种饱含热泪的坚韧；它是一位平凡干警的高尚境界，是一曲风中之烛的撼人绝唱！ 　　朋友们，和平时期的公安战线，虽然没有枪林弹雨、血雨腥风，但是面对变化莫测的国际风云，面对此起彼伏的谍海风波，我们的国家安全干警必须要有坚定的政治信仰和强烈的敬业精神，才能确保构筑起一道坚强的钢铁长城，才能守护好祖国母亲的安全。 　　创建活动或许有时段，但追求永无止境。"两好一高"活动对国家安全机关来说，有着特殊的重要意义。朋友们，在我即将结束今天的演讲之前，请各位允许我代表全体干警说出我们内心的誓言：我们一定会爱岗敬业，无私奉献，以实际行动为创建"作风好、形象好、效率高"的优良机关，作出应有的贡献！	于大姐的腿保住了。医生说，那块骨骼如果再晚送来20分钟，于大姐的左腿就没了！ 　　从昏迷中醒来的于大姐知道了事情的原委，半天没有缓过神来。她紧紧抱着民警的胳膊放声大哭……这个传奇故事，体现了"作风好、形象好、效率高"的公安队伍就是咱老百姓生命安全的保护神。 　　下一个故事则揭示出"两好一高"的另一重要内涵。 　　那是2004年3月的一天，正在执勤的交警发现了一辆违法营运的残疾人专用车。让围观群众惊讶的是，驾驶员是被民警抬下车的！ 　　他叫邹堂，已经年过半百，家里有年逾古稀的父母，还有一个已经年过百岁的老奶奶。一个双腿严重残疾的人，却驾驶机动车接送客人，这种无奈的选择就是他全家生活的唯一支柱。 　　民警们犯难了：禁止他上路吧，就切断了他家的生活来源；宽容他继续营运呢，又是对人民群众生命财产的不负责任。 　　三天后，民警们来到邹堂家，带来了自发捐助的8 000元钱，在他家附近建起了一个小商亭，又帮他办理了营业执照，买来了货架、冰柜、风扇，还装上了公用电话…… 　　风雨坎坷50年，邹老汉残疾的身躯扛起生活沉沉的重担！面对这些素不相识又像亲人一样的民警，他想哭却笑了。好长时间，他逢人就是一句话：我遇上好人了！ 　　一块不起眼的骨骼，一间小小的商亭，两个故事体现了公安工作践行"两好一高"的现实要求；一个水滴折射出人民群众在警察心中的分量。作为执法者我们明白：建设"作风好、形象好、效率高"的公安队伍，是执政为民、执法为民的本质要求。只有把这种要求落到实处，时刻倾听人民群众的呼声，谨记人民群众的利益，满足人民群众的需要，我们才能不辱使命，才能在人民心里铸起一座永远不倒的丰碑！ 　　顺便告诉大家，于英大姐还是那么健康快乐地生活着，她的儿子今年顺利考上了大学，两年多了，逢人她还是忍不住要讲一讲那块骨骼的故事。邹堂老汉现在是一位合法而文明的工商业户，家里的生活已经走出温饱，迈向小康！他家百岁的老奶奶依然健在，有时候还会到孙子的商亭里去坐一坐！

　　两相对照，不难看出，"讲故事"的演讲更能打动人，也会赢得更热烈的掌声。通常一场富有吸引力的演讲，举例的环节会用去四分之三以上的时间。假设你的演讲总共5分钟，那你就有1分多钟的时间来说出你的期望和你的梦想，这与报纸消息所使用的"倒金字塔式"的顺序正相反：先讲故事，再以自己归纳的重点或对听众行动的请求作为标记。

(四) TMBK 原则

TMBK 原则主要用于有时间限制的即兴演讲。它包括能在瞬间组织起来演讲的 4 个部分：

题目　topic
中心意思　meaning
开头　beginning
关键词　keywords

即兴演讲常常是只有几分钟准备时间的演讲，要求在短时间内设计出有条理、有内容的一段话语。现在用"你为什么选择这个职位"的即兴演讲为例，把 4 点综合起来，可以按照下面的方式设计即兴演讲：

表 5-4

题目（topic）	你为什么选择报考这个职位
中心意思（meaning）	选择一个职业不仅要看它的收入、舒适度，更重要的是这个职业给你带来的幸福感和认同感。
开头（beginning）	在我考警校的时候，就做过这样的选择。其实，对这个工作的选择源自我小时候的一段经历。
关键词（keywords）	高中、晚自习、警车、警徽、警校、幸福感、认同感

演讲由开头、主体、结尾三部分构成，每个部分都有它特殊的作用。演讲的开头、主体和结尾应有一定的比例，一般是两头小，中间大。据美国心理学家研究表明，听众在 45 分钟内，前 15 分钟获得较多的信息，而后 30 分钟则获益较少。整个演讲模块这样安排比较合理：

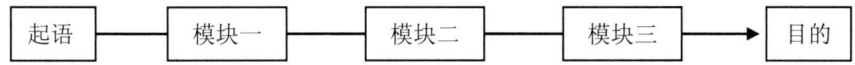

起语 → 模块一 → 模块二 → 模块三 → 目的

感悟与训练

一、"故纸堆"体赏析

在手机报里曾有一个"故纸堆"栏目，它的表述方式很有特点，虽然手机报属于书面语，但由于它独特的线性翻页阅读方式，所以跟线性的口语传达很相像，也具有单向性特征。下面是一个"故纸堆"段子，和即兴演讲创新法则之一的"中心开花"比较，体会一下这种表述顺序的妙处。

清朝有个叫吴廷香的人,耗尽银钱办团练,抵抗太平天国。吴廷香遭遇危机时,派他的儿子吴长庆去向一个叫袁甲三的人借兵。袁甲三的智囊团就商议:有人主张不救,一个叫袁保庆的人则表示唇亡齿寒,愿意带兵去救。但还没发兵呢,吴廷香就阵亡了。虽然吴廷香死了,但是他的儿子吴长庆很受感动,就和这个叫袁保庆的人拜了把子。后来袁保庆的养子两次乡试都没考中,就去投奔了他爹的结拜兄弟吴长庆,吴长庆念及旧情,提拔了这个结拜兄弟的养子。1882年朝鲜发生壬午军乱,23岁的袁保庆养子随吴长庆的部队东征朝鲜半岛,镇压了兵变。1884年此人指挥清军击退了日军,1885年,被封为清朝驻朝鲜大臣,从此在清末乱世中崭露头角。这个人,袁保庆的养子,名字叫作:袁世凯。

二、名句演讲训练

有些比较有名的人说了或写了一些话,以至于众人皆知。下面是一些名人的广为流传的句子,先体会一下,再以它们为材料做即兴演讲。

1.当代作家妙语

没有比脚更长的路,没有比人更高的山。(诗人汪国真)

青春是道明媚的忧伤。(作家郭敬明)

快乐和幸福那么相似,可是快乐就是幸福吗?(作家郭敬明)

有精神的人死后,精神不死;同种道理,有钱人死后,钱不死。(作家韩寒)

所谓的正书,乃是过了七月份就没用的书;所谓闲书,乃是一辈子都受用的书。(作家韩寒)

我们的眼睛决定了,不论我们如何转动,永远都只能看到180°,而生活是360°,所以,总有些我们不知道的事情。(作家桐华)

2.经典古诗词

天生我才必有用(李白《将进酒》)

安得广厦千万间(杜甫《茅屋为秋风所破歌》)

春蚕到死丝方尽(李商隐《无题》)

曾经沧海难为水(元稹《离思五首其四》)

花开堪折直须折(杜秋娘《金缕衣》)

3.俗语谚语

宁可做过,不可错过。

头回上当,二回心亮。

不怕山高,就怕脚软。

人多出正理,谷多出好米。

水大漫不过船,手大遮不住天。

百闻不如一见,百见不如一干。

要知父母恩,怀里抱儿孙。

只有上不去的天,没有过不去的山。

要吃辣子栽辣秧,要吃鲤鱼走长江。

三个臭皮匠,顶个诸葛亮。

4.名人名言

时间乃是最大的革新家。(培根)

不满是向上的车轮。(鲁迅)

兴趣是最好的老师。(爱因斯坦)

有所作为是生活的最高境界。(恩格斯)

乐观的人永葆青春。(拜伦)

5.八字成语

塞翁失马,焉知非福

一人得道,鸡犬升天

一人传虚,万人传实

二人同心,其利断金

十步之内,必有芳草

千军易得,一将难求

人无远虑,必有近忧

不求有功,但求无过

尺有所短,寸有所长

不经一事,不长一智

失之东隅,收之桑榆

有则改之,无则加勉

前事不忘,后事之师

前人栽树,后人乘凉

桃李不言,下自成蹊

谋事在人,成事在天

愚者千虑,必有一得

三、多项命题演讲训练

即兴演讲训练方式有单项命题演讲和多项命题演讲。单项命题演讲比较多见,是就某个单一的现象发表演讲,比如《我看"人肉搜索"现象》这个命题,虽然题目比较大,但所指的现象是单一的。多项命题演讲是就两个或两个以上现象反映的问题提炼出主题来做即兴演讲。下面就来做多项命题即兴口语训练,阅读每组材料,从中提炼出一个共同的主题并做一段演讲。

多项命题演讲材料一

1.东京一家贸易公司有位专门为客户购车票的小姐。她常为德国一家大公司的经理购买往返于东京与大阪之间的火车票。不久,这位经理发现一件趣事:去大阪时,位置总靠右边窗口;去东京时,位置总靠左边窗口。经理问起此事,小姐笑答:"我想,外国人都喜欢富士山的景色。当车去大阪时,富士山在您右边;而去东京时则在左边。所以,我为您购买了不同的车票。"因为小姐的细心,德国经理把给这家公司的贸易额加大了3倍。

2.直到由中国设计的上海地铁二号线投入运营,人们才发现由德国人设计的一号线有那么多的细节被我们忽略了。譬如,德国设计师在靠近站台约50厘米内铺上了金属装饰,又用黑色大理石嵌了一条边,这样,当乘客走近站台边时,就会有了"警惕",会止步在安全线以内;而二号线地面全部用同一色的瓷砖,乘客很难意识到自己已经靠近了轨道,地铁公司不得不安排专人来提醒乘客注意安全。基于此,二号线运营成本远远高于一号线,很长时间未实现收支平衡。

多项命题演讲材料二

1.雪地行军是危险的,极容易使人患上雪盲症。但奇怪的是,若仅仅是因为雪的反光太刺眼,那么为什么戴上墨镜之后,雪盲症仍不可避免呢?

美国陆军研究部门得出结论:导致雪盲症的并非雪地的刺眼反光,而是它的空无一物。科学家说:"人的眼睛其实总在不知疲倦地搜索世界,从一个落点到另一个落点。要是连续搜索而找不到任何一个落点,它就会因紧张而失明。"

美国陆军对付雪盲症的办法是,派先驱部队摇落灌木上的雪。这样,一望无垠的白雪中便出现了一丛丛、一簇簇的绿色景物,搜索的目光便有了落点。

2.手表定律是指一个人有一只表时可以知道时间,而当同时拥有两只以上的表时却无法确定几点。更多的表并不能告诉一个人更准确的时间,反而会使看表的人失去对准确时间的信心。这就是著名的"手表定律"。

手表定律带来的启发是:对于一件事情同时设置两个不同的目标,将使人无所适从。

多项命题演讲材料三

1.经济学里有个"羊群效应":头羊往哪里走,后面的羊就跟着往哪里走。羊群是一种很散乱的组织,平时在一起也是盲目地左冲右撞,但一旦头羊动起来,其他的羊会不假思索地一哄而上,羊群效应的表现是跟随现象。在一群羊前面横放一根木棍,第一只羊跳了过去,第二只、第三只也会跟着跳过去;这时,把那根拦路的棍子撤走,后面的羊走到这里,仍然像前面的羊一样向上跳一下,这就是所谓的"羊群效应",也称"从众心理"。人们会追随大众,自己并不会思考事件的意义。"羊群效应"最早是股票投资中的一个术语,主要指投资者在交易过程中存在的学习与模仿现象。

2.法国科学家让·约翰·法伯曾经做过一个松毛虫实验。他把若干松毛虫放在一只花盆的边缘,使其首尾相接成一圈,在花盆的不远处,又撒了一些松毛虫喜欢吃的松叶。松毛虫开始一个跟一个绕着花盆一圈又一圈地走。这一走就是七天七夜,饥饿劳累的松毛虫尽数死去。而可悲的是,只要其中任何一只稍微改变一下路线就能吃到嘴边的松叶。

3.一位石油大亨到天堂去参加会议,一进会议室发现已经座无虚席,没有地方落座,于是他灵机一动,喊了一声:"地狱里发现石油了!"这一喊不要紧,天堂里的石油大亨们纷纷向地狱跑去,很快,天堂里就只剩下那位后来的了。这时,这位大亨心想,大家都跑了过去,莫非地狱里真的发现石油了?于是,他也急匆匆地向地狱跑去。

多项命题演讲材料四

1.19世纪末20世纪初的意大利经济学家巴莱多认为,在任何一组东西中,最重要的只占其中一小部分,约20%,其余80%尽管是多数,却是次要的。这种统计的不平衡性在社会、经济及生活中无处不在,这就是"二八定律",也叫"巴莱多定律"。

20%的人成功	80%的人不成功
20%的人用脖子以上赚钱	80%的人用脖子以下赚钱
20%的人正面思考	80%的人负面思考
20%的人买时间	80%的人卖时间
20%的人找一个好员工	80%的人找一份好工作
20%的人支配别人	80%的人受人支配
20%的人做事业	80%的人做事情
20%的人重视经验	80%的人重视学历
20%的人认为行动才有结果	80%的人认为知识就是力量
20%的人"我要怎么做才有钱"	80%的人"我要有钱我就怎么做"

20%的人爱投资	80%的人爱购物
20%的人有目标	80%的人爱瞎想
20%的人在问题中找答案	80%的人在答案中找问题
20%的人放眼长远	80%的人只顾眼前
20%的人把握机会	80%的人错失机会
20%的人计划未来	80%的人早上起来才想今天干什么
20%的人按成功经验行事	80%的人按自己的意愿行事
20%的人做简单的事情	80%的人不愿意做简单的事情
20%的人明天的事情今天做	80%的人今天的事情明天做
20%的人想如何能办到	80%的人想不可能办到
20%的人记笔记	80%的人忘性大
20%的人受成功的人影响	80%的人受失败的人影响
20%的人状态很好	80%的人状态不佳
20%的人相信自己会成功	80%的人不愿改变环境
20%的人永远赞美、鼓励	80%的人永远漫骂、批评
20%的人会坚持	80%的人会放弃

"二八定律"告诉我们,不要平均地分析、处理和看待问题,要抓住关键的少数。经营管理中要找出那些能给企业带来80%利润、总量却仅占20%的关键客户,加强服务,达到事半功倍的效果;领导人要对工作认真分类分析,把主要精力花在解决主要问题、抓主要矛盾上。

2.《圣经新约》的《马太福音》中有一句名言:"凡有的,还要加给他,叫他有余;没有的,连他所有的也要夺过来。"这就是"马太效应"。

"马太效应",指强者愈强、弱者愈弱的现象,广泛应用于社会心理学、教育、金融以及科学等众多领域。"马太效应"与"平衡之道"相悖,与"二八定则"有相类之处,是重要的自然法则。"马太效应"可以归纳为:任何个体、群体或地区,一旦在某一个方面(如金钱、名誉、地位等)获得成功和进步,就会产生一种积累优势,就会有更多的机会取得更大的成功和进步。"马太效应"对于领先者来说就是一种优势的积累,当你已经取得一定成功后,就容易取得更大的成功。强者总会更强,弱者反而更弱。强者随着优势的积累,将有更多的机会。

四、卡耐基即席演讲训练法

戴维·卡耐基在《口才训练妙诀》一书中介绍了两种即席演讲的训练方法。

第一种是道格拉斯、卓别林、玛丽福特三人每天晚上玩的说话游戏。道格拉斯是这样描述游戏方法的:

我们三个人各取一张纸条,在每一张纸条上写一个说话题目,然后把纸条叠起来,三个人轮流抽取,抽到什么题目,就立即针对那个题目发表 1 分钟的演说。两年中,我们从没有重复过相同的题目。一天晚上,我必须针对"灯罩"这个题目发表 1 分钟的即兴演说。如果你认为这个问题很简单,不妨试试看,我可是好不容易才把这 1 分钟打发过去的。

长期玩这种游戏的结果,使我们三个人的思维变得异常敏捷,学到了应付各种复杂情景的技巧。更重要的是,面对任何场合都能很快把心中的想法整理出来,也就是说,我们已经学会了"站起来思考"的方法。

第二种是连缀技巧的游戏。卡耐基说:

这是一种颇具刺激性的练习方法。当一个学员被要求尽量以幻想的形式来说话时,他发表了如下的演说:"前几天,当我驾驶直升机时,发现了一群飞碟向我靠近。我正想降落时,一架最靠近我的飞碟对我开炮射击,但是我就……"铃声响了,时间已到,下一位学员接着这个话题往下说,如此循环下去。

这种在毫无心理准备状态下演讲的方法非常有效,经过训练之后,一旦遇到需要即兴演讲的场合,就能将这种能力充分发挥出来,达到你所期望的甚至是意想不到的效果。

要求:按照这两种方法,组织学生训练。

1.由老师准备若干题目并制成签,学生抽签,抽到什么题目,就按题目当即发表 1—2 分钟的演讲,依次进行。

2.教师领头,说一段话,学生依次接着说下去,不得改变话题。每人不得超过 2 分钟。

五、莫言的演讲

2012 年 12 月 8 日,莫言在瑞典发表诺贝尔文学奖获奖演讲《讲故事的人》,演讲时间 40 分钟左右。莫言语速偏快,他的演讲主体是"文学",但却以故事开头,以故事结尾,以故事贯穿始终。虽然莫言这篇演讲并非即兴,但形式比较典型,故借用来做例子。莫言演讲中的细节部分已用下划线标出,体会一下他是如何做到"会讲故事的"。

表 5-5

莫言演讲原文	评注
尊敬的瑞典学院各位院士,女士们、先生们: 　　通过电视或者网络,我想在座的各位,对遥远的<u>高密东北乡</u>,已经有了或多或少的了解,你们也许看到了我的<u>九十岁的老父亲</u>,看到了我的哥哥姐姐、我的妻子女儿和我的<u>一岁零四个月的外孙女</u>。但有一个我此刻最想念的人,我的母亲,你们永远无法看到了。我获奖后,很多人分享了我的光荣,但我的母亲却无法分享了。	类似"中心开花"的开头,用四个细节抓住听众: 细节一:高密东北乡 细节二:九十岁的老父亲 细节三:一岁零四个月的外孙女 细节四:母亲
我母亲<u>生于1922年</u>,<u>卒于1994年</u>,她的骨灰,埋葬在<u>村庄东边的桃园里</u>。去年,<u>一条铁路</u>要从那儿穿过,我们不得不将她的坟墓迁移到距离村子更远的地方。掘开坟墓后,我们看到,棺木已经腐朽,母亲的骨殖,已经与泥土混为一体。我们只好象征性地挖起一些泥土,移到新的墓穴里,也就是从那一时刻起,我感到,我的母亲是大地的一部分,我站在大地上的诉说,就是对母亲的诉说。	开始讲母亲的故事,依旧用"骨灰安放地""铁路"等细节吸引人。
<u>我是我母亲最小的孩子</u>。 　　<u>我记忆中最早的一件事</u>,是提着家里唯一的一个热水瓶去公共食堂打开水。因为饥饿无力,失手将热水瓶打碎,我吓得要命,钻进草垛,一天没敢出来。傍晚的时候,我听到母亲呼唤我的乳名。我从草垛里钻出来,以为会受到打骂,但母亲没有打我也没有骂我,只是抚摸着我的头,口中发出长长的叹息。 　　<u>我记忆中最痛苦的一件事</u>,就是跟随着母亲去集体的地里捡麦穗。看守麦田的人来了,捡麦穗的人纷纷逃跑,我母亲是小脚,跑不快,被捉住,那个身材高大的看守人扇了她一个耳光。她摇晃着身体跌倒在地。看守人没收了我们捡到的麦穗,吹着口哨扬长而去。我母亲嘴角流血,坐在地上,脸上那种绝望的神情我终生难忘。多年之后,当那个看守麦田的人成为一个白发苍苍的老人,在集市上与我相逢,我冲上去想找他报仇,母亲拉住了我,平静地对我说:"儿子,那个打我的人,与这个老人,并不是一个人。" 　　<u>我记得最深刻的一件事</u>,是一个中秋节的中午,我们家难得地包了一顿饺子,每人只有一碗。正当我们吃饺子时,一个乞讨的老人,来到了我们门口,我端起半碗红薯干打发他,他却愤愤不平地说:"我是一个老人,你们吃饺子,却让我吃红薯干,你们的心是怎么长的?"我气急败坏地说:"我们一年也吃不了几次饺子,一人一小碗,连半饱都吃不了!给你红薯干就不错了,你要就要,不要就滚!"母亲训斥了我,然后端起她那半碗饺子,倒进老人碗里。 　　<u>我最后悔的一件事</u>,就是跟着母亲去卖白菜,有意无意地多算了一位买白菜的老人一毛钱。算完钱我就去了学校。当我放学回家时,看到很少流泪的母亲泪流满面。母亲并没有骂我,只是轻轻地说:"儿子,你让娘丢了脸。"	将细节化为"童年之最"讲述出来,这是最吸引人的演讲法。
<u>我十几岁时</u>,母亲患了严重的肺病。饥饿、病痛、劳累,使我们这个家庭陷入困境,看不到光明和希望。我产生了一种强烈的不祥之感,以为母亲随时都会自寻短见。每当我劳动归来,一进大门,就高喊母亲,听到她的回应,心中才感到一块石头落了地。如果一时听不到她的回应,我就会心惊胆战,跑到厨房和磨坊里寻找。<u>有一次</u>,找遍了所有的房间也没有见到母亲的身影,我便坐在院子里大哭,这时,母亲背着一捆柴草从外边走进来。她对我的哭很不满,但我又不能对她说出我的担忧。母亲看透我的心思,她说:"孩子,你放心,尽管我活着没有一点乐趣,但只要阎王爷不叫我,我是不会去的。" 　　<u>我生来相貌丑陋</u>,……(省略150字) 　　<u>我母亲不识字</u>,……(省略90字)	在"童年之最"的基础上继续说细节。

续表

莫言演讲原文	评注
有一段时间，集市上来了一个说书人。我偷偷地跑去听书，忘记了她分配给我的活儿。为此，母亲批评了我。晚上，当她就着一盏小油灯为家人赶制棉衣时，我忍不住地将白天从说书人那里听来的故事复述给她听，起初她有些不耐烦，因为在她心目中，说书人都是油嘴滑舌、不务正业的人，从他们嘴里，冒不出什么好话来。但我复述的故事，渐渐地吸引了她。以后每逢集日，她便不再给我派活儿，默许我去集上听书。为了报答母亲的恩情，也为了向她炫耀我的记忆力，我会把白天听到的故事，绘声绘色地讲给她听。 　　很快地，我就不满足复述说书人讲的故事了，我在复述的过程中，不断地添油加醋。我会投我母亲所好，编造一些情节，有时候甚至改变故事的结局。我的听众也不仅仅是我的母亲，连我的姐姐、我的婶婶、我的奶奶都成了我的听众。我母亲在听完我的故事后，有时会忧心忡忡地，像是对我说，又像是自言自语："儿啊，你长大后会成为一个什么人呢？难道要靠耍贫嘴吃饭吗？"	引出"讲故事"和"编故事"。
我理解母亲的担忧，因为在村子里，一个贫嘴的孩子是招人厌烦的，有时候还会给自己家庭带来麻烦，我在小说《牛》里所写的那个因为话多被村里人厌恶的孩子，就有我童年时的影子。 　　……（省略5 000字）对一个作家来说，最好的说话方式是写作。我该说的话都写进了我的作品里，用嘴说出的话随风而散，用笔写出的话永不磨灭。我希望你们能耐心地读一下我的书。 　　即便你们读了我的书，我也不期望你们能改变我的看法。世界上还没有一个作家，能让所有的读者都喜欢他。在当今这样的时代里，更是如此。	与文学有关的内容是本次演讲的重点，从这里开始演讲的主体部分。诗意地引出"我的文学路"。
尽管我什么都不想说，但在今天这样的场合我必须说话，那我就简单地再说几句。 　　我是一个讲故事的人，我还是要给你们讲故事。 　　<u>上世纪60年代</u>，学校里组织我们去参观一个苦难展览，我们在老师的引领下放声大哭，为了让老师看到我的表现，我舍不得擦去脸上的泪水，我看到有<u>几位同学悄悄地将唾沫抹到脸上冒充泪水</u>，我还看到在一片真哭假哭的同学之间，有一位同学，脸上没有一滴泪，嘴巴里没有一点声音，也没有用手掩面。<u>他睁着眼看着我们</u>，眼睛里流露出惊讶或者是困惑的神情。事后，我向老师报告了这位同学的行为。为此，学校给了这位同学一个警告处分。多年之后，当我因自己的告密向老师忏悔时，老师说，那天来找他说这件事的，有十几个同学。这位同学十几年前就已去世，每当想起他，我就深感歉疚，这件事让我悟到一个道理，那就是：当众人都哭时，应该允许有的人不哭；当哭成为一种表演时，更应该允许有的人不哭。 　　我再讲一个故事：30多年前，我还在部队工作，有一天晚上，我在办公室看书，有一位老长官推门进来，<u>看了一眼我对面的位置，自言自语道</u>："噢，没有人？"我随即站起来，高声说："难道说我不是人吗？"那位老长官被我顶得面红耳赤，尴尬而退，为此事，我洋洋得意了许久，以为自己是个英勇的斗士，但事过多年后，我却为此深感内疚。 　　请允许我讲最后一个故事，这是许多年前我爷爷讲给我听的：有八个外出打工的泥瓦匠，为避一场暴风雨，躲进了一座破庙，外边的雷声一阵紧似一阵，一个个的火球，在庙门外滚来滚去，空中似乎还有吱吱的龙叫声，众人都胆战心惊，面如土色，有一个人说："我们八个人中，必定有一个人干过伤天害理的坏事，谁干过坏事，就自己走出庙接受惩罚吧，免得让好人受到牵连。"自然没有人愿意出去。又有人提议道："既然大家都不想出去，那我们就将自己的草帽往外抛吧，谁的草帽被刮出庙门，就说明谁干了坏事，那就请他出去接受惩罚。"于是大家就将自己的草帽往庙	主体部分结束后，依然用故事来结尾，结尾的三个故事概括了演讲者要表达的意思。

续表

莫言演讲原文	评注
门外抛,七个人的草帽被刮回了庙内,只有一个人的草帽被卷了出去,大家就催这个人出去受罚,他自然不愿出去,众人便将他抬起来扔出了庙门。故事的结局我估计大家都猜到了,那个人刚被扔出庙门,那座破庙就轰然坍塌了。 　　我是一个讲故事的人。 　　因为讲故事我获得了诺贝尔文学奖。 　　我获奖后发生了很多精彩的故事,这些故事,让我坚信真理和正义是存在的。 　　今后的岁月里,我将继续讲我的故事。 　　谢谢大家!	

第二节　即兴问答专项训练

即兴口语中的对话性口语,从心理活动、语言组织和表达来看,是口语中最简单的形式。日常对话是由问答组成的,纯粹的双方叙述状态很少。对话过程中双方有问有答,彼此意会,在语法和逻辑上不要求那么完整和严谨。在对话性口语中,通常是两个人或几个人交流,有来有往,有听有说,一般不长篇大论,也不是机械地每人说一段。虽然即兴问答通常是语句简短、语意浅显的,但不能掉以轻心,因为很多决定人生重要选择的时刻是在问答中度过的。本节就从"问"和"答"两方面分别展开训练。

一、即兴提问的分类

在即兴口语表达中,提问是一种以解疑为宗旨的表达方式。提问往往是交谈的起点,通过提问,可以控制谈话的进程。根据"问句逻辑"的理论,每一个问题都限定了可能回答的范围。从提问方式来划分,常用的提问方式有以下几种:

(一)引导式提问与非引导式提问

1.引导式提问

引导式提问中,一方问的是特定的问题,另一方只能做特定的回答。问一句,答一句,是由提问者引导应答者趋向的一种特定的提问方式。这类问题主要用于征询某些意向,它需要一些较为肯定的回答。例如,在中央电视台《赢在中国》节目中,评委熊晓鸽向"最牛选手"黄艳泽提问:

熊晓鸽:您现在的这个参赛项目叫"TT俱乐部",是吧?
黄艳泽:是的。

熊晓鸽：您全资拥有？

黄艳泽：90。

熊晓鸽：还有 10 呢？

黄艳泽：是刚刚分出去的。

熊晓鸽：您管的员工人数？

黄艳泽：15 人左右。

……

熊晓鸽：您现在已经做了半年了，有多少客户？

黄艳泽：我们的会员突破了 1700 人。

熊晓鸽：培训时间多长？

黄艳泽：最长的就是一天一夜。

熊晓鸽：每个人收多少钱？

黄艳泽：350 块钱。

……

这就是典型的引导式提问，应答者只要答出提问所需的基本信息即可，不必做出其他过多的解释。

2.非引导式提问

对于非引导式提问，应答者可以充分发挥，自由地说出自己心中的感受、经历过的事件、某个方法的步骤等。这样的问题没有"特定"的回答方式，也没有"特定"的答案。例如，熊晓鸽在提问黄艳泽时总是得到简短的回答，因而在引导式提问中他也插入使用了非引导式提问：

熊晓鸽：还是给大家描绘一下这一天要干吗？

黄艳泽：军事野战比较累的时候，我们搞一些相对比较简单的拓展活动。

这就是非引导式提问。与引导式提问相比，非引导式提问中，应答者可以尽量多说，想说什么就说什么，因此可以提供丰富的资料。应答者的阅历、经验、语言表达能力、分析概括能力等都能得到充分的展现。但这个例子很特殊，这段问答里，黄艳泽面对非引导式提问依然没有给出充足的信息，因而获得了"最牛选手"的称号。

当应答者面对一个非引导式提问而拒绝提供充分信息时，通常可以理解为应答者并不太配合提问。白岩松在为清华大学"海外巡回辩论队"选手海选做评委时，大一新生向白岩松提了两个问题：

您做您现在这个工作快乐吗？

您是以什么样的方式来表达自己的快乐的?

第一个问题属于引导式提问,而第二个问题就属于非引导式提问,按说应该得到比较多的信息,然而白岩松并没有提供选手想要的有效信息。

(二)封闭式提问与开放式提问

1.封闭式提问

封闭式提问是日常最常见的提问方式,也是最被滥用的。提问时给对方一个框架,让对方在可选的几个答案中进行选择,这种提问对回答的内容有一定限制,答案具有唯一性,范围较小。这种提问方式表现了提问者对对方的较强的控制性,它能够让回答者按照指定的思路去回答问题而不至于跑题。封闭式提问是可以用"是"或者"不是"、"有"或者"没有"、"对"或者"不对"等简单词语来作答的提问。封闭式提问可以缩小讨论范围,获得特定信息,澄清事实,或使对话集中于某个特定问题;这种提问易于回答,节省时间,但难以得到问句以外更多的信息材料。日常即兴口语表达中,封闭式提问是必要的,但因为它往往会限制自由表达,所以一连串的封闭式提问会使应答者变得被动和沉默。从提问艺术的角度来说,提问的设计不宜过满,应适当留有余地,让应答者提供更多的信息,否则容易造成《赢在中国》中这样的对话局面:

熊晓鸽:你现在是在大连,对吧?

黄艳泽:是。

熊晓鸽:你以后想发展到全国各地去?

黄艳泽:是。

熊晓鸽:做连锁店还是直营店?

黄艳泽:先开直营店。

熊晓鸽:做你现在这个花了多少钱?

黄艳泽:将近100万。

熊晓鸽:你估计多久可以把成本收回来?

黄艳泽:现在已经收回来了。

熊晓鸽:半年就收回来了,是吧?

黄艳泽:3个月。

熊晓鸽:一年你的销售额能做多大?

黄艳泽:600万左右。

熊晓鸽:能赚多少钱?

黄艳泽:……很挣钱。

这一段对话,可以看出应答者回答的信息偏少,但又不能说他哪一个问题没有回答出有效信息来。这只能说是提问者的问题设计得比较封闭。封闭式提问是一种可以得到具体回答的问题,这类问题比较简单、常规,涉及范围较小,但容易使不善言谈者的对话"死机"。

2.开放式提问

开放式提问能引发对方详细的说明,应答者不能使用简单的"是"或"不是"来回答,而必须另加解释才能回答圆满。例如:

封闭式提问:你在大学期间参加过社会工作吗?

开放式提问:你在大学期间参加过哪些社会工作?

开放式提问逻辑上是与封闭式提问相对的,要求应答者详细回答。这种方式优于封闭式提问,保证可以让对方讲话,通常不会出现封闭式问题那种问一句,一个字就答完,然后冷场的情形。例如:

你怎样做到在压力下工作?

每个人都可能遇到压力,请问你通常如何处理工作中的压力呢?

在压力之下,你是如何自我减压的?

面对压力,你是怎么样将工作效率最大限度地发挥出来的?

这类提问的目的是为了从对方那里获得丰富的信息,并且鼓励对方回答问题,避免被动。提问方式常用"如何……""为什么……""哪些……"等。

(三)特指问与选择问

1.特指问

特指问是用疑问代词或含有疑问的短语代替未知部分来进行提问的问句。还是以《赢在中国》中的提问为例:

做你现在这个花了多少钱?

你估计多久可以把成本收回来?

出现在问句中的"多少""多久"就是疑问代词,它导向一个自由度比较大的回答,但是引导性比较强。

2.选择问

选择问就是在提问中列举出两种或两种以上的可能性,供应答者在里面选择的问句。通常是用"是……还是……""……还是……"等格式把若干可能性连接起来,进行提问。这类提问中,提问者除了提出问题外,还给出几种不同的可供选择的答案,目的是鼓励对方从多种角度来看问题,并提出思考问题的参考角度。比如:

做连锁店还是直营店?

选择式提问可以加强对对方的控制,它会通过提问的几个选项对应答者起到控制作用。还有一种带有选择性的提问方式叫正反问,又称反复问,它是由肯定形式和否定形式并列起来进行提问的,如"有没有""可不可以"等。正反问通常起到对信息的确认作用。

正反问和选择问都是提出可能性供应答者选择,但正反问是就一种现象的正反两个方面提问,提问只限于两项。使用选择问和正反问可使应答者自由选择答案,使其感到结果不是别人强加的,容易营造一个友好的谈话氛围,看上去像是在征求意见,其实对应答者的控制是潜在的。

二、获取信息的有效提问法

有的提问仅仅是为了解决简单的疑惑,但有些提问是要获取尚未确定的信息,这种提问的难度就大些。假设式提问和确认式提问都是获取信息的有效方法。

(一)假设式提问

在假设式提问中,提问者为应答者假设了一种情况,让应答者在这种情况下做出反应。例如:

如果你是那个肇事的司机,你会怎样处理?
如果你是办公室主任,你将如何处置这个秘书?

这种提问方式广泛运用于主持人即兴主持或者采访环节,它要求提问者思维活跃,反应迅速,能够从事物的多个角度来看问题。

(二)确认式提问

确认式提问也叫重复式提问,表达出提问者对应答者提供的信息的关心和兴趣。这种方法特别有助于搞清楚对方的真实意思,在对方语言啰唆、不着边际的时候,提问者可以通过一个简单的确认式提问将交流的进程牢牢把握在自己手里。因此,确认式提问是客户接待、谈判博弈、节目主持以及面试过程中一个非常有效的提问方式。例如:

你是说……,是吗?
你的意思是不是……?

《赢在中国》第三赛季的选手中,有一位外国的参赛者文亨利,在他和提问者熊晓鸽之间有这样一段对话:

熊晓鸽:你见过 VC 没有?他们为什么没有给你钱?

文亨利:尽管我们智买道运营了 5 年,但是这 5 年内我们的运营模式大概有 5 个大的变化,在我们摸索什么样的方式……

熊晓鸽:就是说过去 VC 对你的模式不太看好。

文亨利:可以这样说。

熊晓鸽以确认式的话语搞清楚了文亨利的意思,也节省了时间。这属于一般意义上的确认式话语。还有确认式提问:

熊晓鸽:我也看到过好多这种积分点的公司,你会怎么样把你的做大,甚至说把人家收购过来,或者是他们被你打败?

文亨利:问的是我们竞争优势的问题,可以这样理解吗?

熊晓鸽:可以。

文亨利在这里用"问的是我们竞争优势的问题,可以这样理解吗?"来确认对方提问的意思,既避免了误答,又可以迅速组织答案。再如史玉柱和文亨利之间的问答:

史玉柱:你在你们公司是个花瓶吗?

文亨利:是个花瓶?

熊晓鸽:(英语)就是做市场宣传,你知道吗?

文亨利:我把你的问题重复一下是:我在我公司的角色是什么,可以这样说吗?

大家:对。

王利芬:就是说你是不是那种只好看,不中用的人。

文亨利:我早已经明白了,我就已经把他的话说得婉转一点。(笑声掌声)

由于这期节目的参与选手是一个"会说中文的老外",并非汉语母语使用者,为了避免表达上的误解,双方确认式话语和确认式提问特别多,并且都收到了良好的表达效果。

三、即兴提问的顺序

从提问的顺序上来看,常见的有隧道式提问、漏斗式提问、烟囱式提问和五步提问法等。

(一)隧道式提问

这种提问方式就是追问,是一系列相关问题的组合,有可能是开放式或者封闭式问题的组合。这些提问可能涵盖了不同的话题,为了获取某些特定的信息,或者评估不同的态度。下面就是一个典型的隧道式提问:

谈谈你的大学吧。
那里的学习氛围怎么样?
餐厅的饭菜怎么样?
未来就业的发展机会如何?

隧道式提问常见于非结构化面试、民意测验、调查采访、咨询等,目的是引导出更多的信息、态度、反应和想法。如果是一连串封闭式的或者极端式的提问,那么获取的信息很容易被记录并且量化。

(二)漏斗式提问

漏斗式提问是从一个宽泛的、开放式的提问开始,然后推延到限制性更强的问题。这种提问能有效地调动问答气氛。如:

谈谈你这次的西藏旅行吧!
你在西藏参观了哪些地方?
这次旅行中让你觉得最难忘的地方是哪里?
你还会再去西藏吗?

如果应答者对某个话题比较熟悉,那么以开放式开头是比较合适的。漏斗式提问避免了一些回答偏差,可以在先有"热身运动"的前提下,慢慢进入状态。试着将这4个问题的顺序倒过来问,就会体会到提问顺序的重要性了。假如以一个封闭式的提问开始,比如"你认为××案是否有处理失当的地方",那么应答者就会被迫选择一个极端的立场,这可能会使应答者在后面的对话中处于防御状态。如果采用开放式提问"你怎么看待××案",就容易令应答者自由地描述和解释自己的立场。

(三)烟囱式提问

烟囱式提问是以一个封闭式问题开始,然后扩展到开放式问题的提问顺序。烟囱式提问给那些不愿意说话的人提供了一个热身的过程和打开话匣子的方式。

问:你是在大学一毕业就结婚的吗?
答:是。

问：那是在哪一年？

答：2011年。

问：什么时候要的孩子呢？

答：第二年冬天。

问：现在很多女孩子喜欢延长婚前的时间，多过一段自由自在的生活。以你在大学的表现和成绩，当时你可以有很多选择，为什么选择做"毕婚族"呢？

答：一开始我也没想做"毕婚族"的，原来也是打算毕业以后工作或者读研，两人一起打拼，把物质生活搞得好些再成家，但大三的时候，看到很多师哥师姐就业时遇到困难，很多人因为没有工作经验，竞争不过早几年毕业的学长，我们觉得毕业后很可能找不到称心如意的工作，还不如避重就轻，先把个人问题解决了，反正有些事情早晚要做。如果可以先找到合适的工作，当然可以晚几年再结婚生孩子，但是现在就业压力太大，大部分同学只是找到一些"垃圾工作""过渡工作"，那还不如先趁年轻结婚生孩子，他先就业，我在家，趁这几年积累经验，等过几年孩子大了，经验有了，人也更成熟，再看情况决定回不回职场。事实证明我们当时的选择是对的。

这种提问方式有个很大的好处，就是在对话的一开始，让应答者一定有话说，无论对方多么不善言谈，这种烟囱式提问就好像是一个带有诱饵的导向仪，牵着对方乖乖地走进预设的领地，然后问题一步步开放，应答者的话匣子也就会慢慢打开。

(四)五步提问法

美国著名的民意测验设计者乔治·盖洛普发明了五步提问法，这种提问在评估一个人的态度和信念时很有效。五步提问法的步骤分别是：应答者对问题的了解程度、对问题的固有态度、对问题的具体态度、持此态度的原因和态度的强烈程度。例如：

第一步，对问题的了解程度：你对于半年之内油价三次上涨的情况知道多少？

第二步，对问题的固有态度：油价上涨有多大可能影响你的用车计划？

第三步，对问题的具体态度：你支持不支持油价上涨？

第四步，持此态度的原因：你为什么这样认为？

第五步，态度的强烈程度：你这样的感觉有多强烈？是不是任何事情都不可能让你改变想法？

五步提问法的有效性已经在盖洛普组织的成千上万个关于公众舆论的民意测验中得以证明。当然，日常生活中通常用不着这么专业的提问，但它可以在口语表达者收集信息时提供很好的提问路径。

四、即兴提问的层次

按照即兴提问的层次来划分,可以分为初级提问和次级提问。

(一)初级提问

初级提问用来引出话题或者同一话题新的方面。初级提问是一个新问题,不是跟在其他提问的后面,而是可以脱离语境独立存在的。例如:

你是怎样对这个职业产生兴趣的?

前一阵你忙于拍片,有传言你和××的感情生活触礁了?

这些开放式提问或封闭式提问都属于初级提问。

(二)次级提问

次级提问被设置在一个初级提问或者次级提问之后,用来发现其他隐含信息。因此,这样的提问通常也被称作后续提问。一个次级提问只有和它前面的提问结合在一起时才有意义。也就是说,一个次级提问只有在固定的语境中才有意义。当应答者顾左右而言他、答案含糊不清或者给出了建设性意见时,次级提问都是必不可少的。例如,关于某明星感情生活的提问:

初级提问:前一阵你忙于拍片,有传言你和××的感情生活触礁了?

答:抱歉,公司规定这次发布会只谈工作,不谈个人私事。

次级提问:哦,那你和××这次都被选中为新产品做代言,新的工作会有很多在一起的时间,这样会不会很开心啊?

再如,关于职业的提问:

初级提问:你是怎样对这个职业产生兴趣的?

答:说来话长。

次级提问:那有没有一个特别的点触发了你的兴趣?最直接的原因是什么?

由此可见,在初级提问无法获取有效信息时,一个改头换面的次级提问可以暗中"助力",达到目的。

五、获得信息的低效提问与高效提问

有些提问虽有道理,但提问的方式却使人不快,也得不到有效信息。这种提出来

只有负面作用,却得不到任何具体信息的提问方式就是无效提问。还有的提问虽然不至于惹人不快,但是却得不到有效信息,或者可能得到虚假信息,这就是低效问题。

(一)无效提问和低效提问

无效提问是根本不用问的问题,也就是你可以预见对方可能会怎么回答的问题。如在菜市场有人问:"你这菜新鲜吗?""这秤准吗?""这草莓是催熟的吗?"在饭店就餐时有人问:"这菜用地沟油了吗?"

这些问题由于直接导向一个根本无法接受的目标,因而可以预想对方会怎么回答,通常得不到任何有效的信息,属于无效提问。2012年伦敦奥运会上,16岁的中国小将叶诗文获得两枚奥运金牌之后,有西方记者问:

下面的问题我想你只用"是"或者"否"来回答,当着我们大家的面,请问你是否服用过违禁的药物来提高运动成绩?

这种提问方式引发了国内舆论的普遍不满。其实,西方国家讲话缺乏委婉的语言艺术,遇事爱直来直去提问,媒体可能完全没有恶意,但从讲究含蓄和礼貌的东方人的语境来看,会将其划归为无效提问。

低效提问包括程序化的提问、浅层次的提问等。日常生活中绝大部分提问并不是课堂提问,不是问一个问题后看对方答得对不对。大部分提问更像是"调查取证"的过程,问的问题越大,需要获取的"证据"越多。

常见的低效提问有好几种表现方式,下面就用表格举例的方式来分析一下近年来媒体中出现的低效提问:

表 5-6

低效原因	提问者	提问对象	语料举例
两极性选择	中央电视台体育记者冬日娜	刘翔	1.你比赛服的号码是441,4+4+1=9,今天你又在第9道,是不是这次9是你的幸运数字? 2.你今天跑这么快靠的是实力吧? 3.你是不是在比赛前对自己特别有信心? 4.你昨天的比赛是不是感觉非常完美? 5.经常参加国际大赛对提高你的心理素质是不是非常有帮助? 6.你的教练是不是给了你很大的帮助? 7.如果将来有新人上来你是不是会更刻苦地训练?
两极性选择	中央电视台体育记者冬日娜	史冬鹏	1.你同刘翔生活在同一时代是不是你的悲哀? 2.你今天是尽全力了吗?

续表

低效原因	提问者	提问对象	语料举例
侮辱性提问	贵州电视台某记者	违章女司机	现在正值"三创一办",请问你是否觉得你的行为给贵阳市丢脸了?
不当表述	在四川灾区采访的某记者	步行入震区的武警战士	1.这是不是你们这辈子走得最长的一次路? 2.那你们想没想过把背上这些东西扔掉再走呢?

中央电视台体育记者冬日娜做过很多次出色的采访,但也有过一些"冷"提问,她提问刘翔和史冬鹏的一些问题是比较典型的低效问题。

2010年3月23日,驾驶中华轿车的女司机郭某违章被罚,引来女记者尖锐的追问,女司机则因扇女记者耳光被拘。此事在网上掀起一场"口水仗","中华女"一时成为网络热词。一项关于"你认为'中华女'暴打记者事件责任在谁"的调查显示,仅20%的人认为女司机有责,原因是女记者问的问题很过分,由于出现了侮辱性字眼而导致女司机情绪失控,提问者应当负很大的责任。

2008年5月,中央电视台直播节目报道一群武警战士徒步进入四川地震灾区,他们背着自己3天的粮食,还为先到的救护人员带去饮用水,负重前行很辛苦。当战士们都坐下来休息的时候,记者上前提问:

这是不是你们这辈子走得最长的一次路?

有一个战士说:"到目前为止是我们这辈子走得最长的。"记者又问:

那你们想没想过把背上这些东西扔掉再走呢?

一个战士很干脆地告诉她:"没有,从来没有。"战士们背的是自己的食品、饮水以及一些救护用品,如果把这些东西扔了,那还走那么多路去震区干吗?这些提问都是低级提问,得不到任何有效信息,反而会引发不快。

(二)有效提问和高效提问

有效提问即提问者通过提问可以引发应答者的回答欲望,激发出较大的话语量,可以获得充分信息,而高效提问是那些简单有效的提问。可以通过下面这些方法来完成高效提问:

1.问细节举例子

通过询问具体细节,提问者可以将对话引向深入。这些提问本质上是开放式的,简便易行。通常可以这样问:"说说在……时你的情况""给我一个……的例子"。

这种提问非常简便,只要在对方说话的基础上问个具体细节或请对方举个例子,就可以轻易地将话题引向深入。

2.问不同之处

人生中没有完全的重复，一些看上去重复的情节，一定是另外一种层次上的重复。寻找不同之处是最具有启发性的，而且一定会蕴含着较多的信息。例如，问刚刚凯旋的奥运冠军：

你这次回家和以前感觉有什么不同啊？

或者提问一个多次参加公务员考试，屡败屡战的老"考虫"：

今年参加考试和去年感觉有什么不一样的地方吗？

这样的提问很容易激发出对方的应答欲望，一般比较容易得到相对满意的回答。

3.问特别的经历

一些特别的经历总是让人很有话说。提问者可以抓住这样一个心理，寻找最恰当的切入点。例如：

你这次去云南旅游，最难忘的是什么？感觉最特别的是什么？有没有什么不同寻常的经历？

4.善于假设

如果需要得到更多信息，比如了解对方对某事件的进一步想法，为了激发出更多的话语，就可以采用假设式提问切入：

假如你是他，你会怎么样？

假如当时你在现场，你会怎么办呢？

六、即兴答问术

即兴答问是一种随机性很强的对话形式，在很多场合中它体现了应答者的思想和机智。即兴答问术主要是针对有"效益"的答问，比如面试答问、答记者问等。一般日常答问不在此列。

(一)即兴答问必须有"抓点"

即兴提问是随机的，只能随时思考，即兴作答。前外交部长李肇星在南开大学面试博士研究生时，对应试者回答问题的要求是：第一要放松；第二要实在；第三回答的长度不要超过老师提问时间的两倍。前外交部长针对博士研究生的面试,对答问的"短"提出了具体的要求,而从另一方面来说,除了一些信息确认式提问外,一般回答不要比提问字数少,不然会显得冷淡和不积极。

2012年8月,伦敦奥运会结束后,游泳运动员孙杨回到了家乡杭州。在杭州火车站,刚下高铁的孙杨遇到了记者伸过来的话筒:

记者:感觉怎么样啊?终于回来了。

孙杨:有点累吧。

记者:几点钟出发的?

孙杨:我们那边早上8点半出发的,然后一直到现在才到。

记者:是不是没想到飞机改火车还这么周折?

孙杨:对对对,因为原来以为飞机如果飞不了的话可能会时间更长。结果,反而高铁的时间更长。

记者:你终于回家了,感觉心情怎么样?

孙杨:跟父母多待几天吧,因为这几年为了奥运会和父母待在一起的时间很少,然后心里可能有些累,有些疲惫,希望能放松下来,也就三四天的时间,因为后面还有一些比赛,虽然不是很重大,但希望还是能够认真地去面对和对待。

从孙杨的这一段回答记者提问来说,能够看出他有应对媒体的良好应答习惯。记者的提问设计并不够好,几个问题都比较封闭,容易使人一句话就答完了,而且第一个问题和第四个问题两次问到回家感觉怎么样,是明显的重复提问,也容易出现让被访者没有话说的情况,然而孙杨却遵循了"不比提问字数少"的应答原则,得体地回答了所有问题,并且避开了记者提问重复的地方。以记者的提问水平,如果孙杨不配合,完全可能出现这样的问答场面:

问:感觉怎么样啊?终于回来了。

答:有点累吧。

问:几点钟出发的?

答:8点半。

问:是不是没想到飞机改火车还这么周折?

答:对。

问:你终于回家了,感觉心情怎么样?

答:挺兴奋的。

除了寒暄以外,提问通常应该有个明显的"抓点"。汶川地震期间,一些记者在四川采访时问出了很不专业的问题。重庆的一家四口人自发地开着车子赶到灾区,送些食物和饮用水,半路被记者拦下采访。记者问了许多问题后,最后一个问题竟是这样的:

你觉得他们需要这些吃的吗?

那个重庆市民被记者的问题问愣住了,隔了几秒钟才说:"需要!"

重庆市民只能根据对方问什么来回答,所以记者的问题完全失去了提问的基本作用。

再如,回答问题不应比对方提问短,哪怕是回答中包括了提问所需的全部信息。例如,某体育节目中主持人提问参加乒乓球训练班的小学生:

主持人:你几岁了?

学生一:我9岁了。

主持人:你在这儿练了多长时间球了?

学生一:差不多半年了。

主持人:你喜欢在这儿打吗?

学生一:喜欢。

主持人:你觉得累不累啊?

学生一:不太累。

主持人:你最喜欢的乒乓球运动员是谁啊?

学生一:王皓和马琳。

主持人:你喜不喜欢打乒乓球?

学生二:喜欢。

主持人:有多喜欢?

学生二:很喜欢。

主持人:你最喜欢的乒乓球运动员是谁啊?

学生二:张怡宁。

主持人:你在这里练球累不累啊?

学生二:不累。

主持人:你愿意每天付出这么多的努力吗?

学生二:愿意。

主持人:你怕不怕这几个教练?

学生二:不怕。

主持人：他们对你严不严？

学生二：不严。

主持人：好，那祝你以后打出高水平，像张怡宁一样好不好？

学生二：好。

这里的对话虽然是有问有答，也没有出现提问不合理或答非所问的情况，但是给人的感觉是答问者比较拘谨或者不情愿，提问者虽然问了很多但并没有获得真实丰富的信息。因此，提问要有"抓点"，回答也是。在对方的问题中找一个突破口，提供必要的信息，方能形成合乎交流规范的答问。

(二)即兴答问的技巧

生活中对提问的回答，往往有一些大家注意不到的点。在这一部分将对应答做一些有效性解析。要想做出有效回答，可以从下面四步入手：

1.把握提问者的意图

除了寒暄外，提问都是有某种意图的。如果没考虑这种意图，贸然答问，往往就失去了把握局面的最佳时机。

当对方问出问题来时，要往深处想一想，他这样问有什么意图。比如：

你今天晚上有空吗？

弄清提问者的意图是进行安全回答的第一步，否则就会出现事与愿违的情况。

2.预测提问者所期待的回答

延续上一个问题。"你今天晚上有空吗？"要想获得交谈的主动权，就要先弄清楚对方希望你有空还是没空，你如果有空他希望你干什么。

很多人认为，答问就是把问号换成句号，据实回答就行。作为日常对话当然可以，但这样成不了即兴答问的高手。

3.回答能突破提问的限制

许多提问看上去没有什么特别之处，其实它本身就是带着种种限制的。

在《非你莫属》中，姚劲波和求职者李一舟之间有这样的问答：

姚劲波：你比较欣赏的国内的这种互联网的产品，你觉得设计很好、体验很好的，随便说两个。

李一舟：豆瓣。

姚劲波：还有呢？

李一舟：我能就说一个吗？我就觉得豆瓣比较符合我的一种感觉。

姚劲波：豆瓣好在哪儿？

姚劲波的提问有一个前提，就是限定李一舟提供两个他认为做得好的产品，但李一舟只选择了一个自己熟悉的点来集中分析，这个应答既突破了提问的限制又取得了良好的效果。在同一期节目中，还有求职者面对周鸿祎的提问：

周鸿祎：你觉得你是喜欢设计很酷的，给小众的这种东西，还是给大众的？中国互联网给大众设计东西，有的时候就不免"三俗"，因为大量的用户都是"三低"用户……一个是下里巴人的感觉，一个是阳春白雪的感觉，如果让你二选一的话，你会偏哪一方面？

李一舟：其实我觉得您这也不是一个选择问题，我们不能为了达到挣钱或者说抓用户的目的，就人为降低用户的品位，我觉得这是不对的，所以我们在把它做得简洁简单的同时，要提升用户的一个体验。

周鸿祎提问求职者李一舟的问题，已经给应答者规定了两个答案，要么是小众的，要么是大众的。在紧张的对话环境中，经常有人中圈套，在两个明显都不适合自己的选项中勉强挑一个来回答。其实，根据个人情况，回答可以突破提问的限制，这样的回答显得更加自如、更有想法。

李一舟打破了提问的限制，提出了自己的见解，看似答非所问，但恰恰表现出了突破性和创新力。

4.回答要符合利益最大化

从回答的角度来看，应答者要维护己方的利益，就要在应答中随时注意将自己的利益最大化。这一点在面试答问中尤其明显。

2012年伦敦奥运会，叶诗文取得游泳金牌之后，西方媒体却对中国小将的成绩提出质疑，一位记者在新闻发布会上这样提问：

下面的问题我想你只用"是"或者"否"来回答，当着我们大家的面，请问你是否服用过违禁的药物来提高运动成绩？

西方记者的提问通常直来直去，不拐弯抹角，但这显然不符合中国人含蓄委婉的表达习惯，因而引发了众怒。叶诗文的回答是"绝对没有"，然而很多网友觉得这回答不够尖锐，于是设计了各种各样"解恨"的回答。当然，这些设计回答大部分是有缺陷的，这些缺陷在每个设计回答后面的括号中标出了：

设计回答一：

你才吃药了呢！（不合作原则）

设计回答二：

没有。我也有个问题想问您，看您年龄从事记者工作应该很久了，请问您有基本的职业道德和起码的做人素养吗？您只需回答"有"，还是"没有"。（以毒攻毒）

设计回答三：

确实用药了！来伦敦之后，尤其是我夺金牌破纪录之后，总有一群疯狗追着我乱咬，我不得不用点药。（辱骂性回答）

设计回答四：

我是用药了。上次也是第一次吃西餐时不小心划破了手指用了点云南白药，这个药你们没有。（答非所问）

设计回答五：

你今天是不是没吃药就出门了。（隐晦辱骂）

设计回答六：

你这个问题是对所有场上拼搏的运动员的一个侮辱，更是对努力取得奖牌的运动员的不尊重，我对你这个问题持保留意见，但为了我的尊严，我很肯定地回答你：绝对没有！（评判性应答）

设计回答七：

我能游得快，要多谢英国的赛场，它有一种神奇的魔力。我想今天的场馆是一片被神所祝福的赛事场地，而我就是受到了诸神眷顾的那些运动员之一。如果这种眷顾就是你们所说的药物效果，我想神明在上会非常失望的。（文艺性应答）

设计回答八：

你们昨天查我禁药直到晚上两点，我只有3个小时的睡眠时间就必须起来准备今天的赛事。因为缺少睡眠，加之今天巨大的体力消耗，我现在思维很迟钝，我想我可能真的需要来点提神的药物才能回答你这种磕了药后才能问出的问题。（答非所问）

设计回答九：

这位记者，你妈妈喊你回家吃饭。（流行语应答）

设计回答十：

没有，不过我不知道成绩比我更突出的菲尔普斯是不是用了违禁药物。（攻击性回答）

设计回答十一：

没有。很遗憾由于我们两国具有完全不同的历史,延续的传统不一样导致价值观的差异。如果你们不改变对中国的看法,就很难理解中国人身上发生的奇迹,就像现在,因为中国人的历史感和包容的世界观,我们能够欣赏菲尔普斯,也能祝贺你们女子体操的奇迹。（含蓄性应答）

设计回答十二：

很遗憾,您的这个提问侮辱了世界反兴奋剂机构工作人员和本届奥运会组织者的人格,因为到目前为止,他们一直以认真的工作态度和严格的科学准则在捍卫奥运会的清白,而我通过了他们所有的检验。（利益最大化应答）

在十二个设计回答中,最后一个回答最符合利益最大化原则,这个回答拉到了很多重量级的同盟军,它的潜在意思是：我已经通过所有检验了,你还这样提问,那么你是侮辱了世界反兴奋剂机构工作人员和本届奥运会组织者。这样回答既得体又有力。

感悟与训练

一、体会自主招生面试提问意图

以下是近年部分高校自主招生面试的题目,先分析这种提问的考查意图和期待的回答,再试着做出回答。

1. 近几年很多用人单位在招聘员工时,很看重应聘者的本科毕业学校。请谈谈你的看法。
2. 培根说："金钱是忠实的男仆,也是恶毒的女主人。"请谈谈你的认识。
3. 怎样的机制能够鼓励见义勇为,减少袖手旁观？
4. 文化产业化进程中,价值倾向和市场取向哪个更重要？
5. 一般来说青少年的阅读爱好总是和成年人有所区别,那么对于公认的经典作品而言也存在这种区别吗？请举例分析。

6.一方面是大批非法饲养的宠物狗给社会带来环境和疾病的危害;另一方面,反对虐待和食用犬肉的人不惜通过阻断高速公路出口来维护动物权利。请就此谈谈你的观点和解决办法。

7.目前,文化软实力的竞争在世界各国综合国力竞争中的地位和作用日益凸显,请谈谈什么是文化软实力,你认为包含哪些要素?

8.母语对于学习和掌握一门外语有帮助吗?一个母语很差的人,他学外语能够精通吗?

9.对患有绝症的人,你认为应该隐瞒病情还是如实告知?

10.玉皇大帝与如来佛哪个权力更大?

11.如果你要给一所学校建造房子,你会建造高楼还是小房子?

12.如何向小学生解释"椭圆"这个形状?

13.现在城市的交通拥堵很厉害,你有什么好的解决办法吗?

14.齐白石先生说:"学我者生,似我者死。"你如何理解这句话?

15.谈谈中药和西药的差别。

16."科学"的对立面是不是"迷信"?为什么?

17.柏拉图在《理想国》中认为,应该由哲学家来统治和管理国家。你是否同意他的意见?

18.请说出两位著名的物理学家,并说出他们因何著名。

19.同是封建社会,在西欧"领主永远是领主,农奴永远是农奴";在中国却有"朝为田舍郎,暮登天子堂。将相本无种,男儿当自强"的情形。这对中西方社会的发展产生了什么影响?

20.经济学原理告诉我们,某物价格高趋,购买者盖寡;反之,价格低趋,购买者必多。但现实生活中却是:前几年房地产价格不断上涨,购买者趋之若鹜;而今房地产价格下跌,买楼处却门可罗雀。为什么?

21.你是如何认识进化论的?

22.如果你得到一个荒岛,你会如何开发它?

23.如果让你造一座桥,你打算造成什么样子?

24.你是如何看待良知和真理的?如果这两者发生冲突,你如何解决?

25.你是否被老师批评过?是为了什么事被批评的?你如何看待被老师批评这件事?

26.你看过《诗经》原著吗?

27.有一艘船快沉了,上面有三个人,总统、农民工和科学家。船只能装两个人,你如何处理?

28. 请你从多角度来理解"梅花香自苦寒来"。
29. 有个村庄共600人都得了怪病。现在有100%的可能可以治好200人;也有三分之一的可能可以治好全部人,但三分之二的可能是全部死光。你怎么选?
30. "存在的即合理的",你如何看待这个问题?
31. 如何看待当前的医患关系?
32. 二战后,美国强行在日本输出民主制度,你觉得好还是坏?
33. 你觉得当前社会最大的不公正是什么?
34. 如果你是外星人,在地球上待了一段时间要回去了,你最想带回去的东西是什么?为什么?
35. 请用哲学中的辩证法来描述一个苹果。
36. 有没有一件事情让你感到愤怒或悲伤或委屈或难过?请描述一下。
37. 请用10个词形容自己;如果请某一位你的同学形容你,他会怎么说?
38. 是时代造就英雄还是英雄造就时代?
39. 除学习外,你花时间最多的是什么?
40. 请你列举一种清洁能源的搜集、转换和应用的过程。
41. 请你描述10年后的今天的情形。
42. 有人把人生比作是一条曲线,你会如何描述这条曲线?
43. 举例说明你学习新知识的情形以及你如何养成一个好习惯。
44. 给你一杯3升的水和一杯5升的水,如何倒出4升的水?
45. 你知道哪些民间公益环保组织?它们有什么积极意义?
46. 谈谈你在经济生活中扮演的角色。
47. 交通拥堵费该不该收?为什么?
48. 走出大学以后,怎样的你是成功的?
49. (问男生)一个男同性恋向你求婚,你怎么办?
50. (问理科生)亚马逊的一位高管曾说过,数据是新时代的石油,你对此怎么看?
51. (问文科生)屈原、李白和杜甫你最喜欢谁?如果李白和杜甫生活在屈原的时代,他们会有怎样的举动和结局?

二、《非常接触》提问设计分析

每档电视栏目都有一些固定环节,北京电视台《非常接触》每期嘉宾都会变,但有几个问题固定不变。根据某期主持人阿忆与嘉宾鲁豫的对话,体会这三个固定问题的设计,再分析一下鲁豫做嘉宾时独特的应答特点。

阿忆:<u>假如有一个孤岛你必须去,去那个地方你会衣食无忧,但是你绝对不能跟外界联系,你可以带一本书而且只能带一本书,你会选择哪本书呢?</u>(固定问题一)

鲁豫：那我可能只能带本字典了。因为我看所有的书都看得特别快。而且我很不习惯一个人待着,如果我在一个孤岛上一个人待很长时间的话肯定疯了。

阿忆：如果是在这种情况下,要去一个孤岛,别人强迫你只能带一本书,你又选择字典的话,你多半有自闭症的倾向。

鲁豫：自闭症就是说,只愿一个人待着是吗?

阿忆：不不不,它不是说很自闭,你要有这种症状的话,标志就是晚上睡觉必须拿着一个什么东西。

鲁豫：那我没有。

阿忆：小的时候?

鲁豫：小的时候也没有。我觉得那种人多半要某些地方是天才,是吧?

阿忆：对。

鲁豫：我倒没觉得自己有。

阿忆：你播音就有天才啊。自闭症还有一个特点,就是他在某一个专业极其有天才,是别人比不了的,非常像你。自闭症还有一个特点,眼睛特别大。

鲁豫：哈哈。

阿忆：还有一个题。如果最近让你做一次长途的旅行,旅行当中适宜你拿一本书看,不是非常颠簸的,你会选择什么书呢?(固定问题二)

鲁豫：我坐飞机只带杂志。

阿忆：只带杂志,杂志叫书吗?

鲁豫：书对我来说,可以阅读的东西,文字的,可以阅读的就可以。

阿忆：能告诉我哪些杂志你经常买吗?

鲁豫：我会买英文叫 *Vanity Fair*,中文翻译叫《名利场》(的杂志)。或者买一些时尚类的杂志、时装类的杂志。

阿忆：就是怎么穿衣服好看,怎么化妆好看。

鲁豫：对。也包括一些八卦类的杂志,纯消遣的。在旅途当中我只看纯消遣的杂志。

阿忆：总的来说这是一个女人的习惯。

鲁豫：男人一般看什么书啊,在旅行的时候?

阿忆：或者是……火车站买的那种……嘿嘿……

鲁豫：哦,那个我不看。哈哈哈。

阿忆：最后一个问题:假如是临终的时候,弥留之际你可以带一本书乘鹤西行的话,你选择带哪本书呢?(固定问题三)

鲁豫：你指带着跟你一起到另外一个世界去吗?

阿忆：对。

鲁豫：我没有想过。具体带哪一本书跟你一块，我觉得不是很重要的一件事。

阿忆：就是我们一辈子可能读了70本书、80本书，现在我们走的时候实际上已经变成了我们的血液一起走了，但是有时这个标志性的东西啊，对我们国人来说还非常重要。

鲁豫：那一定这个作者要是我认识的，跟我有某种关系的一个人，他的书。

阿忆：比如说呢？

鲁豫：我现在不知道。

阿忆：你认识好多人，余秋雨？

鲁豫：我就带你的书吧。哈哈。

三、专访问答分析

这是凤凰卫视《名人面对面》节目主持人许戈辉对梁朝伟的一段采访，体会梁朝伟回答的巧妙之处：

许戈辉：如果让你就用一个词来形容男人最可贵的品质，你会告诉我是什么？

梁朝伟：责任吧。

许戈辉：所以如果要是别人来说，啊，梁朝伟怎么怎么样，你就觉得如果人家说你有责任感，就是对你最高的褒奖？

梁朝伟：我不需要人家对我说，我本来就很有责任感。我对家人啊，从小到大都非常有责任感。这个我对自己都没怀疑的。反而工作上就不一定有信心了，需要慢慢建立。

四、采访公务员考生问题分析

这是记者为采访一位连续几年参加公务员考试的考生准备的问题，请根据这组问题的设计和顺序判断它属于哪一类提问，并分析这种提问的特点：

第一问：你对这次考试感觉怎么样？

第二问：和去年考试相比，今年的题目有什么变化啊？

第三问：这次考试中让你觉得最难的地方是哪里？

第四问：和去年的考试相比，你是不是感觉这次题目更难把握了？

五、模拟烟囱式提问

烟囱式提问给那些不愿意说话的人提供了一个热身的过程和打开话匣子的方式。假设你去采访一个非常不爱说话的"感动中国年度人物"年轻的候选人，他的事迹是"放弃保送研究生机会，在西部支教15年"。请使用烟囱式提问法对候选人的心路历程和生活境遇进行采访，设计一下提问的四步或五步环节。

六、次级提问设计

模拟采访是练习即兴提问的方式之一。假设你是某电视台的外拍记者,下面这些初级提问是你在采访中提出的,但遇到的对手并不配合,这些回答也不是你想要的,请根据这一问一答设计相应的次级提问。注意你的提问不应引出一个新话题,而要针对被采访者的回答,做进一步有价值的刺探。

1.(采访正在为校庆排练节目的大学生)

初级提问:你们这一段很辛苦吧,如果因为校庆耽误课程的话,大家会有意见吗?

答:不清楚。

次级提问:_____

2.(圣诞节前夕在某高中门口采访高中生)

初级提问:你们班同学都喜欢过圣诞节吗?

答:班主任会生气的。

次级提问:_____

3.(汽油提价了,在某加油站前采访前来加油的年轻的私家车车主)

初级提问:这次汽油提价幅度不小,对你用车会有影响吗?

答:一言难尽啊!

次级提问:_____

4.(情人节当晚,在王府井采访抱着花的年轻情侣)

初级提问:这是男朋友送你的花啊,通常情人节会消费多少钱呢?

答:我喜欢花啊。我们宿舍有男朋友的同学都得到花了啊,刚才这一路走过来都有卖的呢。虽然送花不一定就代表他爱你有多深,但起码要是个心意吧,所以我觉得花还是不能少的,至于其他东西么,巧克力什么的就无所谓了。

次级提问:_____

5.(因天气原因菜价大涨,在菜市场采访家庭主妇)

初级提问:你通常一周会花多少菜钱呢?

答:没准儿。

次级提问:_____

第三节 即兴论辩专项训练

论辩是观点对立的双方围绕同一问题,力求证明自己的观点正确,说服或者战胜对方而相互论争的过程。论辩是典型的即兴口语表达样式,而且是比较高端的即兴口语。进行即兴论辩训练对提高思维的速度、语言的流畅度有重要作用。

一、论辩口语的速成

论辩双方的观点是截然对立的,双方在话语中互相碰撞,批驳对方从而维护和证明自己观点的正确性。日常生活中观点对立、情感对立、立场对立的对话,或者买卖双方的讨价还价等都是论辩。双方针锋相对,边破边立,这是论辩与其他即兴口语表达形式最本质的区别。与其他即兴口语相比,论辩口语有一些特殊之处。

(一)论辩口语前期积累的丰厚性

论辩是对个人观点的论证维护过程,需要在即兴状态中据理力争、旁征博引,在短时间内以具有说服力的事实和较为严密的理论体系来论证观点。

即兴论辩要出口成章,不能信口开河,在话题所涉及的范围内,系统地组织起对抗内容。这需要在日常生活中善于积累,博闻强记。除了具备论辩思维外,还要有相应的语言表达功力才能胜任。

(二)论辩口语转化的快捷性

相对于其他形式的即兴口语来说,一些竞技性的论辩可能是有文案准备的,但在唇枪舌剑中不可能完全借助文字稿。论辩语言的难点就在于内部言语向外部言语的瞬间转化,不少脑子快的人由于嘴跟不上而难以有好的论辩效果。

论辩语言要求急智和妙语,短促明快。即兴形式的论辩要在瞬间做出一系列的推理以及准确的判断,因为论辩是在有限的时间里进行的,双方发言的时间间隔不能长,必须对对方提出的观点和问题迅速做出反应。要在即兴论辩中使用攻击性强的话语,就要避免照本宣科,否则容易使话语体现出书面语的特点,最好的即兴论辩是近乎自然状态的口语表达。

(三)论辩口语表达的多元性

语言自身的发展是日新月异的,一些旧词用久了,就会有新词冒出来取而代之。论辩属于高端的即兴口语,在网络语言的强势影响下,论辩语言也有着无限创新和借鉴的可能性。好的表达是既能深入又能浅出,论辩中可以多使用比喻、举例、排比等手法;面对同一个论辩观点,换一种表达方式,就会出现截然不同的结果。换元、中心开花等方法都有助于塑造多彩的论辩语言。

二、论辩主体的练习形态

论辩主体就是参与论辩的人。论辩主体的练习形态主要是根据参与者的多少以及辩题的设置而划分的。

（一）一对一论辩

一对一论辩是只有两个对立的辩方进行的论辩。由于辩方中组成的辩者人数有多有少，又可以分为一个辩者对另一个辩者的论辩和一个辩者对多个辩者展开的论辩。

一对多的论辩较为复杂。人多势众的一方，气势上容易压倒对方。大家对付一个人，力量大，攻势猛，这是有利于取得论辩胜利的。但是人多也有不利的一面，例如众口不一、步调不一、疏于照应等。人少的一方，舌战群儒必须自信，相信自己的观点和实力。社会生活中常见的一对多论辩有研究生复试环节的面试提问，毕业论文答辩环节的提问应答等。

（二）多对多论辩

多对多论辩是较为复杂的论辩活动，对阵双方各自都有两个或两个以上的辩者。论辩比赛、外交谈判、贸易洽谈等大多是这种形态的论辩。

（三）多方论辩

围绕同一个辩题，形成三个或三个以上对立的辩方，这就是多方论辩。一些学术论争，还有公务员面试中的"无领导小组讨论"都属于多方论辩。这样的论辩不同观点多，参战辩者人数也多。之所以会出现多方论辩，多因一个复杂的辩题具有多方面的意义，参战辩者的立场和认识角度、方法又不相同，于是各执一端，相持不下。

三、即兴论辩的训练步骤

即兴论辩首先要审题，根据辩题确立一个最有利于本方论证的具体的切入点。所谓最有利于本方，就是指该切入点用之攻，能破对方任何立论；用之守，能抵挡对方任何攻击。

（一）寻找切入点

确立切入点，首先要吃透辩题。对辩题字面上的每个字或词逐个进行概念分析，搞清其内涵与外延的大小，这就是通常所说的"破题"。这种分析要站在双方的立场审视，分析哪些词或词组对对方立论具有潜在的有利因素，可能成为双方争论的焦点，因为通常论辩双方都会从辩题中某个词语解释入手开始论辩，故应站在一定理论高度，对辩题作出有利于本方观点的界定。如"现代社会年轻人应不应随意着装"这一辩题，就要先从概念入手进行破题，要解释的概念有"现代社会""年轻人""应该""随意"和

"着装",这些缺一不可。任何一个概念都有可能成为对方的攻击点。寻找概念切入点可以从逻辑角度对概念的各个内在因素进行界定,它包括三部分:

1.明确内涵

明确内涵就是给概念下定义,可以通过上网检索或查《现代汉语词典》来获得。辩题"现代社会年轻人应不应该随意着装"争论的焦点通常会落在"随意"二字上。再如"大学应不应该让名人免试入学"这个题目,争论的焦点会在"名人"的概念上,"名人"可以是"杰出的人士"或者是"引人注目的人物"。一些名人是通过社会事件出名的,这种社会事件可能是正面的,也可能是负面的。如果一个人的名气体现了积极的社会价值,就是"对国家有特殊贡献的人",从这个辩题上可以看出不同的定义对论辩获胜具有决定作用。

2.明确外延

概念的外延就是概念的适用范围。外延的任何扩大与缩小都会对论辩产生重大的影响,因而也常为诡辩者所用。面对"人类可不可以实现和平共处"这个辩题,正方要将"和平共处"外延缩小,指出"人类没有战争就是和平共处";而反方则要将这个概念的外延扩大,即把人际关系也包含在和平共处的范围,人与人之间只要出现暴力就是非和平共处。

3.发展的界定

对概念的界定应从运动发展的角度、从历史的角度进行。既要在运动中具体地认识概念,又要在特定的条件下静止抽象地认识概念。例如,"道德"就不能一概而论,不同历史时期道德的标准是不同的,甚至是相反的。再如,"大学应不应该让名人免试入学"中"名人"这个概念,过去仅指各行各业中能力强、受景仰的人物,而在如今这个网络发达、资讯泛滥的社会,大量"名人"的出现只是因为其行为吸引了公众眼球。概念从发展的角度来看,会有比较大的使用空间。

(二)确立底线

论辩中的底线是一方必须坚守的基本立场,是论辩中不能更改的防线,其他所有观点都是围绕底线衍生出来并为之服务的。战线不能拉得太长,逻辑越简短越实用越好。底线的特点是精炼、易懂、易记,它是确立立场的基本思维点,即最核心的立论和逻辑。

检验底线,只需结合切入点,站在对方立场上加以进攻。例如,"现代社会年轻人应不应该随意着装"这道辩题,很多人认为正方很容易赢,因为现代社会宽容的思想和开放的氛围决定着这一切,正方还可以随手举出许多街头的个性装,车展上车模的各类暴露怪异着装等。但是反方如果把世界公认的着装"TOP 原则"作为着装底线,容易赢的就是反方了。TOP 原则是服饰应当符合 time（时间）、place（地点）、objector（目的）要求。人首先是一个社会角色,着装应该服从特定的时间、地点和目的,其次是适合具体活动的层次。这就可以说明街头装、车模装也不是随便穿的,只能穿在街头或车展上,而不能去运动场、课堂或者面试考场。这样一确立底线,着装真的就不能随意了。

(三) 划分战场

底线的扩展就成为战场。《孙子兵法》说:"攻其不守之处,守其必攻之处。"所有的辩题都有对方不得不说的东西,否则无法立论,任何论辩都可以事先对对方必然要说的东西备好驳论。

划分战场是为了使辩者自觉围绕底线进行前期准备和场上正面交锋,并以战场为坐标安排团队配合。战场可以进一步划分为进攻战场与防守战场。进攻战场是针对对方可能的立论预先准备的质询问题或典型论据,防守战场是建立、维护本方立场的理论和事实论据。

(四) 寻找最佳攻击点和软肋

任何一方都有一个最佳攻击点,即对己方有利,需全力出击把对方困在这个点上的一击即中之处,找到这个点对论辩获胜至关重要。软肋则是自己需要死守的一个点,这个点通常是对方的最佳攻击点。每一方都有最佳攻击点,同时也有最薄弱的环节。只有护住己方软肋,不在上面做任何纠缠,全力攻击对方软肋才会获胜。

(五) 组织攻守

攻守环节是论辩的实战环节。通过一则"老人跌倒,应不应该扶"的论辩设计,可以清楚地把握即兴论辩攻守的训练流程和要点:

2007 年,发生在南京的彭宇"扶人"还是"撞人"案以庭外"和解"告结,"彭宇案"一没有目击证人,二双方口述不一致,三原告方居然提供了警方丢失的证据照片……这种情况下,形成的证据链如何采信？在原告不能举证的情况下,裁判应该有利于彭宇。

法官根据"日常生活经验"和"社会情理"分析,彭宇"如果是做好事,在原告的家人到达后,其完全可以在言明事实经过并让原告的家人将原告送往医院,然后自行离开",但彭宇"未做此等选择,显然与情理相悖"。对事发当日彭宇主动为原告付出 200 多元医药费,一直未要求返还的事实,法官认为,这个钱给付不合情理,应为彭宇撞人的"赔偿款"。这些不恰当的分析推论,迅速被一些关注彭宇案的媒体抓住、放大,引起公众的普遍质疑与批评。各地出现多起"彭宇案",让"扶一把倒地的老人"变得有点难。①

2011年9月6日,卫生部网站发出了《老年人跌倒干预技术指南》,指南中规定"发现老年人跌倒,不要急于扶起,要分情况进行处理"。2014年,《扶不扶》作为热门小品登上了央视春晚的舞台。

下表可以作为双方论辩设计的模板。

表 5-7

	正方:应该毫不犹豫地扶起跌倒老人	反方:不要急于扶起跌倒老人
最佳攻击点	中国是礼仪之邦,尊老爱幼是我们的道德规范,看到老人跌倒扶起是基本的符合道德规范的行为。	老人跌倒了扶不扶首先是个医学问题。专家认为,有些情况扶错了反而会害人,有些中风、脑出血等病因导致的跌倒,移动会加重病情,对一些摔倒后发生脊柱骨折的老人,随意搬动可能导致高位截瘫。
软肋	卫生部已经出台了相关的指南。"不急于扶老人"有了理论依据。	尊老爱幼是基本的道德规范。"不急于扶"并不是"不扶",这是偷换概念。
攻击问题	如果跌倒的是你的亲人,你希望人们旁观还是扶起?	如果一个老人跌倒,从医疗角度说身体不能挪动,对方辩友还要坚持马上扶起吗?
论据	2011年1月,深圳市见义勇为基金会奖励罗湖外语学校高三学生周天成、罗炜各1万元,因为他们搀扶起跌倒的78岁老人,"体现社会主义核心价值观,体现了人与人之间的互助友爱和无私奉献精神"。而周天成说:"在如今的社会环境下,做好事似乎都需要思考很久,但我相信有很多人还是有社会责任心的。"	跌倒是我国65岁以上老年人受伤死亡的首位原因。据调查,约有1/4脊髓损伤病人病情加重缘于现场救护不当,"好心办坏事"。有些病因导致的跌倒是不适合移动的,例如中风、脑出血和脊柱骨折的病人。有些人病情本不很严重,却因为不当搬动而丧生。有位阿婆在洗手间跌倒,在等待救护车时,家人觉得洗手间空间窄不便施救,就合力把老人抬出了洗手间。老人跌倒是因为脑出血,家人搬动时没有对其头部进行固定,导致老人脑出血的部位扩大,最终成了植物人。

感悟与训练

一、论辩设计

仿照"老人跌倒,应不应该扶"这一论辩设计,在下列表格中做相应的论辩设计练习,题目可以结合热点问题自拟,也可以使用第二题论辩训练的题目。

---

① 彭宇承认与老太碰撞 "彭宇案"不该被误读[J].瞭望.2012-01-16.
南京官方:警方丢失询问笔录使彭宇案缺少原始证据[N].郑州晚报,2012-01-17.

	正方观点	反方观点
最佳攻击点		
软肋		
攻击问题		
论据		

二、论辩训练

根据下面的辩题进行论辩训练，双方可以根据练习的人数采用一对一、一对多或多对多的形式。

1. 人最宝贵的是生命 vs 人最宝贵的不是生命
2. 财富越多越自由 vs 财富越多越不自由
3. 现代诸葛亮会投刘备 vs 现代诸葛亮会投曹操
4. 读万卷书比行万里路更重要 vs 行万里路比读万卷书更重要
5. 应该班门弄斧 vs 不应该班门弄斧
6. 当代社会男女竞争是平等的 vs 当代社会男女竞争不是平等的
7. 相濡以沫的爱情更美 vs 相忘于江湖的爱情更美
8. 通俗文学比文学名著影响大 vs 文学名著比通俗文学影响大
9. 古代爱情与现代爱情有本质区别 vs 古代爱情与现代爱情无本质区别
10. 农夫与蛇的故事中错在农夫 vs 农夫与蛇的故事中错在蛇
11. 网络文明的实现重在科技水平的提高 vs 网络文明的实现重在道德水平的提高
12. 见义勇为应该奋不顾身 vs 见义勇为应该奋而顾身
13. 性格比知识更能改变人的命运 vs 知识比性格更能改变人的命运

第四节　即兴主持专项训练

随着广播电视事业的发展，特别是近年来网络直播的风起云涌，镜头前的即兴表达给我们带来了自然、真实的感觉。模仿这种方式进行即兴口语训练，参照性强，富于趣味性。即兴主持专项训练可以提高练习者的交流感，提升对文字材料的提炼能力和依据文字自如说话的能力。

一、即兴主持训练特点

即兴主持训练也称模拟主持训练,是口语表达者在虚拟的广播电视播出场景中模拟出的一种主持形式。模拟主持一般是根据既定选题或者节目素材,改编成一档短小的、适合广播电视媒体播出的完整节目或节目片段。训练时可以根据素材要求自由选择新闻类、生活服务类、法律类、社教类、文体类、旅游类等节目类型。对于播音主持专业的学生来说,这种训练不仅能增强语言的驾驭能力,对提高播音主持业务的综合能力也有切实的作用。

(一)即兴主持表达语境的虚拟性

相对于即兴演讲、即兴评说等训练方式来说,即兴主持更能培养对象感和交流感,有助于增加语言表达的亲和力。下面就是一则以"安全生产"为主题的即兴主持模拟练习:

收音机旁的听众朋友,您好。您现在听到的是《星空夜话》节目,我是主持人。上期节目中我们为您播放了小说《梅的世界》,《梅的世界》以带着孩子给人擦皮鞋的妇女梅为主线,介绍了梅的生活遭遇。《梅的世界》开头两个情景描写取材于两幅真实的新闻图片,不到600字的小说却涉及了许多社会问题,如农民工问题、贫富差距问题、煤矿安全问题等。

上期节目我们留了话题和参与方式给听众朋友们,欢迎听众通过留言参与话题讨论。本期节目我们就先来看一下微信平台。一位来自济南的听众说,在现实生活中不知从何时开始,农民工成了贫穷、落后、肮脏的代名词,甚至成了一些影视娱乐节目中取笑的对象。他说这样很不好,希望影视媒体不要歧视农民工。

一位来自北京的听众说,维护农民工权益的长效机制尚未建立,拖欠农民工工资问题没有得到根本解决。农民工经常从事一些超负荷的工作,他们的合法权益没有得到维护,希望政府能够继续完善相关政策。

还有一些朋友通过短信平台的方式参与了节目。一位来自太原的手机尾号为0863的听众说,我国经济持续快速发展,能源需求量与日俱增。而粗放的经济增长方式和高能耗的产业结构加剧了煤矿供需紧张。一些小煤矿违规开采,多数采用落后的采煤方法,事故率高。还有就是目前行业管理弱化,安全监管体制不顺。这是目前造成这些问题的主要原因。

好了,听众朋友,今天晚上的《星空夜话》就要结束了。下面我们将送出两位幸运听众的礼物。

他们是来自济南的手机尾号为6369的听众,和来自重庆的手机139尾号为5865的听众。

我是主持人,感谢收听,我们下期节目再会。

由这段练习可以看出,模拟主持是在虚拟的演播环境中进行的节目主持,它并不总是单方面地传播语言信息,有时还要在模拟主持过程中呈现双向互动交流样态。模拟主持的语境与节目播出是基本一致的,只是实际主持侧重于播出效果,而模拟主持侧重于练习效果。

(二)即兴主持节目的仿真性

即兴主持既然为模拟的主持,就往往受时间限制而呈现为短小的"浓缩版"节目主持,有的只能表达一档节目中的片段,但无论怎样都会呈现为完整的节目形态,即有头有尾。整个节目流程通常分为四步:

第一步:开场——观众朋友们,大家好,欢迎收看本期的……节目,我是主持人……

第二步:过渡——上期节目我们……,本期节目我们来谈谈……

第三步:主体——节目主要内容。通常是把原始材料以节目播出语言的样态表达出来,现成材料的内容约占模拟主持总内容的70%。

第四步:收尾——本期节目到这里就要和大家说再见了,我们下周同一时间再见。

(三)即兴主持语言的口语化

节目主持虽然涉及社会生活的方方面面,但是模拟出来的观众都会希望在轻松愉快的状态下收听、收看节目,所以成功的主持语言要注意表达的多样性,符合口语传播环境的要求。

比较下面两段话的语体特点:

语段一

嗨,你知道吗?

我们,能看到清晰无雾的夜晚48公里处的烛光。

我们,能听到安静条件下6米外手表的滴答声。

我们,能尝到一茶匙糖溶于7.5升水中的甜味。

我们,能闻到一滴香水扩散到三室一厅空间的香味。

我们,能感觉到一只蜜蜂的翅膀从1厘米高处落到你的面颊。

不知大家听完上一段有什么感想呢?我觉得很美好呢。这个世界有时候有点吵,让我们忽略了自己的感官所能感受到的那些最细微的美好。嘘……稍稍静一下,我们也许可以发现更多美好,不是吗?

语段二

绝对阈限指的是产生感觉体验需要的最小的物理刺激量。不同的感官有不同的阈值:

视觉:晴朗黑夜中48公里处看到的一根燃烧的蜡烛。

听觉:安静条件下6米外手表的滴答声。

味觉:一茶匙糖溶于7.5升水中。

嗅觉:一滴香水扩散到三室一厅的整个空间。

触觉:一只蜜蜂翅膀从1厘米高处落在你的面颊。

绝对阈限研究的结果总结为心理测量函数,横轴是刺激强度,纵轴是察觉到的百分数。由于不能在一个特定的点上突然觉察到刺激,绝对阈限又被定义为,有一半次数能够察觉的刺激的强度。

从这两个语段对比可以看出:"语段一"中的语言使用的是口语语体,在语言表达上显得更加亲切自然,在观众以"听"为主要接收渠道的语境中更容易达到传播效果。即兴主持训练中,特别要注意的就是表达的口语特点。

二、即兴主持训练路径

即兴主持这种训练模式有许多种训练方法,这里借用国内播音主持专业考试的几种常见形式来训练。

(一)给材料主持

给出的材料往往是一则新闻,练习者根据稿件内容设计一段主持,中间部分用现成的材料,只要把它按照说新闻的方式说出来即可。即兴主持原则上要将准备的重点放在开头和结尾。例如,以下面的材料为依据,设计一档《教育在线》节目,用口语播出。

9月1日开学第一天,朋友圈里晒开学的家长特别多,但都火不过一个"背葱哥"。一位江苏常熟的宝妈发了自家萌娃的上学装备图,瞬间火了。大家感受一下这位小宝贝的上学装备:背上背着两根大葱,两只小手还各拎着一大袋东西,全副武装,一副要走江湖的样子。

为什么孩子要背着大葱去上学？拎的东西又是什么？原来，这位小朋友今年刚刚上幼儿园。常熟当地的风俗，外甥的书包要由舅舅买，娘家还给孩子准备了葱、苹果、烤果、统一100方便面、糖果、菱角，还有一些文具用品等，都是取其谐音，"葱"代表"聪明"，"苹果"代表"平安"，"烤果"代表"考试必过"，"菱角"代表"伶俐可人"……这些也是全家人对他的期许，希望他以后学业有成，开心平安。这么多东西，最后都去了哪里？小朋友的妈妈笑称"这些东西五六斤都不止，烤果就准备了88个，但孩子一点没嫌重，背上很开心。东西带到幼儿园，能吃的就都分给小朋友吃光了。"

对这样一则材料，在做模拟主持时大体可以按照下面的步骤来准备：

第一步：节目引导语。

大家好，欢迎大家收看本期《教育在线》节目，我是主持人。

第二步：过渡。

上期节目我们讨论了"衡水小吃助力高考"的话题，得到了不少观众的热心参与，我们已经在其中抽取了两位幸运观众，每位幸运观众将得到由××公司提供的奖品一份。本期节目，让我们把镜头摇向江苏常熟。

第三步：主体——把提供的材料套上去，可以通过缩短语句、增加语气词等方式将书面材料口语化。现成材料的内容约占模拟主持总内容的70%，还有一部分是简评，但是简评不可以是主持人说自己的观点，而是要借助观众和网友的嘴来说出不同的意见。

大家请看这张图片。看到这张照片啊，有朋友说了，这是谁家买菜啊，菜篮子不够用就让孩子的小书包里都装上了葱啊，小朋友也真懂事，帮家长提了这么多的东西。不过，这张照片可不是拍的菜市场，小朋友也不是帮爸爸妈妈提菜兜，而是9月1号开学日，这位小朋友上幼儿园，这些东西，是家长为了给孩子讨个"好口彩"带上的。"葱"代表"聪明"，"苹果"代表"平安"，"烤果"代表"考试必过"，"菱角"代表"伶俐可人"，东西真不少，光烤果就带了88个呢。

这消息一传开啊，网友们可都乐了。有的说："应该再配上姜表示'大将之才'，蒜表示'算术全会'，花椒表示'多交桃花'，就可以报个厨师班了，人生也算圆满了！"有的说："终于找到自己不聪明伶俐的原因了，原来当年上学没有背葱啊。"

不过，也有人说，由此可见家长的期许有多大，宝贝未来的学业负担有多重啊。加油吧，不考上北大清华，都对不起当年背的那些葱。

第四步：节目结束语。

好了，您对这位"背葱哥"是怎么看的呢？欢迎在微信平台参与我们的节目，幸运者可以获得由××公司提供的奖品一份。本期的节目到这里就要和大家说再见了，下周我们将把关注的焦点投向"开学焦虑症"。好，我们下周同一时间再见。

这样，一段完整的，有新闻由头、有事实、有观点，具备一定可看性的节目就出炉了。

(二)串词主持

串词连缀在艺考的播音主持考场上很常见，也是编导类考生的必考项目，只不过编导类考查的通常是串词编故事，而不是模拟一档节目。

1.串词主持要求

练习者根据所提供的2—4个关键词，在短时间内设计出一个节目来，要求符合节目特点，风格自然、积极，同时能用流畅的语言表述出来。

某高校播音主持专业考试中的"命题节目主持"是这样的：

现场抽取3个关键词，根据这3个关键词设计一档广播电视小节目，并用口语主持播出，节目类别不限，限2分钟以内。

具体要求：

①设计节目加头加尾。
②关键词设置合理，节目导向正确。
③语言连贯，善用口语。
④朴实自然，状态松弛。

下面是两位考生抽到的题目，以及现场的模拟主持：
考生一：抽到题目"梳子 光盘 厨房" 节目时长：1分40秒

"独特的视角，独特的观点"。观众朋友们好，欢迎收看本期的《生活杂谈》。首先呢，我们还是来进行第一个环节就是"生活小窍门"。今天我们请到的是张阿姨，张阿姨可谓是厨房的好手了，厨房对她来说就是战场。那么她今天给我们介绍的小窍门是关于猴皮筋的，这个猴皮筋可以用来干什么呢？有的时候我们从冰箱里拿出几个鸡蛋来，经常会在桌子上滚落的到处都是，那么放一个猴皮筋在下面呢，鸡蛋就可以很轻快地立在桌子上了。那么猴皮筋除了这个用处呢，还可以打扫那个电视机的遥控器，遥控器的缝隙是很难打扫的，那么用猴皮筋呢就会很轻松地打扫干净了。

下面是一则有趣的消息。您听说过用梳子演奏吗？来自澳大利亚的一个特殊艺术家就是用梳子来演奏歌曲的。他的梳子呢可不同于一般的梳子，它是由很多齿连成的一把很长的梳子，用这把梳子演奏出来的乐曲呢也是非常美妙动人的。

下面是一则关于环保的消息。法国最近举办了一次服装展，区别于其他服装展的是，这次服装展的模特儿身上的衣服是有别于平时的服装材料的，是由许多的废弃的塑料瓶、光盘来组成的。那么闪闪发光的也非常耀眼的服装呢也是这次服装展的一个亮点。

好了，本期的《生活杂谈》节目就到这里了，谢谢观众们的收看，下期再见。

考生二：抽到题目"风铃 汽车 座位" 节目时长：1分25秒

亲爱的观众朋友们大家好，欢迎收看今天的《车行天下》节目，我是主持人。大家都知道，汽车是一种普通的交通工具，但是现在，随着这个社会的发展呢，它不仅仅是一种交通工具，而且还是一种身份的象征。随着××汽车系列所推出的女性汽车呢，小款汽车更受现在白领女士的欢迎。汽车可以说是一个移动的家，那么汽车里面的装饰呢就非常重要。作为一个女性朋友来说，汽车呢就相当于自己一个个性的体现。那么我们首先从汽车的座位说起，汽车座位呢现在有很多舒适并且美观可爱的座套，比如说，维尼熊或者是Kitty猫，这些都是女性很喜欢的一些卡通形象。也可以在车上挂一个风铃，它不仅仅可以带来一种心理愉悦，而且它能够适时地提醒那些疲劳驾驶的驾驶员集中注意力，能够掌握自己的方向盘，然后把车往前开而不是中间走神，这样呢，就会保证行车时的安全。当然，这种风铃的材质不要是金属的或玻璃的，现在有一些布艺的或红木的风铃都比较好，重在造型，铃声不大，不会干扰到司机。好啦，亲爱的观众朋友们，今天的《车行天下》节目到这里就结束了，下期节目我们将关注"雨刷的正确保养"。

下期节目再见。

2.串词主持练习套路

有一些巧妙方法可以作为串词类主持的模板，这个模板也适用于艺考中的模拟主持。下面就在图表中用简略的方式把节目描述出来，带下划线的为模拟主持的栏目名：

表 5-8

方法＼题目	例题1 网络 咖啡 椅子	例题2 巧克力 豆沙 拜年	例题3 瓶盖 电线 轮胎	例题4 黄金 高考 历史	例题5 金字塔 熊猫 木乃伊	例题6 关汉卿 秋千 白血病	例题7 瑞士 变形金刚 牙刷
一拖二 （以一个词为主，话语间带出两个副词。加点的为主词）	《美食天地》：教你做咖啡（带出副词网络、椅子）。《网民沙龙》：网络世界（带出副词咖啡、椅子）。	《春节特别节目》：拜年的礼物（带出副词豆沙、巧克力）。	《车行天下》：轮胎的保养（带出副词瓶盖、电线）。	《教育在线》：关注高考（带出副词：书中自有黄金屋、文综考生历史部分晕场现象）。	《走进科学》：介绍埃及的金字塔。		《海外趣闻》：在瑞士举行的变形金刚大赛，某变形金刚由牙刷制成。
二带一 （以两个主词带一个副词）	《家居生活》：爱网络的网虫们如何挑选有利于健康的椅子。	《美食天地》：（副词：先给大家拜年）介绍春节食品，用豆沙和巧克力做的点心。					
办展览 （将三个词分摊在节目中）			《教育在线》：青少年科技创新大赛手工制作，制作材料分别为瓶盖、电线、轮胎。		《科技与生活》本期节目介绍"现代艺术展"：第一个展品是金字塔，第二件是熊猫，第三件是木乃伊。		《科技与生活》现代科技展：第一件是特制的瑞士地图，第二件是变形金刚，第三件是新型牙刷。
点睛法 （将其中一个词放入栏目名）	欢迎收看《网络大世界》	这里是中央电视台特别节目——《拜年》。		《高考专线》：高考作文题目《书中自有黄金屋》。			
讲故事 （在节目中讲一个故事，串进三个词）		《动画城》：黄鼠狼提着巧克力和豆沙包去给鸡拜年。		《历史上的科举》：黄巢"满城尽带黄金甲"的故事。		《影视剧场》：本期上演的关汉卿剧作公益演出，为资助秋千上的白血病女孩。	

题目 \ 方法	例题1 网络 咖啡 椅子	例题2 巧克力 豆沙 拜年	例题3 瓶盖 电线 轮胎	例题4 黄金 高考 历史	例题5 金字塔 熊猫 木乃伊	例题6 关汉卿 秋千 白血病	例题7 瑞士 变形金刚 牙刷
承上启下（将难词放进节目的开头或结尾）			《巧制作》：上期节目中介绍了瓶盖的妙用，本期来看一个用废旧电线和轮胎制作的简易小座位。		《百科探秘》：上期节目是中国的大熊猫，本期节目来到埃及，把镜头指向金字塔和木乃伊。		
点缀法（也叫嵌入法，将一个难词放入节目的某个细节中）					《百科探秘》：金字塔中的木乃伊，其地位好像中国的大熊猫。	《关注》：上期关注的白血病女孩病情好转，可以打秋千，枕边放着关汉卿剧作。	
中奖法（也叫赞助法，将某个难词放入节目的赞助或奖品中）	由雀巢咖啡赞助的《网络天地》节目，中奖者可获赠椅子一把。	本期节目抽奖，奖品为豆沙夹心巧克力一盒。			科普竞赛题目：金字塔中的木乃伊。全答对者可以获得"功夫熊猫"公仔一只。	本期新闻奖由《秋千上的白血病女孩》作者获得，奖品为《关汉卿》剧作一套。	瑞士举行的变形金刚制作大赛，奖品为变形金刚牙刷一把。

(三) 台本加工训练

台本专指供舞台演出使用的剧本，也称台词脚本，就是把节目中预定说的话写出来，后面附上备注，如灯光效果的变化、背景音乐的起或落等，总的来说就是一个流程剧本。有经验的节目主持人会在尊重台本意图的前提下，对台本语言进行必要的修改和加工，使其更适合生动活泼的线性口语传播。例如，有一段新闻评述台本是这样的：

语言是人类交流的基本工具，但是对于那些因为咽喉癌而做了手术的人来说，他们最大的痛苦就是有口难言。

台本的口语化加工：

朋友们，我这样说着，你这样听着的时候，我们的交流就开始了。在我们看来很平常的这种交流方式，对于那些因为患喉癌做了手术的人来说，却不可能，他们最大的痛苦是有口难言。

进行台本语言的口语化加工,反映了主持人即兴口语的创造意识,将原来典雅规范的书面台本语言转化为生活化的口头语言,并根据自己的生活感悟与体验,注入自己的再造想象,这样更有利于口语传播。

感悟与训练

一、现场采访即兴口语训练

根据下面每题提供的时间和现场,组成练习小组,每组3-5人,进行模拟采访,采访的主题和对象自定。每题限5分钟。

1.周六上午11点,麦当劳门口。
2.周五下午4点半,某重点小学门口。
3.11月11日上午9点,民政局。
4.冬季清晨,公园里。
5.大学城旁边,某火锅店"68元火锅免费吃"活动首日。

二、指定节目模拟主持训练

根据第二栏提供的关键词,分别构思成新闻、生活、娱乐、旅游、教育、法制等节目,按照节目的要求播出。

节目类型	关键词	模拟主持内容
新闻	吊瓶　眼镜	
生活	电池　花盆	
娱乐	暴雨　演唱会	
旅游	动车　免费	
教育	二维码　水瓶	
法制	佛珠　土地	

三、触媒练习模拟主持

自拟栏目名称做一个3分钟的节目,节目中必须出现题目中要求的3个词语,词语顺序不限。

1.外卖　海滩　健康
2.耳机　游戏　月饼
3.玩具　笔筒　跨栏
4.噪音　热带雨林　墙壁
5.磨损　程序　宠物
6.打印机　小吃　茶叶

7. 花盆　旅游　芦荟

8. 考场　条幅　杜甫

9. 座位　门票　老鼠

10. 图书馆　羽绒服　客户

四、主持人台词话语设计

根据材料提供的信息，设计一段场外主持人的评论话语。

某大型相亲节目中来了一位英国小伙子 Alex，中文名叫王豆腐。一开始他很受女嘉宾的青睐，但当他在片子中曝出自己捡废弃物品卖钱、骑自行车上课时，居然被全部灭灯。

在主持人的提问下，小伙子说自己的爸爸是银行家，妈妈是艺术家，不缺钱，这么做是为了保护地球，因为家里人教导他，做人要低调、环保、节省。

很多妹子"宁愿在宝马里哭，也不愿在自行车上笑"，但开宝马的不一定是富二代，也许只是泊车员；骑自行车的也不一定是穷光蛋，也许是想享受低碳生活的小富。

第五节　即兴评述专项训练

即兴评述，由叙述和评论组成，在一定的叙述基础上表达自己的观点。评述与复述、描述的不同点在于它不仅要"述"所见所闻，更重要的还要谈出所感。"述"是"评"的基础，夹叙夹议，评述结合，使这一表达方式具有综合性特征。从复述到描述，从描述到对事实的叙述，从对事实的叙述到即兴谈出自己的观点，思维活动越来越复杂，表达的难度也越来越大。评述训练可以从平时做起，多和不同的人交流对事情的看法，发掘出与人交流的欲望，多关注周围事件动态，关注新闻，可以自言自语地复述某件事情。

即兴评述练习的基本形式就是以某个新闻资料或材料为依据，进行即兴的复述和说理。在即兴评述中既有对原事实材料的简单叙述，也有自己对新闻事件的客观看法。简言之，即兴评述的步骤包括"述"和"评"两部分。

一、合理复述

人们平时经常采用"述"的方式来描述过程，讲解事件。例如，生活中对一件事情最常见的"述"：

今天上午去我家附近的超市了，在那里看到有柚子打折，很便宜，许多人在围着挑,结果有两个女人吵起架来了……那两个吵架的女人其实不是为什么大事儿,就是有一个女的用超市的小推车推着一个小孩儿,里面还放着她挑好的货物。她拉着车子围在柚子摊那里挑柚子,她的车子横在那里,别人够不到,跟她说,她不理,别人给她把车推远了一点,她就骂起来了……

这种"述",就是最基本的口头语言描述。在这个基础上,通常就会有"评"自然生发出来:

这件事情看上去挺小的,好像谁都有些道理,每个人如果多站在别人的角度上想想,问题可能就简单了。

由这个例子可以看出,即兴评述的练习,主要是做好"述"和"评"这两部分的工作。即兴评述首先是建立在复述之上的评说,因此,它的"述"的起语可以采用"主谓宾式",即用一句话概括出材料的主要内容。这也是在后面复述练习里要重点训练的。

二、准确选择"落点"

根据材料进行即兴评述,要从中选出一个最容易评说、容易出彩的点来确立论证的角度。它需要练习者对新闻和社会生活具备较好的洞察力以及选择判断力。在短短数分钟的即兴评述中,个人观点显得非常重要,它起到的是全篇核心的作用。通过下面这个例子来体会一下:

"祭不起"是一种社会现象。近来,清明祭祖所需的各种祭品冥物的价格均出现了不同程度的上涨,平均涨幅同比超过三成。市民表示清明祭祖荷包很受伤,直称"祭不起",只好去选用其他价格较便宜、外形相接近的祭品代替。

清明节,菊花等鲜花开始走俏,零售价也"水涨船高"。扫墓祭奠需求量较大的是大菊花,白色和黄色的销量最大。2月初,大菊花才卖2元到3元一支,清明节当天,大菊花能卖到8元一支甚至更贵。众多祭品中,最雷人的当属面值过千亿的"冥币"。5 000亿以上大面额的"冥币"售价比普通的冥币要贵5至10元不等,一叠就要28元。受原材料等成本以及通胀预期的影响,今年市场上的烧乳猪销售价格涨幅普遍达到三成多。选购斋乳猪的市民认为,烧乳猪太贵了,动辄就要好几百元,实在吃不消,荷包很受伤。

有市民建议,如果祭品价格太贵,他们就考虑不要购买或者少买,根据自己的经济能力选购。其中用"斋乳猪""面包猪"代替烧乳猪,成为不少人追捧的做法。

根据这则新闻材料,不同的人在做即兴评述时,可能提出不同的观点:

观点一:"祭不起"其实是物价飞涨的一种表现形式,如果出现祭品"祭不起",那生活中肯定还有很多"吃不起""住不起""穿不起""用不起""玩不起""上不起"等等。

观点二:"祭不起"反映了现在一些旧的风俗和陋习正在逐渐抬头。本来清明节选择一些先人喜欢的祭品表达哀思是人之常情,不过当出现"祭不起"的情况时,就是这种风俗变了味。

观点三:"祭不起"其实就是一种攀比心理在作怪。其实一束野花、一把黄纸就可以表达哀思,没有必要非得要烧乳猪、大菊花之类的,应根据自己的实际经济能力来选择祭品。

通过这个例子可以看出,对即兴评述的事例只要简述大意就可以,而即兴评述的关键之处就是提出自己的观点,而且评述语言要表达得自然贴切。再如,对一则走红于网络的涂鸦现象"杜甫很忙"进行评述:

读书的时候,几乎人人都会在课本上用笔涂抹几下,或者画点漫画,也算是一种课堂亚文化。"杜甫涂鸦"是一种利用漫画恶搞古代名人杜甫的文化现象。2012年恰逢杜甫诞辰1 300周年,2012年3月下旬,杜甫突然在网络爆红,一组对中学课本上杜甫插图的"恶搞"涂鸦走红网络,在微博上疯转,杜甫俨然成了网络红人。"据说,今天杜甫很忙,开完摩托骑白马,送水过后卖西瓜。"一幅普通的语文课本插图,被网友涂鸦成"杜甫很忙"系列。

即兴评述先要有对材料的把握能力,把材料大意用自己的话说出来,说得顺畅、自然、通俗、口语化。这看上去简单,但也要经过一个对新闻材料去粗取精的过程。在"述"的基础上"评",就要平时关注社会大环境,跟上社会发展的脚步,通过对某种社会现象进行分析评论,挖掘出现象背后隐藏的道理,表现出评述者看问题的态度。社会话题评论的类别包括赞扬性话题、批评性话题和启示性话题。对这则材料可以有多个评论角度。如:

角度一:虽然中学生对"杜甫涂鸦"习以为常,但"恶搞"歪曲了这位"诗圣"的形象。杜甫形象不能被娱乐化,恶搞杜甫不能没有文化底线。

角度二:这本是年轻人的无心游戏之举,不必过于"上纲上线",中学生涂鸦杜甫是出于游戏心态,没有恶意,公众也不必反应过度。涂鸦了杜甫,并不影响人们对他的崇敬,也不会影响背诵他的诗篇。之所以走红的是杜甫,只是因为教材上杜甫的那幅插图"可塑性"较强,才引发了各种涂鸦。

角度三:现在人们生活在网络时代,网络本就是泛娱乐化的代表,而学生们学习压力较大,与其说网友们是在围观"杜甫很忙"的课本涂鸦,不如说是在怀念逝去的校园生活,把这些涂鸦归于"童趣"更接近现实。

角度四:"杜甫涂鸦"现象,可以说是给当下社会的一个善意的提醒:当下的教育如果能用孩子更容易接受的方式来进行,让课堂不至于那么无聊和无趣,才可能在他们心中种下"对传统文化的自豪感"而不是"恶搞欲"。

以"杜甫很忙"这个材料为例,它有好几个点可以评说,要选择一个自己熟悉、好说的点来展开评论;如果各个点都比较熟悉,那就从中选一个容易出彩的点来集中评论。当然,如果思维够发散,也可以几个点都涉及,这样更全面,也更辩证。

三、有序展开评述语脉

即兴评述的"即兴"要求,使得思路狭窄的评述者在短时间里容易翻来覆去地说那几句话,一些受过专业训练的人还容易变成"空话大王""废话篓子"和"话痨",满嘴"车轱辘话"。其实,了解即兴评述的几个可行步骤,多做几遍练习,就会在评论时轻车熟路了。确立论证的角度后,可以按照下面这几个步骤来展开评论:

第一步:给评论对象下定义。
第二步:分析评论对象出现的根源。
第三步:分析评论对象的影响。
第四步:分析有关评论对象的对策。

以"杜甫很忙"这则新闻为例,可以这样安排即兴评述内容:

第一步:给评论对象下定义。

"杜甫很忙",是2012年突然在网络上走红的恶搞课本杜甫插图的现象,一幅普通的杜甫插图被学生们发挥想象力,涂鸦成各种版本。

第二步:分析评论对象出现的根源。

恶搞杜甫原因之一是网络时代的泛娱乐化,二是学生学习压力的一种排解。

第三步:分析评论对象的影响。

恶搞杜甫其实不会产生过大的负面影响,杜甫涂鸦是出于游戏心态,不必过于严肃地对待此事。

第四步:分析有关评论对象的对策。

当今社会,学生们学习压力较大,当下的教育应当反思。应当用孩子更容易接受的方式来进行,才能使学生们正确看待传统文化,不至于把传统人物当作恶搞对象。

按照上面的步骤来做即兴评述就会条理清楚,层层深入,而且容易组织语言。即兴评述关键是个人的主观看法和材料的有机结合，有时还要考虑理论与事实的统一，即虚实结合。评述中的"虚"指的是观点，"实"指的是事例。即兴评述有"务虚"和"务实"之说："务虚"指的是侧重于谈理论、观点立场等；"务实"是侧重于谈具体例子、讲述典型事件等。在即兴评述中可以由实入虚、以虚带实、寓虚于实。

在前面四个步骤的基础上总结出一个即兴评述的公式（见表5-9）：

表 5-9

主线	公式	公式充填
概括	主语＋事件主体	近来，网上出现的恶搞杜甫现象引发了热议。
关注理由	为什么成为热点	杜甫是古代诗人，而画漫画是学生们的爱好，这两个本来搭不到一块，但由于现在中学生把课本上杜甫的形象放到了漫画中，所以就引发了热议。
起因	先外后内，先大后小，先普遍后特殊	中学生学习压力比较大，接触较多的就是自己的课本，教材上杜甫的插图"可塑性"较强，才引发了各种涂鸦。他们只是带着一种自娱自乐的想法，试图靠自己的想象力图解历史上的经典人物。由于带着强烈的表现欲望和对历史的叛逆，这种"改编天赋"就集中到了杜甫身上。
态度	赞成还是反对或者中立	我觉得恶搞杜甫本是中学生们的无心游戏之举，他们由于学习压力大无处排解，只能涂鸦杜甫，但这并不是对杜甫的侮辱。现在的学生成长环境比较宽松，对文化名人没有很高的推崇感，不像他们的父辈那样，因此公众也不必反应过度。
联想	联想到相关的事情或现象	说到这里，我联想到几年前的恶搞红色经典，从编造和炒作雷锋的女友到《闪闪的红星之潘冬子参赛记》《铁道游击队之青歌赛总动员》，小英雄潘冬子成了"富家子弟"，他的爸爸成了"地产大鳄"潘石屹，杨子荣被改编得匪气十足……
方案	对事件提出相关建议	不用给中学生们太多压力，这种漫画恶搞完全是正常之举，如果要改变，那就给孩子们减减负吧！

四、艺术地表达观点

即兴评述毕竟是源于生活又高于生活的语言状态，因此需要艺术地表达观点。艺术地表达观点指的是在即兴口语中要注意语言表述的艺术感。曾受广大观众欢迎的"读报"或"新闻评论"类节目就是常见的即兴评述形式，一些网络脱口秀也是类似的形式。电视或网络画面要求生动活泼，富有变化，读报或新闻评述往往容易导致镜头呆板，但成功的读报或新闻评论会将每一条消息都经过重新包装，融入个人的观点和立场，语言活泼、不呆板，一个人就把画面充实得动感十足。有的地方台把日常新闻的播报融入了主持人自己的观点，这些观点大都定位在普通老百姓的角度上，用普通人的语言来表达对某个新闻的观点和评论，比较能吸引受众。

江苏卫视婚恋交友真人秀节目《非诚勿扰》曾推出为全国残疾人运动会冠军代国

宏征婚的一段节目。两位嘉宾的现场点评不仅有个人观点,还有艺术化的表达,让人听来温馨又感动:

黄菡:我每每看到男孩子对女孩子说"嫁给我吧,我相信我能给你幸福",我就很怀疑,但是我觉得代国宏说这句话让人没法怀疑。从地震失掉双腿,到取得全国冠军这个历程,让我很相信他,所以我觉得他能得到他想要的,而且我祝愿他得到他未曾想要的那些幸福。

乐嘉:跟代国宏说一句话。因为他前面自己讲,就在他自己认为"我再也学不会游泳的时候""我遇到了我的教练",也许有一天,当他自己认为"我可能再也碰不到我喜欢的那个女孩"的时候,突然,那个女孩就出现了。

其实对这样一位征婚的小伙子,所有人都会猜到现场嘉宾如何点评,肯定是给出最大的祝福,然而黄菡和乐嘉却没有泛泛祝福,而是在很短的时间里拿出了浪漫且富于哲理的语言,用艺术的方式表达了祝福。

同一份材料可以有多种评述,这时就应当考虑以材料为依据,寻求闪光点,避开陈腐的论调,或者在大家都认可的基础上,找到一个新的观点。如果很难出新,那就不妨在表述旧观念时找一个形象化的比喻,或者一种幽默的话语表达方式。

感悟与训练

一、根据以下材料做即兴评述

1.当你对世界不再有好奇心时,你不是在变大,而是在变老。好奇心对于一个人的活力和创造力极为重要,它会改写你的人生,而且它对人类、对世界也极为重要。对此你有什么感受和看法?请你以"好奇心"为题,进行即兴评述,时间3分钟,要求条理清晰,语言流畅,有交流感。

2.为解决男女厕位不合理、导致女性如厕排队的问题,上海浦东一绿地设置首个无性别公厕。你怎么看?

3.环卫工12岁的儿子偷用父母血汗钱给网络主播打赏两万多元。你怎么看?

4.不为文凭读书,才能让自己享受读书的快乐,享受能力素养不断提升后的快乐,因为充电和掌握知识不是一时一事就能解决的,需要伴随人的一生。请以"我们为谁读书"为题,自选角度进行即兴评述。

5."吾日三省吾身:高否?富否?帅否?否,滚去学习。"这是悬挂在某高三班级黑板上方的另类冲刺标语。对此"标语文化"谈谈你的看法。

6.人生舞台的帷幕随时可能拉开,有时,迷茫作为一种心情的宣泄,是可以平衡我们的内心的,但迷茫有时也只是逃避的借口。你意识到了吗?以"迷茫"为题,自选角度进行即兴评述。

7.率真,没有矫揉造作,没有忸怩作态,不是敷衍搪塞,更不是心口不一。率性而为,坦坦荡荡。在生活中,我们崇尚率真,向往率真。请你以"用率真的心面对生活"为题,自选角度进行即兴评述。

8.生命因为有了愿望而丰富,愿望因为有了不断地付诸行动而精彩。一块石头有了愿望,谁也阻挡不了它通向城堡的脚步,一个人有了愿望,便有了勇往直前的动力。漫漫人生,快乐悲伤都是其中无法规避的法则,那就带着梦想上路,一路都精彩。请以"带着梦想上路"为题,自选角度进行即兴评述。

9.你怎么看微信朋友圈的"晒自拍"现象?

10.古人练习毛笔字不光是为了追求艺术,更关心实用,因为毛笔是基本书写工具,练好毛笔字,就像现代人练电脑打字一样,是读书人的本分。而如今,一周一节的书法课,会成为"豆芽课"吗?请以此为话题进行即兴评述。

11."出路,出路,走出去了,总会有路的。"你对此怎么看?

12.有位作家曾说过,要跟比你优秀的人在一起,这样你才有动力求进步。但和比我们优秀的人在一起,容易感觉压抑、自卑。你还愿意与"对手"同行吗?以此为话题进行即兴评述。

13.幼苗出土需要等待,花蕾绽放需要等待,果实成熟需要等待……等待是一种心境,也是一种生活态度。请以"等待"为话题,自选角度进行即兴评述。

14.天底下,你活着,总会有一个位置,无论这位置是大是小,是重要还是平凡,你总有一个位置。在人的一生中,位置十分重要。它是一个人终生奋斗的目标,甚至是人类繁荣发展的基本动力。请以"位置"为题,自选角度进行即兴评述。

15.魔方只有六面,青春却有多面;魔方只有六色,青春却是五颜六色。很多人喜欢随意把魔方转动,却没有人敢任意挥霍自己的青春。转动魔方,是为了回归原始的模样;转动青春,是为了寻求前进的方向。你敢伸出手转动你的青春吗?以"转动青春"为题,自选角度进行即兴评述。

16.汉字这东西,真是奇妙。"找"字头上加一小撇,就组成了一个"我"字。人这一辈子,何尝不是一次对自我的漫长寻找,但终其一生,能真正把"我"字头上那短短的一撇找到的人能有几何?以"找到人生那一撇"为题,自选角度进行即兴评述。

17.留白,是一种艺术、一种哲学,更是一种境界。中国传统水墨画将这个意趣表现得淋漓尽致,落笔慎重而简练,总是留着一些空白,因为画面太满除了给人沉闷感外,往往也少了一分想象的空间。人生需要留白吗?留白的人生会更精彩吗?以此为题,自选角度进行即兴评述。

18. 有人说:"艺人假唱＝卖假货",你怎么看?
19. 小学生考试不及格,家长被老师惩罚在家长群里发红包,你怎么看?
20. 爱,有时就像织毛衣,你越努力织,对方就越感到束缚。你怎么看?

二、消息复述练习

平时每读一条报上的消息,或者是看电视上的新闻,试着用自己的话将它复述一遍,并加上自己的想法;也可以模仿一些电视台的读报节目,将各方意见汇总起来。比如,看完一场球赛后,可以一个人在阳台上,在脑海里回忆这场比赛,然后模仿足球评论员对这场比赛的评述。比如,"大家好,刚刚结束了一场……的比赛,在这场比赛中……"这虽然看似是自言自语的行为,但要营造出现场报道的感觉。另外还可以拿一份报纸坐在摄像机前面,将自己对某条新闻的即兴评述录下来进行揣摩。

三、新闻即兴评述

材料一

共享单车大量出现后,给大家带来便利的同时,也让部分人滋生了随意违法的念头,闯红灯、逆行等交通陋习随处可见。

今日,有网友爆料,上海的非机动车罚单已经开始开了。有人在上班路上因骑共享单车逆行被交警罚款50元,以后骑共享单车上路更要注意交通规则了,不要任性喔!

其实,早在今年5月,天津就有一名女子因为逆行被罚款100元。

虽然大部分的共享单车用户在违反交通规则时会接受处罚,但也有个别用户因为骑的不是自己家的车就试图逃避处罚。曾经有一次,一个共享单车用户违规被交警拦下,撂下单车就跑了。不过,这样的行为也不能逃脱处罚。

交警表示,通过记录共享单车的车辆信息,可以责成共享单车公司配合执法,采取强制措施暂扣车辆,将共享单车的驾驶员也纳入到规范驾驶的范围内。

材料二

近年来,一款名为"王者荣耀"的游戏火遍全国各地,注册用户达2亿人,包含各个年龄阶段的人群。正所谓"有人的地方就有利可图",随着游戏的火热,不少不法分子也乘虚而入,开始了在游戏里的花样诈骗。

既然是游戏,肯定涉及虚拟游戏币,正常"王者荣耀"这款游戏里,人民币与游戏币的充值比例为1∶10,可以通过在游戏客户端或者开发商的官方平台进行充值用来购买装备。

广东省饶平县局刑侦部门最近掌握有人通过"王者荣耀"进行诈骗的线索,发现一伙中学生有重大作案嫌疑,这些青少年经常旷课,聚集在出租屋上网。经进一步抽丝剥茧,民警逐步锁定该团伙6名成员的活动轨迹。6月27日上午,警方对嫌疑人聚集的出租屋进行冲击,一举抓获这6名涉案人员,缴获作案手机23部。

据了解,嫌疑人是先在游戏里的聊天系统发布消息说自己有资源,可以用比游戏里更便宜的价格购买游戏币,价格大概比市场价便宜三五十块,之后编出因检测账号需要交纳188元,因验证需交纳288元,因退款登记需交纳488元,分多次进行诈骗,并承诺只要对方收到点券后,将全额退回款项。诈骗成功后,就将对方QQ删除或拉黑。

目前,涉案人员已被饶平县局依法刑事拘留,案件正在进一步审理中。

材料三

KTV是不少年轻人热衷的夜生活聚会地,但白天的KTV却有着另外一番景象,尤其是下午,几乎被老年人包场。昨日,记者在菱角湖一家KTV看到,从中午12:30开始,就有大爷大妈们陆续涌向前台。

"团购的,要个12人豪华包厢,记得把零食送进来。"吴大妈娴熟地办理着登记,张罗着一群头发花白、衣着花哨、叽叽喳喳的同龄人跟着领位员到指定包厢。很快,《浏阳河》《刘海砍樵》等颇具年代特色的歌曲响彻耳畔。吴大妈说,他们都是老年大学声乐班的同学,经常下午来唱歌,平均每周2到3次,每次人均消费不超过10元,团购以后大家AA均摊。

记者在江汉路步行街、万科新唐等商圈的多家KTV看到,下午时段上座率在60%以上,部分KTV甚至出现满场的情况,这个时段的消费者大半为平均年龄65岁的老年人。

"K歌联络感情,也能接触社会,不至于退休就在家封闭自己。"KTV"铁粉"胡大妈说,"下午唱歌便宜又好玩,还不耽误带孙子做家务,遇到很多同龄人,感觉蛮舒服。"

"最开始KTV白天是不营业的,这两年随着客单价断崖式下滑,白天也开始营业了。团购为主,只谈上座率,不谈赚钱,能凑个人气。"几家KTV的营业人员都表示,下午场以55到70岁老年人为主,"他们大多是8到10人,除团购外,极少有其他酒水饮料食品消费,对歌库也无要求,唱的都是老歌。"据悉,部分KTV为应对老年人下午场,还特别准备了急救类药品和免费热水。

材料四

"春运"期间,"曲线回家"这个词儿频频出现在购票的人群中。据介绍,对于一些"一票难求"的线路,选择火车与火车或者火车与飞机等接驳方式,也可以找到价廉的回家路。

曲线回家的具体事件是说一个在北京工作的白领,为了从北京回昆明,由于直飞航班一票难求,竟然先"借道"曼谷,然后再转机回家,全程的价格与直飞持平,而且顺利买到两段的机票。这些天,这样一个曲线回家的案例成了不少异乡客的话题。

其实,飞机转飞机的借道方式,在时间上虽然没有太大优势,但票价上至少有20%的折扣,尤其是针对2 000公里以上的远程航线。以上海飞乌鲁木齐为例,在大年夜当天,不含税的价格在2 200元左右,时间为5小时30分钟。如果选择转机的航班,全程需要8小时左右,但价格只有1 300元。如果能在小年夜提前出发回家,转机也是不错的选择。

第六章　即兴口语全息训练

全息(holography)源自拉丁语,特指一种技术,可以使从物体发射的衍射光被重现,其位置和大小同之前一模一样。从不同的位置观测,其显示的像也会变化。因此,这种技术拍下来的照片是三维的。推演开来,全息是指局部或者部分包含了整体所有的信息。比如,通过人的头发可以知道人的健康状况,可以说人的头发包含了人体的全息信息。全息思想的哲学基础来源于万物互相联系,可以说万事万物都是一个共同的整体,你中有我,我中有你,一沙一世界。通过语言可以充分了解一个人的精神世界,全息训练也得之于此,即从各种看似单一的单项训练中可以提高各项综合即兴口语表达能力。

第一节　复述与描述

口头复述是小学生都会做的语言基础练习,是把听到、看到的语言信息经过理解、加工后将信息内容转换为口头语言表述出来的过程。复述要求忠实于原始材料,不得歪曲、调换主要观点和情节,但它又不同于机械背诵,而是在理解的基础上,经过详略处理,对语言重新加以组织,使之口语化,成为用自己的话转述材料内容的口语表达。复述是全息训练中非常有效的一部分,复述能力的提高对即兴主持、即兴评述、即兴演讲、论辩等都很有好处。

一、复述练习的样态

复述是把现成的材料重复地叙述出来的练习活动,复述练习的目的在于培养系统、连贯的说话能力。放一段视频,请练习者复述视频的情节或人物的对话,这种训练的目的在于锻炼口语表达者把记忆力、表述力和语言的连贯性合而为一的能力。对于比较高端的语言转述来讲,它还是一种比较复杂的语言信息处理、转换过程。

复述的方式有很多，一般可以粗略地分为详细复述、简要复述、转化性复述、扩展性复述以及修饰性复述等。

(一)详细复述

详细复述是对原始材料进行尽可能细致的表述。用自己的话遵照原始材料的内容、顺序、结构进行完整、细致的叙述，在此基础上，可以适当将复杂的语法结构调整得简单些，或将长句子化为短句子，将书面语化成通俗易懂的口语。循序渐进地进行口头详细复述训练，可以提高口语表达者注意力的稳定性，加强对材料的记忆能力以及按照逻辑线索全面把握材料的能力。这是一种最接近原作的复述，如果是在带有考核性的复述练习中，这种复述方式比较适合那些记忆力强、应变力稍差者。

(二)简要复述

简要复述就是把原材料中的主要内容用自己的话简明扼要地表达出来。这种复述要求口语表达者能抓住材料的重点，说出大致轮廓。简要复述是在总体把握原始材料的基础上概括出主要部分，略去铺陈、解释、修饰等次要部分，简要复述出原始材料的基本内容。简要复述还可以进一步细分，如记叙性材料简述是抓主要人物、事件发展的脉络；说明性材料简述是抓事物的特征、本质、功能、方法；议论性材料简述是抓主要观点等。

简要复述要求"麻雀虽小，五脏俱全"，用最经济的语言表达出最主要的内容，做到条理清楚。简要复述训练的目的在于进一步提高口语表达者分析、归纳和综合概括的能力，进一步加强整体性、选择性和理解性，使思维更快捷、顺畅地向语言转换。这种复述方式比较实用和常见，尤其适合细节记忆差、语言变通力强的人。

(三)转化性复述

转化性复述是对原材料有较大改动的复述形式，它可以改变原材料的人物、结构，也可以对内容进行增删，但相关的想象和创造要合情合理。转化，是将原有材料的人称、结构、语体等加以变换。具体包括：

转化人称：复述中的转化人称是复述者把原材料的第一人称"我"，改为第三人称"他"，或把第三人称改为第一人称。

转化结构：复述中的转化结构是把原材料的叙述顺序加以改变，如为增加悬念把顺叙改为倒叙，或为使头绪清楚把倒叙改为顺叙等。

转化语体：复述中的转化语体是在复述时将原材料的体裁转化为另一种体裁，如把散文转化为一篇小说，或把文言文改为现代口语表述出来等。

转化性复述的目的在于培养口语表达者多角度、多层次地认识和表述事物的能力，提高思维的灵活性和机动性。

(四)扩展性复述

扩展性复述,是在理解原材料内容的基础上,经过合理的想象和联想,丰富细节、扩展情节、续编结尾、增加修饰性和说明性内容等的复述形式。

口头表达中的扩展性复述相当于作文中的扩写,训练目的在于培养口语表达者的创造力、想象力和逻辑思维能力。即兴口语表达中的变换和扩充必须以原材料为依据,不可违背原来的思想、内容、风格,也不能任意发挥。

(五)修饰性复述

修饰性复述是一种创造性复述,是在原材料基础上,加上一定的想象和创造而进行的一种复述。虽名为"复述",但它的描述性更强,可以说是一种描述性较强的复述。

二、另一种复述——说新闻

说新闻是用讲话的语体对新闻节目进行传播的口语化表述,表现为语言口语化、样态不受限制、语体结构松散。进行说新闻练习有丰富的借鉴材料,同时还有良好的练习效果。为了将若干条单个的新闻连成一个有机的整体,一般要注意在练习的时候进行加工。例如:

悬念设置—叙事铺垫—串词勾连

说新闻的深层特点是对新闻进行解释、说明、补充和稍加分析的信息加工,从而为听众的理解提供引导和服务,并不是只停留在对消息文稿的口语化处理上。在"说"的过程中,可以适度补充新闻背景、联系相关新闻事实、点评揭示新闻精髓等。说新闻在语言形式上的表现是句式短、口语词和语气词多,表达状态较为松弛,给予感和交流感强,语调自然。

(一)说新闻要体现最大意义信息

说新闻是以新闻为参照的,在练习中应以新闻的五要素为准星。这五要素是何时、何地、何人、何事、何故。说新闻最简单的方法就是把这五个要素一一整合后说出来,重要线索和信息全在。在看到一则较长的新闻材料时,迅速提炼五要素的能力是说新闻的基础。说新闻的流程如下:

表 6-1

说新闻阶段	名称	主要任务
起始阶段	内部言语	抓住新闻要素,加上必要的补充和议论
转化阶段	语言编码	重新组织语句
表达阶段	外部言语	以说新闻的语言样态向听众传播

说新闻对每一篇新闻材料都要有设计,并不是简单地将"播"改为"说",再加上几个语气词就可以完成的,需要在语言上下一番功夫。

(二)说新闻要"抓西瓜丢芝麻"

很多练习者把新闻事件叙述得磕磕绊绊,将这一切归罪于记不住信息。其实这是个误解,叙述中的磕磕绊绊大多是因为没有掌握说新闻的技巧。很多练习者拿过一个材料来,总想把里面的方方面面、大大小小都原原本本地转述出去,这样就加重了叙述的难度。说新闻并不是详细转述一个新闻事件的来龙去脉,只要把事情大概说清,不要有明显差错就行了,不需要叙述细节。

例如这样一则新闻:

2012年3月,北京、上海、广州等地的市民突然发现,一向作为炒菜配料的大葱突然价格高涨,一些市民反映花10元钱仅能买到两根大葱,一斤大葱的价格能买两斤鸡蛋。涨价后大葱的风头甚至盖过肉禽和鸡蛋,一度成为餐桌上的"主菜"。

据新华社全国农副产品和农资价格行情系统监测,大葱的价格在全国范围内出现了飙升,2012年2月中旬以来,全国大葱价格持续上涨,3月中旬价格比上月上涨了66.7%。根据广州市物价局菜篮子价格监测系统显示,在更上一层的批发环节,与去年同期相比,大葱已经从0.6元/斤飙升到了2.5元/斤。

大葱价格暴涨背后存在山东等主产地减产、北方市场缺货、中间环节层层加价以及天气冷等多种原因。个别经销商囤积货源在一定程度上也助推了大葱价格的上涨。大葱价格暴涨,部分一级经销商大赚了一笔。仅仅3个月时间,一级经销市场的价格就翻了5倍,甚至有经销商从中赚取了1 000万元,少数经销商隐隐有囤积炒作的迹象。

这则消息里细节就不少,没有经验的说新闻者会忙于记忆"10元钱买两根大葱""一斤大葱买两斤鸡蛋""3月中旬价格比上月上涨了66.7%""0.6元/斤飙升到了2.5元/斤"等细节。其实没有必要这样面面俱到,只要说出下面的关键信息就够了:

大葱价格突然飞涨,甚至超过了鸡蛋。

这种表述就把关键性信息表达出来了,丢掉了那些琐碎的数字,重点突出而且容易被接收。

(三)说新闻多用语气词、短语和单句

大量运用短语句式、少用书面语、增加语气词是说新闻口语化的特征。说新闻所依据的材料常常是报纸新闻,报纸新闻属于典型的书面语言,相对于口语化的要求相差甚远,在说新闻时应当实现从书面语言到口头语言真正意义上的突破。如"大葱涨价"消息按照说新闻的需要,可以这样来说:

最近呀,一些大城市的居民突然发现,炒菜用的大葱突然变贵了,甚至比鸡蛋还贵,而且这种情况还在不断加剧。葱怎么会突然变这么贵呢?原来啊,是由山东等主产地减产,北方市场缺货,还有中间环节加价,天气变冷等因素加在一起造成的。这种情况下个别经销商囤积货源,在一定程度上也助推了大葱价格的上涨。大葱价格暴涨,有人欢喜有人愁。谁欢喜呢?自然是一些一级经销商,大赚了一笔。那么谁愁呢?自然是我们千千万万个消费者了。

三、描述

描述和复述不一样的地方在于,描述通常是无文本依托的口语练习方式。描述是将看到的、听到的场景或事物发展的过程、结果用语言表现出来,也就是通过观察,将人、事、物、景等动态或静态的表达对象的特征及形态,用形象的语言描绘给人听的一种口语表达方式。它具有直观性、具体性、形象性等特征。

描述是一个快速地"看—想—说"的过程。描述通常是"描写+叙述",是在口语表达中运用一些修辞手法对事物的外形或进程进行形象化的叙述。也有一些描述练习可以通过文本提示的方式来进行,但练习过程是描述性的。例如,可以根据下面的新闻材料,设计 5 分钟的口语表达练习,进行简单的描述训练。

2017 年国庆期间,位于河北邯郸东太行景区玻璃栈道碎裂的技术特效吓倒游客的视频在网上热传。网友上传的视频显示,一名手持蓝色导游旗的中年男子在走到玻璃栈道时,脚下玻璃在其落脚点"碎裂",该男子发出惊讶的喊声,颤颤巍巍地吓倒在地上;与此同时,左侧一名背着粉色背包的游客淡定走过。网友在调侃的同时也担忧:万一把游客吓得做出过激反应怎么办?会不会把游客吓得翻围栏?万一玻璃栈道真的碎了,游客仍以为是特效,发生安全问题怎么办?

网友也对特效玻璃栈道的安全性表示忧虑。有网友表示,玻璃碎裂的效果几乎可以乱真,"如果真的碎了,游客不知道怎么办?"对此,10 月 9 日,东太行景区工作人员回应称,特效展示区前树有专门的提示牌,如"患有心脏疾病、高血压的游客不宜进入栈道"。景区每天都会有专门的检测维修人员对玻璃栈道进行检测,一旦发现玻璃存在碎裂的情况,就会关闭景点更换玻璃,直到通过安全检查后才继续开放。

据了解,东太行景区位于河北邯郸武安市境内,因所处太行山东麓而得名。规划总面积26平方公里,最高海拔1 428米。玻璃栈道建在海拔1 180米的龙头崖上腰处,全长266米,宽2米,围绕山体而建,脚下就是万丈深渊。快到终点处,几块相邻的"碎化玻璃"具有人体感应功能,人走到哪玻璃碎到哪,并且伴随有"咔嚓"的玻璃碎裂的声音,极为逼真。

请你围绕这则新闻展开想象,描写两个"玻璃栈道特效"的具体画面。通过这样的练习可以提高描述能力,这也是即兴口语表达训练的重要组成部分。相对于复述,描述的想象力更丰富,修辞手法更多,通常描述的依据也更为形象化。

感悟与训练

一、简要复述训练

将下面三则材料看一遍,记住梗概,然后对每一部分进行简要复述。复述时可以使用原材料中的句子,也可以用自己的话表述,但要句式完整,句子连贯,不改原意。

材料一　擦玻璃工

他只身从农村来到城市,只有初中毕业,身体非常单薄,只能找点比较轻的体力活干。他到了一家保洁公司,主要工作就是擦玻璃,公司管食宿,每月工资300元。

他很满足,干起活来十分卖力。有人问他:"你这么小,为什么不在家上学,出来受罪赚这点钱?"他说:"我家里穷,父亲瘫了,母亲种地,家里没钱供我上学,我文化太低,能有这份工作已经很满足了,每月还能给家里寄点钱呢。"

他在这家保洁公司一直擦玻璃,他的同事换了一批又一批,有的甚至刚做三四天就因为嫌薪水少、干活脏走了,他一直坚守着这个位置。整整5年,他已经是20多岁的大小伙了,这座城市里的写字楼、宾馆、商场他几乎都去服务过多次。他工作一如既往地卖力,一丝不苟,很多顾客还点名要公司派他过来,他简直成了公司的形象代言人。

人们都知道他,他和他的服务对象成了熟人和朋友。有一天,有个新来的女孩问他:"听说你擦了5年的玻璃,每月只挣300块钱,为什么不换个工作呢?"他笑笑说:"会换的。"

有一天,人们熟知的擦玻璃工突然消失了。几天后,一家快餐店开业了,老板就是擦了5年玻璃的他。快餐很适应城市的快节奏,竞争自然异常激烈,而他的快餐店却很快打开了局面。

原因很简单,他在擦玻璃的5年,走遍了每个写字楼、宾馆、商场,结识了里面的人,5年擦玻璃的表现已经给人们留下了深刻的印象。当他的快餐店发展到整个城市的角落,资产逾千万时,认识他的人无不感慨地说:"这位老板曾擦了5年的玻璃。"

有记者采访他,问他如何从一个擦玻璃的打工仔到开快餐店,并在众多实力雄厚的竞争对手中脱颖而出时,他只说了一句:"因为我曾为人擦过5年的玻璃,并且擦得很好!"

材料二　你真的"够想"有钱吗?

有位富翁走在路上,碰到一位乞丐向他行乞:"求求你,我好久没吃饭了,我好需要钱,请施舍我一点点钱吧!"

这位富翁决定做个小实验,他没掏出钞票,而是直接将他的信用卡送给了这位乞丐,他想看看这位乞丐会怎么使用这笔"天上掉下来的钱"。

富翁惊讶地发现,这位乞丐拿着这张卡,买了老半天,才买了一罐除臭水、一瓶矿泉水和一包香烟,总共才刷了25美元。

后来,有位加拿大的记者也效仿着做了一个类似的实验。他事先准备了5张信用卡,里面只有50到75加币,他在多伦多的市中心逛来逛去,等着有乞丐向他行乞,然后再给他们,看看他们怎么花,结果是这样的:

第一张卡给了一位叫Jason的流浪汉,他拿去买麦当劳,只花了8.69元加币,然后将卡退还给他。

第二张卡给了一位叫Mark的流浪汉,他花了21.64加币在一间餐馆好好吃了一顿,又买了15元的酒,还是没有将信用卡里的钱全部花掉。

第三张卡给了一位叫Joanne的女乞丐,她拿了卡就再也没有还回来,不过,记录显示她也只花了24.95元在麦当劳,然后买了38.35元的酒。

第四张卡给了一位叫Avenger的家伙,虽然Avenger将卡拿走了,但他竟然从来没刷过!

第五张卡给了女流浪汉Laurie,她花了几乎所有的75元,但也只是拿来买食物和香烟,然后还了卡。

这些实验的结论,已经很明显了——虽然乞丐可能是最需要钱的,但当他们拿到了钱,却没办法"花钱",连信用卡里面的钱都花不完,而这位记者遇到的10个乞丐中有5个竟然拒绝了他的好意,告诉记者说他们过得很好,不需要他的信用卡,只需要他的"零钱"。

最近,伯克利加州大学的科学家做了一个实验,他们找来115位各式各样的志愿者,先记录下他们的背景、收入、年龄,其中有穷人,有富人,给他们每人10单位的现金,告诉他们可以将这10单位"捐"出来给他们的伙伴,或是自己保留着,结果这115位平均每人捐出了4.1个单位,自己留了5.9个单位,听起来还算合理,是吧? 不过,再看每一个人所给出的单位,彼此却相差很多。

科学家发现,在"收入"同年龄与同族群中比较"穷"的,竟然比那些较"富"的平均"多"捐了44%!

不信邪的科学家再对这115位志愿者做了一场调查,问他们应该将收入的百分之几捐出来作公益较好。结果,比较"穷"的这一半,平均愿意捐出收入的比例高达5.6%,而比较"富"的那一半,平均只愿意捐出收入的2.1%!

这让我们很自然地下一个结论:富人比较可恶,穷人比较善良!这是有道理的,但如果将这场实验和刚刚那个"乞丐实验"比对一下,或许又会有另一个更有趣的结论——会不会反而是因为乞丐"不需要"那么多钱,所以才会变成乞丐呢?富人是否因为"太需要"钱,所以才会富呢?

穷人之所以穷,并非因为他们能力差,而是因为他们"不那么需要"钱。

有些很会理财的富有的人,他们的习惯反而倾向"省小钱,花大钱"。他们平常很节省,是因为市井小菜只能填饱肚子,只有那种大盘子里一小撮的法国菜才能打动他们的味蕾,只有烛光和亮花花的高档纯银餐具,才能让他们胃口大开;而"穷人"吃法国菜,总感觉那种小口的吃法没味道,远不如一大盘子的炒饭拌饭,那种肉啊饭粒啊一大团含在口里的热乎乎的饱实感。

这个领悟,是很大的警惕——

我们都梦想要再变得有钱一点点,然后可以天天吃美食,但却像乞丐刷卡,怎么刷都刷不完。我们该问自己一个问题:我真的"够想"变有钱吗?

这个道理,可以运用在很多的事情上——

许多人想减重、想更苗条一点,但一直无法如愿以偿。这时候该做的或许并不是怨天尤人,而是真真切切地问自己一句话:我真的"够想"变瘦吗?

有些人单身许久,一直心想如果身边有个伴该多好,却因为太忙、太没"桃花"、交友网站不靠谱……种种理由,一直碰不到心上人。这时候也该真真切切地问自己一句话:我真的"够想"找到梦中情人吗?

许多人想结束上班生涯出去创业,但说了半天一直没办法行动;有些人则是想换工作,讲了三五年了,还是无法开始。这时候也该真真切切地问自己一句话:我真的"够想"离开这家单位吗?

如果你真正"够想",那就不会只是"想"了,不然就睡不着,不然就会死。非高级餐不吃,非称心工作不干,碰不到另一半就不能再笑出来……这时候,目的才会容易达成。

但大部分的人,梦想很多,其实都是因为"不够想",于是大部分的梦想,真的只是梦。

人会做梦,但其实不太认识自己的梦,就像乞丐永远不知道送他信用卡的那个人竟然不可思议地觉得他"花得太少",乞丐自觉很需要钱,梦想要钱,但永远都不知道他还"不够想"要钱。

所以,我们今天要好好根据自己的每一个梦想,问自己一声:"我真的够想吗?"

材料三　最具政治影响力的拾荒妇

这件事发生在美国洛杉矶辖内的贝尔市。

53岁的简·艾丽斯是贝尔市的一位贫民,她的丈夫在很早以前就去世了,多年来她一直靠拾荒度日。今年7月初的一天,艾丽斯在拾荒时途经贝尔市政府门口,里面一位清理工叫住了她,指着一大堆工作废纸和另一些垃圾说:"帮我把这里的垃圾清理出去,我就把这些废纸全部送给你!"艾丽斯欣喜若狂地答应了,她清理了垃圾后,立刻把那些工作废纸装进了自己的人力车。

艾丽斯满载而归,在整理那些废纸的时候,发现了一张贝尔市官员们的工资单,上面清楚地写着包括市长赫尔南德兹、警察局局长兰迪·亚当斯、助理执政官安吉拉·斯帕希等人的年薪记录。其中,赫尔南德兹的年薪高达79万美元,比当时的奥巴马总统的收入还高很多;兰迪·亚当斯年薪达46万美元,比洛杉矶市警察局局长年薪还多15万美元;安吉拉·斯帕希年薪为37.6万美元;市议会议员尽管是非全职性的职位,其年薪也高达10万美元。而根据美国政府的标准,贝尔这类城市的市议会议员每月应该只有400美元薪水!

贝尔市的人均收入只相当于美国全国人均收入的一半,大多数居民都居住在简陋的平房中,4万美元的年薪在贝尔市已经属于高收入!艾丽斯虽为一个拾荒妇,但她却清楚地知道这些,她更知道贝尔市是美国洛杉矶最穷的小城之一,这里的居民多数是蓝领工人。

艾丽斯看到这张工资单后,感到无比愤怒。她走上街头,以演讲的方式宣传这件事:"美国总统都比贝尔市的那些官员要挣得少,我认为这足以表明贝尔市官员的薪水高得太过分,我们的贝尔市议会已经彻底背弃了对纳税人的责任!"艾丽斯的举动引起《洛杉矶时报》的关注,他们很快联合洛杉矶地方检察官对此进行调查,并确认了艾丽斯提供的信息准确,并随之报道此事。结果,此事引发了洛杉矶乃至全美的高度关注,群情激愤。

迫于民意,贝尔市政厅的官员和议员们召开了"反省会议"。会议有两百多市民参与旁听,当那些高薪官员和议员出现在会场上时,市民们立即发出震耳欲聋的谴责声,还有人高喊"滚出去!"在这次会议上,政府审查机构的行政长官、助理行政长官、警察局长等4名高薪官员宣布辞职。同时议员们全票通过决议:包括市长赫尔南德兹在内的所有政府高薪官员和议员,都自减薪水90%!赫尔南德兹在会上向民众道歉:"作为市长,我优先考虑的事情应该是把贝尔变成一个市民们能骄傲地称之为家的城市。对于过去的高薪问题,我表示歉意!"他还表示在剩余任期内,他因为惭愧而不再领取薪水。

事情在当天就引起了白宫的关注。当天晚上,白宫发言人托尼·斯诺代表奥巴马政府给艾丽斯打电话,为政府的管理不力表示歉意,为艾丽斯的热心监督表示感谢,他们还为艾丽斯送上了200美元的补偿,因为这些天来耽误了艾丽斯许多拾垃圾的时间,给她造成了不小的损失。

艾丽斯很快成了一位妇孺皆知的红人,甚至被美国哥伦比亚电视台敬称为"最具政治影响力的拾荒妇"。

二、短文扩展性复述训练

下面每段材料,用1分钟时间看一遍,然后将它扩展成一个故事。

材料一 录音驱野猪

东北某地野猪损害庄稼很厉害,农民叫苦不迭,有个青年想了个办法:用录音机在电视里录下狮虎的吼叫声,然后通过电线杆上的高音喇叭播放,以吓唬野猪。开始还有些效果,后来野猪绕电线杆转了几圈,又用身子靠靠,最后用嘴巴把电线杆拱倒了。

材料二 承重墙

《非诚勿扰》的舞台上从来都不缺"物质女",在最爱"宝马车"的马诺被选走之后,又惊现2号"豪宅女",在被问到"男朋友是开心果"和"豪宅"中会选择哪个时,她毫不犹豫地选择了"豪宅"。而在2号男嘉宾要和24位女生握一次手时,被"豪宅女"无情拒绝,理由是"我的手只给我男朋友握,其他人握一次20万","因为我的男友就是要20万月薪才行的"。

楼里某家装修,全楼都有震感,敲承重墙呢。承重墙形成整个房屋的结构骨架,就像人体的骨骼,它是支撑着上部楼层重量的墙体,在工程图上为黑色墙体,打掉会破坏整个建筑结构。对于整个房屋,它是决定安全的重要部分。承重墙对于楼板来说,是支点,结构设计叫支座。对于一块楼板来说,在板中间和支座处的受力是不一样的,里面配的钢筋,上下都是反的,拆了承重墙,楼板没有了支座,后果很可怕。

承重墙敲得支离破碎了,装得再金碧辉煌又有什么用?一个人,一个民族,都需要坚强的精神承重墙。金钱决定一切,正是精神承重墙坍塌的典型症状。

材料三 录音笔

温州鹿城区季女士儿子两岁,今年开始上小小班。11月初,她在给儿子洗澡时,发现孩子身上有淤青,就到幼儿园询问,但幼儿园方面说孩子表现不错,没有什么异常。为了了解具体情况,季女士买了一支能工作十多个小时的录音笔,每天打开之后,放入儿子的上衣口袋,让儿子带进幼儿园。

就这样,季女士录了整整一个星期。录音中的确有哭声,但不能确定哪个孩子哭;也有拍打声,但不知道拍的是什么东西。季女士把录音拿给幼儿园园长听,园长说没什么大问题,"小孩不听话,老师适当批评很正常,但绝对不会打孩子。"小小班的杜老师20多岁,本科院校毕业,有教师资格证,参加工作已1年时间。园长很感慨:"这位家长太敏感,也太焦虑了。我从事教育20多年,还是第一次听说小孩带录音笔来上学。孩子的教育问题上,家长老师互相沟通才好,放录音笔这种方式反而会影响老师们的工作和心态。"

其实,让孩子带着录音笔上幼儿班,季女士真不是第一个。网上就有不少"孩子上幼儿园,大家给推荐个录音笔吧"之类的帖子。有家长说,看了不少幼儿园虐童新闻之后,难免闪过念头:自家的孩子在幼儿园里怎么样?

三、故事扩展性复述训练

下面是一个故事,不过,这个故事只有开头和结尾,没有中间的主体部分。主体部分交给你,请你根据上下文发挥想象力,把画线部分补充完整并讲述出来,使材料成为一个完整的故事。

一只安全的瓶子

二号床,是个不爱说话的女孩。她长相平平,高中三年,我只见她穿过校服。衣服同她的人一样,看上去都让人觉得寂寞。

我并不喜欢她的性格,但我和她是在同一间宿舍最近的位置,我是一号床。每天晚上,我们要头对头地睡觉。我从小就爱热闹爱说话,每晚躺下,都仰起脸来对着她的脑袋叽叽咕咕。可对我所有的话,她大多用淡淡的"嗯"作回应。结果说来说去只有我一个人的声音。

二号床对所有人都这样。她不主动说话,如果对方说,也是简短回答。周末,我们会各自回家,她住在郊区,有时候,我们会坐同一辆公交车,我比她早下几站路。再回校时,大家都分享各种零食,她带来的通常是花生,有时是烤得香喷喷的白薯……但没有别的了。开始大家还感到新鲜,后来就慢慢失去了兴趣,她还是带来,带给我。二号床用这种方式来亲近我。

越来越发现这种沉默性格的好。她不爱说话,以至于不管什么事我都可以放心地对她讲,包括对男同学的暗恋。二号床,她是一个多么安全的瓶子,装着我所有的秘密。

我的倾诉,她的倾听,让我们越来越亲近了。在我们真正熟悉以后,二号床也终于

有了对我讲述的话题：_____

半个月后,我回到学校,看见二号床。我用平静的神情,装作一切不曾发生。我知道这一次,我必须要做到像她一直对我那样的守口如瓶。虽然这么多年,爱说话的我从来没有独自承担过任何的心事,但这次,为了二号床的秘密,我一定要做到。

大学毕业后的第六年,一场高中毕业十周年聚会将我召了回来。一个班的同学到了大半,可是没有二号床,而且,居然没有人知道她的消息。大家叽叽喳喳回忆着那个多事的年纪,在对往事的大揭秘中,我竟然没有被吐槽什么秘密。他们并不知道,我其实有很多秘密,而我所有的秘密,都装在二号床的瓶子里。

四、修饰性加工复述训练

对这些哲理性小材料进行修饰性复述,并加上自己的联想和评论：

- 鲇鱼效应

以前,沙丁鱼在运输过程中成活率很低。后来有人发现,若在沙丁鱼中放一条鲇鱼,情况就会有所改观,沙丁鱼的成活率会大大提高。这是何故呢？

原来鲇鱼在到了一个陌生的环境后,就会"性情急躁",四处乱游,这对于大量好静的沙丁鱼来说无疑起到了搅拌作用；而沙丁鱼发现多了这样一个"异己分子",自然也很紧张,加速游动。这样沙丁鱼缺氧的问题就迎刃而解了,沙丁鱼也就不会死了。

- 第十名现象

一个班里最有出息的学生,往往不是学习成绩最好的前几名,而是处于中上游的第十名左右的学生。他们既没有尖子生想赢怕输的心理负担,也没有差生的心理自卑感,他们敢闯敢拼,更能与环境发生积极的互动,对失败也更有耐受力。在校时的"默默无闻""不上不下"最大限度地保护了他们的潜力和创造力。这就是"第十名现象"。

- 青蛙现象

把一只青蛙扔进热水锅里,由于它对不良环境的反应十分敏感,就会迅速跳出锅外。如果把一个青蛙放进冷水锅里,慢慢地加温,青蛙并不会立即跳出锅外,水温逐渐升高的最终结局是青蛙被煮死了,因为等水温高到青蛙无法忍受时,它已经来不及,或者说是没有能力跳出锅外了。

- 木桶效应

水桶效应是指一只水桶想盛满水,必须每块木板都一样平齐且无破损,如果这只桶的木板中有一块不齐或者某块木板下面有破洞,这只桶就无法盛满水。木桶效应是说一只水桶能盛多少水,并不取决于最长的那块木板,而是取决于最短的那块木板。这也可称为短板效应。

五、说新闻专项练习

1.请选择近几天的3条国际新闻进行说新闻练习。

2.请选择近几天的 3 条当地民生新闻进行说新闻练习。

3.请选择近几天的 3 条文化娱乐新闻进行说新闻练习。

4.请选择近几天的 3 条体育赛事新闻进行说新闻练习。

5.请选择近几天的 3 条身边的生活新闻进行说新闻练习。

六、说新闻的口语化练习

将下面的书面新闻用说新闻的方式做口语化的播出。

角膜塑形镜简称 OK 镜,它是通过改变角膜的形态来矫治屈光不正的一种矫正器具。目前,在防治近视,特别是控制青少年近视发展方面尚无有效方法的情况下,角膜塑形术是一种可行的、能获得清晰裸眼视力的非手术矫正方法。但是,OK 镜的作用是暂时的、有限的,疗效是可逆的。科学合理地配戴是根据已用镜片的矫正效果,不定期地验配更换新镜片,并不是一副镜片戴到底。为切实保护角膜,出于特定的矫正目标,有的配戴者在达到所需的目标后即停止使用。配戴 OK 镜,镜片的清洗、护理也是极为重要的环节。验配 OK 镜不是普通的商业行为,也非短期行为,在验配人员资质、验配单位的设施方面,都有相应的严格要求。

近来,有多起反映 OK 镜产品在使用中发生问题,给配戴者造成伤害的情况。这些反馈发生在黑龙江、辽宁、四川、湖南、河南、浙江等地,主要是患者配戴产品后发生视觉模糊、角膜发炎等症状,严重者发生阿米巴原虫、绿脓杆菌等感染,甚至导致角膜穿孔、眼球受损。

七、即兴解说练习

根据下面提供的两则材料,做一段关于"时间"的即兴解说,要求流畅、口语化。

材料一

时间是人类用以描述物质运动过程或事件发生过程的一个参数。确定时间,是靠不受外界影响的物质周期变化的规律。例如,月球绕地球周期、地球绕太阳周期、地球自转周期、原子震荡周期等。爱因斯坦说:"时间和空间是人们认知的一种错觉。"宇宙大爆炸理论认为,宇宙从一个起点处开始,这也是时间的起点。但是时间往往如流水一般过得很快,俗话说的"一寸光阴一寸金,寸金难买寸光阴"就是这个道理。时间就像海洋里的水,只要愿挤,总还是有的。

其实时间是一种抽象的东西,需要更加深入地了解。

材料二

时间是一个计量事件过程长短的类别名词。可以说没有了事件,也就没有了时间。

时间在数学、物理上用坐标轴表示。没有时间时会出现什么状况？怎样利用时间的本质来思考衰老的问题？为什么有些事件可以同时发生，有些却不能？时间与我们有什么关系？

地球总是自西向东自转，东边总比西边先看到太阳，东边的时间也总比西边的早。东边时刻与西边时刻的差值不仅要以时计，而且还要以分和秒来计算，这给人们的日常生活和工作都带来许多不便。为了克服时间上的混乱，1884年在华盛顿召开的一次国际经度会议上，规定将全球划分为24个时区。它们是中时区（零时区）、东1-12区、西1-12区。每个时区横跨经度15°，时间正好是1小时。最后的东、西第12区各跨经度7.5°，以东、西经180°为界。每个时区的中央经线上的时间就是这个时区内统一采用的时间，称为区时。相邻两个时区的时间相差1小时。例如，我国东8区的时间总比泰国东7区的时间早1小时，而比日本东9区的时间晚1小时。因此，出国旅行的人，必须随时调整自己的手表，才能和当地时间相一致。凡向西走，每过一个时区，就要把表向前拨1小时（比如2点拨到1点）；凡向东走，每过一个时区，就要把表向后拨1小时（比如1点拨到2点）。

时间按照科学的划分可以分为维度时间，也就是时间的相对论。时间可以随空间的变化而产生微妙的改变，这就是时间的维度。

七、户外描述练习

去户外观察一个场景或者一个场面，用口语做限时描述。下面提供几个场景做参考：

1. 某大学餐厅中午打饭的场面。
2. 节假日超市打折抢购的场面。
3. 早上8点，某小学门口。
4. 周末晚上，某影院门口。
5. 雨天傍晚，某大学图书馆门前。

八、视频描述

看一段视频，把你看到的描述给别人听，要求不带评论，仅仅描述视频中事情发生的过程和细节。例如：

1. 某娱乐节目现场，来了一位搞笑的嘉宾。
2. 某互动节目现场，掀起了女嘉宾与著名音乐人的骂战。
3. 某体育比赛的激烈的竞技场面。
4. 马路边因为城管执法而引发的争吵。
5. 某民生节目报道的家庭纠纷。

第二节 听语训练

口语表达者在对话性语言交流的过程中要想达到交际目的,就不能忽视灵敏的听觉吸收能力以及语言协调能力。在即兴口语的交流语境中,即兴的"听"和即兴的"说"都不是独立存在的。"说"和"听"的双方在信息输出与输入过程中进行言语的再生产,只有会听,交流才能有效地进行下去。即兴听语训练是提高即兴口语表达能力的重要组成部分。

即兴听语可以为即兴口语表达进行有效定位。即兴口语一部分是由语境中的情景引发的,另一部分则是由经话语信息触动引起的思维活动引发的。如果即兴口语表达者的倾听意识淡漠,就难有及时适度的语言反应。因此,听语也是即兴口语调频训练的基础和重要环节。

谈话是一个双向言语交际的过程。在这个过程中,一是"说",即言语表达信息的传递过程;二是"听",即言语听知信息的接受理解过程。即兴口语表达的话轮转换就是在"听"和"说"之间进行的,回环往复直到谈话结束。随着时代的进步,人们的接受观念发生变化,更多的人倾向于双向或多向交流,以获得更多的信息互动。即兴口语表达大部分是在不确定的语言环境中进行的,话语信息随时有变,要进行积极的交流就必须仔细听辨并且善于过滤。"听"所发挥的作用是确定和调控言语交际走向,即兴听语训练的目标是准确及时地摄取有效信息,从而为顺畅的交流打下基础。

一、听语的层次

听语有两个层次:低效的听和高效的听。高效的听才能为成为好的口语表达者打下基础。以广播电视中的访谈者为例,不少人习惯于提出问题却并不认真听回答,他们的心思往往放在要说的话或是下一个新问题上,但广受欢迎的访谈者一定是积极、真诚的倾听者。美国电视脱口秀主持人奥普拉·温弗瑞,一直独占鳌头,成为美国电视界年收入最高者。奥普拉非常善于倾听嘉宾谈话,并且利用谈话的内容把主题步步引向深入,由于对观众和嘉宾的生活充满关切,她的访谈大获成功。

听知学的研究对象分为三个层次:第一个是声音学意义上的,涉及声音的物理属性及这种属性对聆听的影响;第二个是心理学意义上的,包括听者对语音意义获得的过程、规律以及方式;第三个是行为学上的,即聆听作为一种言语行为的不同方式及要求。[①] 我们从中可以得到启示，把日常生活中的听语分为两个层次：

(一) 低效的听

低效的听可能只是表面的听，一般伴随着心不在焉的心理状态，即听者无心去听，或不感兴趣，或一时走神等，对方说的什么并未入耳；还有是虽然入耳，但未入心，一时认真，但很快就对所听内容模糊不清了，表现为"耳边风"。低效的听是以讹传讹、产生谣言的重要原因。传播中的很多问题都可以在这一层次的"听"中找到源头。

造成这种倾听效果不良的原因有很多，常见的有：

听者觉得自己已经知道了说的人要说什么；

听者有分心的事情；

听者不喜欢说话者或者他的话；

听者只去听那些他想听的内容；

听者之所以听就是为了找机会抢话。

(二) 高效的听

高效的听是既入耳又入心的听。它表现为倾听、聆听，能在纷繁的话语中获得有效信息，随时与说话者积极交流互动，伴随对方的话语频道，激发出更多的有效信息。对即兴话语交流中高效的听进行拆解，它包括以下步骤：

吸收信息—抓住要领—揣度意图—思考对策—及时反馈—激发新信息

高效的听是"听"的理想境界，也是经过努力所能达到的最好的听的目标。

二、TQLR 听辨

加拿大科学研究会总结出来一套 TQLR 听辨的方法："tuning in"是调准音，为"调频"的意思；"questioning"即"问问题"；"listen"很简单，就是"聆听"；"review"是"复现"的意思。其中"调频"是要求听者在听的过程中理清话语的思路；"提问"是听者在听语过程中要有"质疑"的意识，随时发现潜在的问题，或者透过语言表面，推导出话语的真正含义，优秀的访谈者或主持人都要具备这种能力；"聆听"是在听语过程中抓住话语的要点；"复现"是记住主要内容，理顺思路，以便进一步思考和解析，从而准确有效地选择应对话语。

[①] 李海林.言语教学论[M].上海：上海教育出版社，2006：114.

听语的四个步骤 TQLR,即调频—提问—聆听—复现,用表的方式表现出来,见表 6-2。

表 6-2

缩写	名称	释义
T	turning in 调频	理清话语的思路
Q	questioning 提问	有"质疑"的意识
L	listen 聆听	抓住话语的要点
R	review 复现	记住主要内容

在此基础上,听语的训练包括 6 个要点:

(一)排除干扰

抗干扰就是口语表达者在听语过程中的排除干扰能力。在动态语境中,对信息的收集往往会受到各种各样的干扰,需要增强自己的抗干扰能力。以求职节目《非你莫属》主持人张绍刚和求职者何疆岚的对话为例:

《非你莫属》之何疆岚片段1

张绍刚:随后来北京,找了一个你说什么第三方的这样的公司,干了多久?

何疆岚:干了一年多。

张绍刚:为什么离开?

何疆岚:当时是因为我在市场部从事一些品牌合作,还有品牌拓展方面(的工作),我觉得我的这个能力已经不太满足公司的一个发展,我觉得有的时候把我放得太高了,当时我只有 22 岁。

张绍刚:把你放得多高?

何疆岚:就是所有的市场活动都是你一个人去做。当时我一个人做了我们公司的年会,然后我做完年会的时候大家反馈给我的信息也非常好,当时我觉得我有一些东西是我欠缺的。

张绍刚:这是你离开的原因?

何疆岚:对,我真的做不了。

张绍刚:那离开了之后又干吗去了?

何疆岚:然后我就找了一个在北京做执行活动方面非常强的一个公司,去做最简单的最基本的市场执行。

张绍刚:那为什么又不做了?

何疆岚:是因为我觉得现在时不我待了,我不可能再给我两三年的时间,再去学习这些执行最基本的东西,再回到一个公司。

这一段语脉推进之后,张绍刚发现没有获得最有效的求职信息,因为求职者一直答非所问,离职理由不充分,最重要的信息即她的职场短板始终被回避,看上去求职者是有问必答的,但话语中大多是干扰信息。

(二)抓住信息要点

抓住信息要点就是从话语的内在脉络出发,去粗取精,听出对方的核心观点来。很多话语的主要信息是散见在各种零散信息之中的,听者要掌握这种抓取有效信息的能力,将几个最能表明对方观点和意思的关键词抓取出来。对方表达再乱,也要找到语脉的"线头",有时可能还不止一个"线头"。切忌将自己的主观思路代替对方的思路。在前段对话中,张绍刚发现求职者顾左右而言他,回避所有对她不利的负面信息,于是以明确的语言来引导对方提供更充足和直接的信息:

张绍刚:你知道通过你在这儿说话啊,我就真的是发现了你的一个……如果我要是老板我可能会灭灯,我告诉你理由,就是你把自己说得很完美。

何疆岚:不完美啊。

张绍刚:我说的是我听了之后,你把自己说得很完美。你选择离

《非你莫属》之何疆岚片段2

职是因为时不我待,有一个宏伟的蓝图,你自己给自己做计划,你离开那个职位的原因是因为公司给你的那个位置太高了。

何疆岚:我做不了。

张绍刚:然后你做不了。让我们每一个都感觉到……你有没有自己的问题离开?

何疆岚:就是主观的能动性有点差。

韩　昌(Vamont中国区总裁):疆岚,你一定要坦诚地告诉大家,现在这份工作,你现在在这家公司为什么没有给你机会?

何疆岚:为什么说时不我待,因为可能,现在的就业环境确实是真的不允许我再给我自己很长的时间来学习了。我既然选择了在这半年之中……

韩　昌:为什么这个公司没有机会?

何疆岚:在这个公司,因为它是一个很专业的执行公司,所有的表格你都必须按照很专业的要求来,有的时候我欠缺之前所学习的,刚才我也说到了我主观能动性比较差,我不会主动去学习,这个Excle表格我必须要去学,我可能会在大家说这个东西你是该要学的时候,我才会去学。

刘慧璞(世纪佳缘副总裁):其实我最不明白的一件事是特别简单的一件事情,因

为也是一个小孩儿么,刚毕业没多久第一家老板凭什么就把你抬那么高,这很重要。

莫华璋(人生规划师):记住你是江汉艺术学校刚毕业一个礼拜,真的要解释一下。

何疆岚:我来解释一下是这样的,就您刚才问到我一个问题,就是为什么会交给我来做,是因为我很多事情确实做得不错,然后我的主观能动性不好,是因为我觉得公司已经逐渐地发展起来了,对于我23岁的这个人来说,我觉得真的已经没有办法赶上公司的这样一个发展的进程了。

刘慧璞:你等等,你才一年,你到公司多长时间,老板才开始委以重任的?

何疆岚:第十个月。

刘慧璞:第十个月,中间做了哪些事情老板非常地肯定你,这是我问的要点。

何疆岚:之前我不懂金融,在销售部实习的时候,别人打200个电话,我打400个电话,每天我……

刘慧璞:这还叫主观能动性不行吗?这叫主观能动性相当行。

慕 岩(百合网副总裁):400个电话,专业问题你打400个电话,你是别人两倍的通话量,你花多少时间吧?

何疆岚:从早上上班,9点钟上班,到下午6点钟下班。

慕 岩:一天工作几个小时?

何疆岚:包括有效加无效是可能的。

慕 岩:我跟你说,我们这个团队,如果有一个人他是其他人的两倍,他得干到凌晨一两点。

葛晓非(Fesco网络公司副总经理):如果一个初级的电话销售开始工作的时候,她没有机会跟客户聊太多,她主要是一个初步的接洽而已。

何疆岚:是这样,我之前的同事,因为他们很多都是学金融专业的,他们可能跟客户打电话时间会比较长,因为他们能跟客户聊很多东西,聊金融的,但是我什么都不会,我必须……

慕 岩:所以你说你打了400个电话,你浪费了很多销售线索?

葛晓非:她是个什么情况呢,她是一个事情有十分,她只展现最美丽的两三分。其他那些她没有展现,所以别人觉得不合常理。

徐 睿(场外点评嘉宾):有一个微妙的变化,一开始的时候老板们其实对她还很有兴趣,挺有好感的,但是现在这一轮云山雾罩之后,可能老板们要灭灯哦。

  作为播音主持专业毕业生,求职者何疆岚开始给人的印象很好,但是慢慢大家就发现,她说话选择性相当强,只说对她有利的东西。老板们纷纷从各个角度以各种方式引导她回答最关键的问题,虽然求职者始终回避不利因素,但善于捕捉信息的嘉宾们还是抓住了蛛丝马迹，获得了一些真实的信息。在听语中随时抓住信息要点并记住大意，是从说话人话语的字面出发，听出重要内容的关键。

(三)注重话语定向

注重定向就是培养定向意识。许多人口语表达凌乱，思维飘到哪就说到哪，这就造成表达无定位，信息漂移。听者面对这种情况就要做好话语定向，由表及里，听出内在联系和言外之意，避免注意力滑向无足轻重的地方。在《非你莫属》"80后海归"刘俐俐求职那期，主持人张绍刚就是找到了信息中的"抓点"：

张绍刚：从新西兰回来之后，为什么选择自考？

刘俐俐：因为高考很难啊。数学根本不会啊。

张绍刚：然后自考为什么又去考一个英语专业？因为你的英语已经在那儿待得很好了？

刘俐俐：那为什么我们要学语文呢？

张绍刚：我不知道，是我的问题你听不太懂呢，还是我哪个问题伤害到了你，使得你开始具有了攻击性。

刘俐俐：老师，我觉得是您具有攻击性，不是我具有攻击性。

张绍刚：我是从哪个问题开始有了攻击性？

刘俐俐：就是从祖国那个问题开始。

张绍刚：我真的非常不喜欢听你那样聊中国的事儿。

刘俐俐：但是您不了解我，我就是觉得我中文太差了，所以我才回国读的大学。

张绍刚：所以你在选大学的时候选英语。

刘俐俐：那是为了混张文凭。

在这一段对话中，主持人张绍刚敏感地找到了信息中的"抓点"，以激将的方式促使求职者说出了真实情况。

(四)防止超前判断

有时，听者会主观地对一些信息做出超前判断，当这些判断不是建立在客观信息的基础上时，就可能犯片面的错误。将自己的主观想法代替别人的想法是语言交流中容易出现的，听语中的防止超前就是谨防听者出现超前判断，别人没有说完之前不要武断地下结论，也不要根据以往的经验得出对别人的看法。以张绍刚和刘俐俐的一段冲突为例：

张绍刚:为什么不在那块升大学?

刘俐俐:因为在那边,就是说费用稍微有一点高。然后我在新西兰待了3年,3年之后才回国。那个时候我就觉得,中国变化好大啊,我要是再在新西兰待,我会傻掉的。因为它那边的节奏太平缓。

张绍刚:稍等,稍等,稍等,刘俐俐。为什么我和你在沟通的时候,我浑身一阵一阵地犯冷呢?

刘俐俐:在生我的气么?

张绍刚:我很少会和我的朋友沟通说"hello,你觉得中国怎么样?"这是我们自己的国家,我们待在自己家里面,还需要用大写来称呼吗?

主持人这段指责性的话语是导致求职者表现失态的重要原因,如果求职者没有"海归"背景,主持人可能不会对"中国"的称呼做出过激的反应,这就可能有对"海归"人士的一段超前判断在里面。

(五)顺应对方风格

顺应对方风格就是在听的过程中适应对方的讲话习惯。每个人都有不同的表达风格,包括有个人特点的选词、语速、语调和口音,迅速适应它才能避开干扰,顺利得到有用的信息;同时有效避免错误判断,找到与对方相应和的频道。

(六)及时反馈

反馈是控制论的一个重要概念,就是由控制系统把信息输送出去,又把其作用结果返送回来,并对信息的再输出产生影响,起到控制的作用,以达到预定的目的。听语中的及时反馈不仅可以随时交换信息,而且可以向对方显示自己认真听其讲话的积极态度,可以说是随时传递听语正能量的一种方式。听语中的及时反馈有两种具体表现:

第一种反馈是用自己的语言把听到的对方的主要观点和自己的理解,简要地概括并复述出来,这种及时反馈能产生重要效果。例如:

说话者:我加了很多班,花了大量时间泡在那个社区,做完了所有的走访和统计,可是没有人注意到,也没有人提到,有的人甚至觉得在那个阶段我没有尽力,因为我没有像他们那样待在办公室里吹空调。

听 者:就是说你的努力白费了,工作没有人知道,结果也没有得到认可。

第二种反馈就是当说话者表现出某种情绪时,听者一边听一边进行一种感觉上的顺应反射。例如:

说话者：我真是烦死了。我用了一个星期的时间说服他们，他们的方案不对，但是他们都听不进去，结果半个月以后才证明根本不可行，可这个时候我们的假期已经全都泡汤了。

听　　者：哦，那真是够烦的。

在具体的口语表达过程中，理解话语并不是简单的几种方法可以概括的，在听语中应根据不同情况进行相应的分析应用。

感悟与训练

一、悄语听辨训练

悄语听辨训练可以有多种方式，如选择一段会议讲话或外景采访的录像，音量放低，听15分钟左右，说出所听的主要内容；然后放大音量听，对照一下自己对信息的把握是否正确。

二、闹语听辨训练

在喧哗嘈杂的场所同别人谈话，可以谈一件事、一个道理，或将电视机/收音机的音量开大同别人谈话，力求听清对方的每句话，捕捉对方话语中的重要信息。

三、快语听辨训练

在日常生活中多与说话快的人对话，听清他们说的每句话；也可以请朋友快速说一段话，听后复述，看内容是否准确完整。

四、乱语听辨训练

乱语听辨这种训练比较有意思，就是找生活中那些一贯说话啰唆、条理不清的人说话，试着理出头绪，并找出乱语中的表达线索和规律。

五、方言听辨训练

方言听辨的训练方法是：找不同方言区的人聊天，尽量不使对话中断，捕捉其中的信息点，捕捉得越多越能表明你的听辨能力有所提高。

第三节　即兴口语调频训练

在复杂的人际关系中，口语表达往往担负着重要的任务，有时甚至起着决定性的作用。在一些重要的沟通过程中，如谈判、采访、心理咨询等，口语的作用更是如此。语言交流中，每个人都守着一扇只能由自己从里面开启的门，进行着属于自己的即兴口语构思。对表达者而言，只有在零距离、以契合的频率与对方沟通时，才有可能顺利打通双方的这扇门的阻隔,并且看到别人看不到的世界和意境。调频训练是即兴口语全息训练中的最后一环,也是最具有综合性的一部分。

一、交流的频道

把口语交流者和对讲机做一个类比。对讲机常用的为 16 个频道,也有 100 个频道的,各用各的频道避免相互干扰,对讲机持有者切换到对应的频道就可以与相关部门通话。西方很多国家对对讲机的频道控制比较严格,一般就 2 个频道,主要为了保证无线电信号电磁环境的干净,控制使用规范及通讯的相对安全性。口语表达者的表达也有着相同的类比环境,每个人都有自己惯用的交流频道。

(一)每个人都有不同的交流频道

口语表达者的生存环境、社会背景、文化背景各不相同,对事物有自己独特的感受和体验,反映到语言中就是反馈信息的频道。如果说话人发出的讯息频道与对方频道相悖而行,那么彼此的交流就会背道而驰,所谓"话不投机半句多"说的就是这种情况。假如双方的频道相似、平行,那么谈话就会比较顺畅和自然。如果双方的频道相近,甚至于重合,那么说者和听者就会进入情投意合的状态,所谓"酒逢知己千杯少""一见如故"就是这种情况的体现。2012 年 7 月 13 日,圆满完成天宫一号与神舟九号首次载人交会对接任务的航天员在与媒体记者见面时,就表现出了非常专业的频道使用技巧。考虑到大众的接受度,宇航员们用了通俗易懂的语言来迎合大众的频道。

"我很享受太空的工作和生活,这将是我一生最值得珍惜的回忆。"女航天员刘洋生动地向记者描述执行"神九"任务期间她在太空的感受:

太空独特的失重环境,使我时时刻刻都有鱼儿自由遨游的感受,无拘无束。所有的物品都因为失重而漂浮着、飞翔着,与地面截然不同,似乎一切都有了生命,有了趣味。无论你的身体处于什么方位,都能自如地工作和生活,这种失重带来的种种感受很奇妙。

处于远离地球 340 公里的高度遥看地球,美妙惬意。她弧段的边清晰可见,披着一层蓝白相间的光晕,阳光投射在海洋上照出深深浅浅的蓝,大地脉络分明,海岸线清晰绵长,地球是如此的美丽,这让我更加热爱并珍惜我们赖以生存的家园。

宇航员的语言表达充满诗情画意,仿佛一个老朋友旅行归来与朋友交流旅行的乐趣,听的人丝毫没有"隔行如隔山"的感觉,反而在宇航员的娓娓道来中仿佛"看到"了一个全新的世界,重新认识了一个未知的家园,既获得了信息又享受了美感。

(二)交流的频道和频率的关系

交流的频道和频率的关系是怎样的呢？还是以对讲机为例。对讲机要开通几个频道使用，就要为相应的频道设置频率，即写频。比如，要使用6个频道，就要在这6个频道中写频，这样才可以开通使用这6个频道。没有设置频率的频道就是空的频道，不能使用。

人的表达与此非常相像。可以这样理解，一个"跟谁都能聊，什么都能聊"的人，不可能是只有一个频道的人，他一定十分会变通，具有较多的可设置频道，也有较强的根据具体情况迅速调整、进行重新写频的能力。

(三)频道错位

有人讲话时仅想到自己的表达频道而照顾不到别人的频道，当双方立场、思考问题的角度南辕北辙时，就可能出现频道错位，这时不仅"话不投机"，而且还可能引发反感。错位一般指离开原来的或应有的位置，比如行政职责上就有错位、缺位、越位。

发生在上海的"钓鱼案"派生用语"他胃疼关你什么事"，话语出自某交通执法部门。某市民让一名声称胃疼的路人搭便车，执法部门定性为"非法营运"，执法者反问的一句"他胃疼关你什么事"就是官场话语体系的体现。这种缺失人文关怀的话语所代表的官场话语体系让大众非常反感，从口语表达的角度来说，这就是典型的频道错位。

二、对他人频道的发现和伴随

在交流中，如果每个人都坚守着自己的发射频道绝不让步，那么除非双方情投意合，频道恰好吻合，否则就可能出现谈话无法深入的状态。要进行即兴口语的调频练习，首先要找到他人的交流频道，对他人的频道进行一段时间的伴随，这样才可能成为一个好的谈话者。

对他人频道的发现和伴随，可以通过简单的两步来实现：

(一)寒暄

沟通是发现对方交流频道的过程。中国人有一个意味深长的交际词叫"寒暄"，就是在双方比较开放的一个境况中，试图进一步打通双方的频道，寻找交流的感觉。如果立即进入某个具体话题，交流随时有可能短路。中国人见面常聊天气、吃饭了没有、胖了瘦了，这其实就是在联络感情。这些内容在人们的生命空间中有很大的共同性，不至于遭到抗拒，其最终目的就是发现和打通彼此的交流频道。

一些有重要目的的交流，也往往是从寒暄和收集信息开始的。例如，《非你莫属》

刘俐俐一期的开场对话：

张绍刚：喜欢莎士比亚的什么？

刘俐俐：喜欢他的英雄双行体。

张绍刚：莎士比亚？

刘俐俐：对，莎士比亚的一个英雄双行体。

这一段对话仅仅是寒暄，因为刘俐俐自己说喜欢莎士比亚，所以张绍刚的话语就从莎士比亚切入。这种话题比较安全，对方一定有话说，而且不会遭到对方的反感，因为这是对方自己引出的话题。

(二) 迎合

看对方可能需要什么就给对方提供什么，这是找到频道的最佳方法，所有被命名为"会聊天"的人，都具备这个能力。例如，2012年5月27日《非诚勿扰》主持人孟非与男嘉宾黄俊强的对话：

孟　非：他说的话就让我想起不知道谁说的香港电视剧的总结，所有的香港电视连续剧，无论什么题材的，古代的、现代的、爱情的、生活的、肥皂剧、破案的，所有香港电视连续剧里面，每一集基本上都有一句台词会出现："做人啦，关键是要开心啦。"（对黄俊强）是不是？每集都有，是吧？

黄俊强：我没认真看过，我主要看江苏卫视多。

孟　非：真会聊天，我就喜欢他这样的。

《非诚勿扰》是江苏卫视的一档节目，男嘉宾的回答可能仅仅是对自我爱好的一种描述，但从话语上来说，的确是迎合了江苏卫视，因而被主持人夸为"会聊天"。

三、双方频道的契合与打通

交流是需要双方调动全部的知觉细胞才能实现的，好的引导者必定是好的跟随者。占交流主导地位的口语表达者一定是个好的跟随者。善于沟通的口语表达者面对与自己频道不相符的谈伴，应当迎上去，进入对方的频道，陪他走一段。只有双方相伴相随一段，进入同一频道，相互适应了，共知部分形成了信息场，口语表达者的讯息才能渗透给对方，从而达到交流的目的。沟通的进入状态就是在这一部分，也就是双方达成了频道的契合。

交流与沟通的关键点是双方寻求一种重合。一场谈话就是一次心灵之旅，彼此在生命空间中重合的部分越多，意义的沟通就越顺畅和快捷，所引发的回应也越深长。

例如,《非你莫属》开始时,主持人张绍刚和求职者何疆岚的对话:

张绍刚:疆岚你介意我上来之后先批评你吗?

何疆岚:可以啊。

张绍刚:观察能力差,上来之后就说谢谢台上的两位老师,今天只有一个。

《非你莫属》之何疆岚片段3

何疆岚:因为你是我的前辈,我也是播音与主持专业的,我觉得在我眼里你也是老师。他也是一位老师,你也是一位老师啊。

张绍刚:哦。

何疆岚:如果你不介意我可以叫你张叔。

张绍刚:你叫对了。我不介意,大侄女。这样吧,小何,侄女,咱们说一说找工作的事儿。哪年大学毕业的?

何疆岚:我是2009年的6月26号毕业的。

张绍刚:(20)09年毕业,这些年都干吗了?

何疆岚:因为我是6月26号拿到的毕业证,然后我6月28号就一个人提着大行李来了北京。然后这其中的7天我一直在投简历找工作,直到我7月7号正式入职到一家第三方的投资理财公司,任职这个公司的市场部的公关经理。

张绍刚:好,来了北京了,所以我再批评你一点,行为有些莽撞,对不对啊?还没找呢,就提了箱子就来了,会不会显得莽撞啊?

何疆岚:因为我年轻,我什么都不怕,就够了。

张绍刚:外面有坏人。

何疆岚:就看你怎么样去看了。那坏人眼里肯定都是坏人,好人眼里肯定都是好人,如果您的眼睛里面都是坏人的话……大家懂。

张绍刚:一般来一个女孩子,我都是万般呵护,百般关怀,结果我刚摆出这个架势,我刚这么敞开,你就在我的心口,当当地扎。

何疆岚:上来就批评我,你也不问问我什么事儿,太对不起我了,还张口一个大侄女,闭口一个大侄女的,不带这么套近乎的啊。

张绍刚在热场的时候,拿出他一贯的"挑刺"习惯,来挑求职者的毛病,但播音主持专业毕业的何疆岚却恰好不畏惧这样的"挑刺",她大概是把专业训练中的语言互动技巧都拿出来了,所以和别的求职者不一样,而是直接摆出了主动进攻的态势,迎着主持人的话语而上,引出了"张叔"的称呼,张绍刚也就将计就计叫了"大侄女"。在第一个语脉推进模式之后,张绍刚引入第二段"批评",说"外面有坏人",何疆岚还是采取了进攻的方式,指出"坏人眼里是坏人""好人眼里是好人",又掀起了一个高潮,张绍刚为了使这个高潮不掉下来，调整了话语策略，将自己置于一个略带委屈的弱者位置上，从这段对话可以看出，双方随机调整，尤其是主持人为了保持现场气氛的热烈和使话题不"掉下来"，一再迎合了对方的语言套路。这就是对话中的伴随和契合。

通过对这段语脉进程的深层分析可以看出，何疆岚一上来就说错了，她可能真的误以为两位专家都在，这时的"老师"不包括张绍刚。待张绍刚发难之后，她是情急之下想出的那么一个理由。从她的语气可以看出：急促，音调很高的反问，让发难的张绍刚觉得自己批评落空，被噎了一下。这通常是主持人的一种救场方式，就是当说错话后自己找补。这种说错话的情况有两种解决方式：一是找个理由完美地把这个错误圆回去，让观众一点看不出来；二是承认这个错误，但是非常巧妙地结合现场环境或引经据典地给自己找个台阶，同样能得到观众的认可，不致陷入尴尬。何疆岚选择了第一种方式，但也因此给自己的角色定位为泼辣有余，缺少谦和，这也给寻找职业这一终极目标蒙上了阴影。

四、对对方频道的激发与引导

找准对方的频道，还要找准对方的频道"密码"，知道对方的思维在哪个点上，才能进行有效的激发，并且引导对方走入自己的目的圈。

清华大学博士李一舟，因为在2012年5月1日《非你莫属》招聘节目中舌战Boss团，被众家企业哄抢，从而成为"最强势求职者"。求职过程中，他对Soho中国董事长潘石屹、东方风行集团CEO李静、搜狗CEO王小川等老板的产品都进行了批评，不但没有让Boss团不满，反而获得了8家企业抛出的橄榄枝。

李一舟的专业是工业设计，与互联网企业有很多接触，他说："因为比较了解，我才能回答得比较顺利。至于提的意见，也确实是我亲身体会到的东西，觉得有必要解决以求得更好的用户体验。这些调查功课，我觉得是对企业的尊重，CEO们拿出宝贵的时间不是来看选秀的，没有料就不要来了。"这是李一舟成功的关键所在。李一舟是这样"专业地聊天"的：

张绍刚：你的专业毕业了以后……
李一舟：对口的？
张绍刚：对口工作是什么？
李一舟：对口工作的话，我觉得今天在座的我特别都考察了一下，还都挺对口的。
张绍刚：比如说，你去东方风行干吗？
李一舟：我可以解释一下，李静老师，我特别喜欢您，就是……
张绍刚：别套磁，直接说。

李一舟：OK，我就说，我去您那儿我可以做什么，就是我了解一个企业有很多方式，通过了解您的产品，可以了解您的企业。就您的乐蜂网的那个软件，我已经下了，那个软件，我觉得有点儿问题。

张绍刚：说说说，她有什么问题？

李一舟：可以说吗？

张绍刚：当然了，把她批得体无完肤，说。

李一舟：其实是这样的，我第一次载入您的程序的时候，发现特别慢，但是我想这个原因，一个它代码写得不够好，第二个是因为您的程序里面有很多的图片，它会很慢，这样的话会很影响用户的体验，而且我也想过怎么样解决这个问题。

李　静：真的？那你来我们这儿吧。

张绍刚：千万不要说怎么解决问题啊！把他们的问题都说出来，并且告诉他们我都知道怎么解决。

李　静：哎，张绍刚……

张绍刚：你开玩笑，我经常说，如果求职者十八般武艺，那就活该你们弱势，对不对。我们现在把你们毛病都指出来了，说我们就有方法，用不用吧？

同样被主持人评为"会聊天"的李一舟自己说："我在上节目前的确做了不少功课，但准备的东西在节目中很多都没有被问到。做功课是我本人的习惯。"节目组工作人员说："他私底下是一个很内向的人，之所以在台上他说得很精彩，是因为他了解这个行业，说的每一句话也都在点上。他不是那种嚣张、高傲的感觉，而是就事论事地说自己了解的东西。这就是我们所谓的专业求职者。"李一舟通过做功课和"找比自己牛的人聊天"，一一激发了老板们的兴趣，打通了现场各位老板的沟通频道，赢得了很高的人气，最终获得了自己期待的岗位。

感悟与训练

一、话语频道错位判断分析

有些话，属于没有错但不好听，即"话粗理不粗"。这种"话粗理不粗"，一部分是恰当的，而另一部分则跟频道错位有关。分析下面四份材料，判断主人公的语言表达有没有错位，如果有，请替说话人把频道调整一下。

材料一　（说话人：广州马拉松赛组委会医保处长）

2012年11月，广州马拉松比赛两位选手死亡，家属索赔百万。网上大部分人不支持巨额赔偿，因为每位参加马拉松赛的选手报名前都签订了一份类似医院手术的免责协议。就是说,赛会不必无条件承担责任,有20万参赛保险理赔,但广州马拉松组委会的应对能力却受到质疑。负责医疗保障的处长曾表示:"家里就算死了一只狗或是一只猫,大家也都很心疼,我也能理解。"这话说出来后,家属们非常不满,并情绪激动地表示了抗议。

材料二 (说话人:中国体操队总教练黄玉斌)

2012年11月,中国体操队总教练黄玉斌接受采访时,对有的学校取消体操课的做法表示不满:

"日本、美国,他们的生活水平不比我们低,他们的学校都有体操课,甚至有体操队。田径是运动之父,体操是运动之母。我们现在的孩子不上体操课,就很笨拙,摔个跟头很狼狈。"

"国足队员庆祝进球只敢趴在地上,你看看德国队的前锋,身高1.8米、1.9米都敢做空翻。没练过体操,他们是不敢做的。"

很多项目都需要闪转腾挪,足球项目上对优秀运动员的一致评价是"控制身体比控制球更自如"。不是所有的人会空翻,但那些身体素质突出的运动员,比如黑人球员中会空翻的比例比其他人种要高。黄玉斌说:"体操课不一定要做专业动作,关键是培养孩子的一种能力。"

材料三 (说话人:广州增城市某官员)

2011年7月29日,年轻的消防兵姚携炜为救跳轨者而英勇牺牲,广州增城市公安、消防、新塘镇政府及当地街道等多个部门登门慰问其家人。一名政府官员递上慰问金,握着英雄父亲的手说:"恭喜你培养出这么优秀的儿子。"听到这话,姚携炜的父亲愣住了,半天没有说话。

材料四 (说话人:《非诚勿扰》女嘉宾温情)

2010年5月3日,年薪8万美金的"富二代"孙伟来到征婚现场,下面是一位名叫温情的女嘉宾与他的对话:

温情:我在VCR里面看到你抽烟,是吧?如果我能成为你的女朋友,你会为了我戒烟吗?

孙伟:我试着戒烟,但是没有戒掉。但是如果说女朋友(要求),一定戒。

温情:你会把车子送给我吗?

孙伟(表情很吃惊、很囧):?

孟非(对温情):你,你,你稍微等一会再说。

孙伟:这"送"是什么概念啊?

温情:就是送给我啊。然后你再买一辆。

孟非(对温情):而且要把这个名字过户到你的头上。

温情:必需的。

孙伟:OK,如果真是女朋友,我觉得我不会再买一个。

温情:前提是没有结婚。

孙伟:嗯……我会把车子给你,但是我不会再买一辆。

温情:谢谢。

二、话语频道隐性错位分析

话语频道错位大部分属于显性的错位,也有一些话语频道错位属于隐性的错位。家长对孩子说话,有时并非言语不当,而是如果站在孩子的角度,一些批评、鼓励、讥讽的话,以及过于担心紧张、过于关心孩子衣食住行的话等,都会引起孩子心理上的不快。对下面语境中的话进行隐性错位分析:

1."你看看,跟你说了多少遍,做题的时候看清楚点,做完检查一遍,你就是不听,现在怎么样,这三道大题全是这么扣的分!"(孩子某次考试没考好)

2."不用担心,就你的能力一定能够考上重点大学,我和你妈妈都等着你胜利的好消息。"(孩子考前表示压力大)

3."家里什么都不用你操心,你只要好好学习就行了。"(孩子想帮着干家务)

4."记住你的目标,成败在此一举。"(孩子大考前)

5."考不上大学,你以后连工作也找不到,别指望爸爸妈妈养你。"(孩子感到累想听音乐放松)

6."就考那么点儿,有什么可高兴的,你看看邻居家××去年考了600多分呢,人家从来都不说自己考得好。"(孩子考了好成绩一时高兴)

7."你别紧张,好好考,我们就在外面等你啊。"(孩子临去考试前)

微信扫码,
加入本书读者圈,
查看配套视频与课件

第七章 即兴口语审美空间的提升

在即兴口语的传播空间中,语言总是首先为了基本的生存沟通需要而被使用。语言表达主体用初始的平面语言进行叙述,在这种规范之上,才能在更广泛、精美的空间得到更多的认同。下面就从一个较高的层次体会即兴口语表达的审美提升空间。使用口语的人,在前面练习的基础上,为自己的口语进行一下美的修饰和韵味的提升。

第一节 即兴口语韵味美的提升

即兴口语中的追求韵味美,主要是即兴口语形式美的提升。口语的形式美主要指语音美。即兴口语是以语音为载体的,按照一定规律进行组接,通过对口语语音的具体组织、调度与安排,可以造成某种独特的语言音响效果,由此获得一种类似于音乐美的特殊审美价值,使口语不仅表达顺畅,而且富于美感。人们在听到话语时可以感到由语音组合的乐音化趋向带来的美的声音形象,故而引发美感。与印欧语系相比,汉语口语的普通话语音有鲜明的韵律美的特点。

一、口语表达中多用开口韵

汉语口语突出的特点是"声少韵多",有 21 个声母、39 个韵母。汉语每个音节都含有元音,或完全由元音构成,大多数音节以元音收尾,几乎没有辅音音节,更没有复辅音。韵母绝大部分由元音构成。元音发音优美动听而且响亮,一般是乐音;辅音发音沉闷,一般是噪音。汉语中的元音占优势,易于挖掘乐音潜力、制造乐音和谐。

欧美国家的一些学者给出了自己认为最美、最丑的单词,虽然每个人的审美观不同,但这些单词有一些共同之处:最美单词中辅音与元音的搭配大多比较和谐。比如 lily [ˈlili](百合),一个辅音搭配一个元音,这样的单词就比较好听,能产生美感;而 script [skript](脚本)是五个辅音搭配一个元音,这样的单词就极为拗口,美感丧失。

2007年10月,德国对外关系研究所《文化交流》杂志发起的"世界最美单词"评选大赛中,中文词"呼噜"获得亚军。"呼噜"为叠韵词,且第二个音为轻声,发起来口腔松弛轻快,给接触到它的人以无功利的美感。在以汉语为母语的大学生中进行的"你认为哪个词最好听"的调查中,一些词上榜,以下是这些词及上榜理由:

糖果:"糖(tang)"有个"ang"音,很响亮;"果(guo)"舌根音加上圆唇的"o",很清脆。

优雅:两个音节都是零声母,且均以"i"开头,乐音强,说起来朗朗上口,听觉效果好。

暖洋洋:它是ABB式词语,说起来朗朗上口。

芳菲:从音节构成上看"芳菲"是双声词,两个字的声母都是"f",说起来比较顺口;"芳"的韵母"ang","菲"的韵母"ei"都是开口呼韵母,开口度大,声音较为响亮;"芳""菲"的声调都是阴平,调值最高。

团圆:音节结构整齐,韵母的韵头、韵腹、韵尾俱全;两个音节的韵尾相同,属于叠韵词;两个音节的声调相同,都是阳平,统一工整,符合中国人审美;韵尾"-an"是开口呼,口型饱满优美,声音响亮。

叮咚、玲珑:都是双声词,发音轻巧舒服。"珑"和"咚"在发音时,口腔里面会有很大的空间,会在口腔里产生一种立体声似的共鸣。"叮咚"是拟声词,发音轻松、清脆、悦耳,仿佛真的像泉水滴下来的声音。

娃娃:是叠音词,说的时候有很萌、很可爱的感觉;"娃娃"韵母开口度大,发音时声音洪亮,朗朗上口。

这些词有个共同之处,就是大部分是开口音。它们之所以被很多人认为是"最美的词",根本原因就是它们的发音在说话人和听话人身上可以引起适宜性的生理反应,从而激发具有独特韵律感受的音韵美感。在口语表达中多使用开口音,可以增加语音的美感。

二、口语表达要注意平仄和谐

外国人常感觉中国人说话像唱歌,为什么汉语口语表达有这样神奇的音感效果呢?原因是汉语是典型的旋律型声调语言,四声变化高低分明,不仅具有区别意义的作用,而且有助于形成富于美感的乐音旋律,具有其他语言不具备的音乐性。其特点是音节内部高音和低音的升降幅度大,除阴平外,其余三个调类高音、低音抑扬交错,形成一定的旋律;每个调类都有高音成分,显得高昂清脆;每个调类的音长成一定比例,上声最长,阳平次之,去声最短,阴平次之,声音的长短交错形成和谐的节奏。除了这四个声调,汉语普通话中还有轻声这一特殊的语音现象,属于汉语语音中的动态现象。

汉语口语中音节与音节之间界限清晰,非常利于表现节奏。单音词同多音节词相比,字少意多,对话效率高;语法简单,组词造句灵活方便;可以二次造词,使新词无限增加且不会引起表达语义的速度变慢。口语中双音节词占优势,如果再加上四音节词的使用,两两成对,自然和谐,可以增加语势,避免语言单一枯燥,强化节奏感。

老舍说:"'张三李四'好听,'张三王八'就不好听。前者是二平二仄,有起有落;后者是四字皆平,缺乏抑扬。"[①]"张三李四王二麻子"之所以成为汉语口语中的一个惯用语,因为从音韵美的角度它是"平平仄仄平仄平仄",最符合口语语音的美学规范。如果口语语音组合背离了这样的节律,便会从形式上破坏语言的美感。

有外国学生在对外汉语教材中找到一段对话,对汉语口语的表现力提出质疑:

甲:火车是几点的?

乙:11点。

甲:现在已经10点半了。

乙:真糟糕,我要赶不上车了。

外国学生提出,"真糟糕"三个字的声调都是阴平,在表达晚点时过于温婉,表现不出说话人的焦急心情。他以此询问中国学生,却得到了截然不同的看法。中国学生普遍认为"真糟糕"是对外汉语教学中为了规范词汇学习而使用的书面语,而汉语的口语表达中有很多种表现方法可以绘声绘色地展示心情、宣泄情绪,如"完了!完了!""坏了!坏了!"不仅可以有阳平调和去声调,而且还可以加上汉语独特的回环重复,表示加重情感。因此,从音势上说,汉语口语的表现力是十分出色的。

三、联绵词、叠音、押韵和拟声词的妙用

口语表达中有大量的音节重叠、双声、叠韵以及双声叠韵的变音,联绵词是双音节语素的一种,由两个音节连缀成义而不能分割,形成汉语音节富于审美表现力的结构形式。双声叠韵词的存在为汉语语音形成乐音提供了有利条件。汉语的双音节词声母相同,构成重复的乐感,两个音节的韵脚相同谓之叠韵。前面提到的"最美的词"中,"芳菲""团圆""叮咚""玲珑"都是联绵词。双声叠韵使口语具有音乐美的特殊作用,口语词汇调取组接时注重双声叠韵长韵短声互相配合,遥相呼应,加之平仄相间,就能使

---

① 老舍.对话浅论[J].人民文学,1950,2(2).

声音回环荡漾,波澜起伏,充满和谐的韵律美。

相同音节叠用叫叠音,声韵相同的字叠用能增添语言的音乐性,强化词语的形象性,增加某种特殊的情趣,使表达更为生动,如"娃娃""暖洋洋"。王力先生认为叠字法"好像在语言里加上了鲜艳的色彩"①。叠音能帮助调整音节,既渲染了气氛,又增强了语言的动感。叠音音节发音简单,使听觉得到一种回环往复的语音美感。叠音词还能表现亲切、爱怜的情感,中国孩子的小名绝大多数由叠字组成,一些网络直播热词,如"皮皮虾""小拳拳"是叠音,甚至一些针砭时弊的流行语也很热衷于叠音,如"范跑跑""楼脆脆""躲猫猫"等,在嬉笑怒骂之中还不忘夹杂着一份玩笑与轻快。汉民族方言更是叠音的发扬光大之地,如单音节形容词加上叠音习惯搭配,"黏糊糊""甜滋滋""胖墩墩儿""凉丝丝"等,说起来顺声适口。

押韵是在口语表达中韵腹相同,韵尾大致相同,使发音相同或相近的词以某种方式相互呼应,有赋予语言音乐美的作用。汉语口语大多数音节以元音结尾,便于延长;音节同声、同韵现象很普遍,便于押韵。回环、同音相应,给人以自然和谐、流畅通顺、谐调悦耳的美感。押韵大量表现在曲艺艺术(如相声、小品、快板、三句半等)中,如春晚相声剧《爱的代驾》:

本山变大叔,阿敏变大姑,特别是蔡明那张脸,原来是鸭蛋,现在一看成了核桃酥。

押韵是同一韵在同一个位置上不断回环往复,可以帮助情感的强调和意义的集中。用"十三辙"来划分,这里压 u 韵,合的是"姑苏辙"。口语的押韵保持着如人的心跳般的节奏与变化,节奏感强,增强了感染力。押了韵的口语使语言张开了翅膀,从口语的领域飞进音乐的世界。

拟声词是人们用发音器官模拟客观世界音响而形成的词,可以产生奇妙的言语效果。汉语拟声的美感效用别具韵味,拟声词可作多种词性使用,使语言表达形神兼备。

你自己在那儿嘀咕什么呢?

下午比赛,一定把他们打个稀里哗啦!

这个邻居太吵了,哪次回来都是叮叮当当的。

口语中还可以用一些主观色彩很浓的音节去模拟声音或状态,不仅绘声绘色,而且可以表达不同的喜好。如:

她们几个凑在一起就叽里呱啦的,全是八卦。

她老是在电话里叽里呱啦,没几句有用的,看到她的来电就头疼。

---

① 徐丹晖.语言艺术探索[M].北京:北京广播学院出版社,1999:224.

这里的拟声词或多或少带有一点贬义色彩。第一个"叽里呱啦"表示大声交谈,第二个表示喋喋不休,除了拟声还可表达一种不舒服的心理状态。拟声词在口语里很有表现力,由于组合关系合理,易于即兴创造,给口语使用者带来了无限的使用空间。

四、口语中语调的和谐变换

语调是口语中用以表情达意的声音的高低变化和快慢轻重。对于缺少语法标记的汉语来说,很多语调起到了其他语系中"后缀"的作用。

多变的语调不仅可以带来丰富的表现力,而且给口语增加了特殊的乐音美。语调是增强口语表现力的重要手段,其作用在于表达句子的感情色彩。通过抑扬顿挫、轻重缓急的变化,可以表达复杂的内容和不同的感情。"锣鼓听声,说话听音",有声语言的弦外之音往往通过语调表现出来,人们思想感情的丰富细腻,使说话语调呈现出千变万化。正如英国作家萧伯纳所说:"说一个'是'字有50种方法,说一个'不是',有500种方法,可是写下来却只一两个字。"语调不仅强化了说话的内容,也体现了说话者的心境和态度,对于增强口语表达效果有着积极的作用。

抑扬、顿挫、轻重、缓急是语调的四大要素,综合运用它们就会使语调变化丰富,使口语犹如一串自然优美的音符,充分表现出口头语言的魅力。在书面语里,可以用问号、感叹号来表示语句的不同类型和语气,而在口语中就要运用不同的语调表明语句的类型和语气:

升调:表示疑问、反诘、呼唤、号召、鼓动、惊异、申斥、责备、警告等语气。

降调:表示肯定、坚决、自信、感叹、祈使、祝愿、赞扬、悔恨、回忆等语气。

平调:表示庄重、严肃、悲痛、悼念、思索、踌躇、冷淡、厌恶等语气。

曲调:表示夸张、反语、诙谐、幽默、讥笑、嘲讽等语气。

口语语调的调配中还包括语句顿挫表现出的停顿美。停顿不是一种孤立的语言现象,而是和其他表达方式连续交互运用的,是对说话节奏的特殊处理。口语中的停顿分语法停顿、逻辑停顿和感情停顿。语法停顿是显示句子各种语法关系的停顿;逻辑停顿是为了突出强调某一事物或显示某种语意的停顿,往往与逻辑重音相伴出现;感情停顿是根据感情的需要所做的停顿。感情停顿的间隙,会让人感受到更丰富的内涵。相声大师侯宝林先生就很善于运用这种艺术,他在说相声时谈到相声演员的素质:

说相声最起码的条件/得会说话。

可以想象,话语里带来幽默的"包袱"就源于这个停顿,如果没有这个停顿,直接说成:

说相声最起码的条件得会说话。

少了一个停顿,没给听众留下预想的空间,也就少了预想落空的反逻辑的幽默美。

说到语调,还要说说音势。音势是说话时声音的强度和力度。口语中运用重音的目的在于显示词语的主次关系,轻重适宜能使语意分明,声音色彩丰富,语气生动活泼。同样一句话,重音的位置不同,表达的意思也就不同:

我又没有说你什么。(别人说的,你不要怪到我头上啊。)
我又没有说你什么。(我说的是别人,不是你,不要误会啊。)

口语的一大特点就是通过语调变化表达不同的意思,由于汉语语音的表意作用,有时重音的表达与说话本身完全是相反的意思。例如,"你可真能干!"这句话中的"真能干",用上重音再加上曲调就表示反意。这种通过重音正话反说、反话正说的特殊表达方式也是形成幽默的重要手段。

总之,顺应语言的规律才能创造出优美动听的口语。

感悟与训练

一、"最美的词"解析

有些词有"美"和"丑"之分,除了前面提到的那些词,还有一些也是在调查中得到的"最美"词语,分析一下这些词语为什么也被认为是美的词语。同时,找出你自己心目中的"最美的词",分析一下你为什么认为它是美的。

婀娜　曼妙　窈窕　潺潺　璀璨　余音袅袅　嘀嗒　悠悠球　毛茸茸
嘟嘟囔囔　叽里咕噜　抱抱　嘀嘀咕咕　布丁　咕咚　扑通

二、拗口词分析

人们常有这样的体会,有些字词连在一起说的时候特别拗口,容易说错,除掉语境和心理因素之外,跟词语本身的发音构成也有关系。下面是调查中人们提供的一部分"最丑的词",分析一下为什么人们认为它们是拗口的。同时,找出你自己认为拗口的词,分析一下它为什么拗口。

戍戌　逡巡　魑魅魍魉
crispness [krɪspnəs]
lightning [ˈlaitniŋ]
spring [spriŋ]

respectful [rɪˈspektfəl]
scratch [skrætʃ]

第二节　即兴口语的韵外之致

即兴口语表达中充满了表现主观色彩的意味。对于重意态的汉语来说，一些口语词虽然有着确定的字面意思，但同时也会引发许多闪烁不定的联想义，因为口语的本质就是由词语的多种含义相互交织而形成的语义结构。绝大多数民族的日常口语和其他实用性文本的语义结构是单一、清晰和透明的，但由于汉语口语独特的高语境和重意合的特点，使得它与其他民族的口语有着显著的不同，常常表现为口语语义的多重性和复杂性。

一、习用语的妙用

习用语是我们日常口语中使用的一些相对固定的短语或句子，作为一个整体用来表达某个完整的意思或某种态度。它们在口语中由临时自由的组合演变成了定型的、现成的语句，具有熟语的性质，称为口语习用语。如：

怪不得我老觉得你有事瞒着我，原来是这样啊！
又来了，你每天都说这个，有什么用啊！
这个人，动不动就大惊小怪的。

"怪不得"表示由于知道了原因而忽有所悟，"又来了"是对某种言论或现象的反复出现表示厌烦，"动不动"指经常性地干个什么事。口语中的习用语非常多，如"犯得上""犯不上""说得过去""说不过去""有的是""巴不得""不见得""就是了""话又说回来""说来话长"等。这些习用语具有很强的自由组合能力，可分为能单独使用的和不能单独使用的两类。可以单独使用的有插入语，如"不瞒你说""说来也怪""老实说"等；还有常单独成句的"可不是吗""可也是"等；还有复句或者小句形式的"不管怎么说""事到如今""一没偷二没抢""千不该万不该"等。这些习用语经常在口语中变化、派生和扩展，给口语表达增添了无限的意蕴和情感色彩。

二、即兴口语中的复义性和模糊美

复义性即口语表达的意义可能是多重性的，在有限的语言空间里容纳着多种意义,听者可以从不同角度、不同层次加以理解,这种意义还可以是不断生成的。任何一种先进的语言都具有复义性,但汉语口语中的复义性比其他语言复杂,几乎无处不在。口语大多数是靠情绪来表达态度,而不是靠准确来表达内容的,因此,语言高手能随机创造出浑然天地的表达方法。在第四章中的"言语缺失的艺术化规避"部分就涉及了口语表达语词的模糊使用。

口语的模糊是复义性的重要表现,它的具体表现是绕着圈子达到目标,有些话不能直言便拐弯抹角。语言的含蓄往往跟语境和话语对象有着重要关联,修辞上的比喻、借代、比拟、反语、夸张、双关、歇后语等都能达到含蓄的目的,也可以充分利用语言模糊性的特点,使用外延边界不清或内涵极其笼统概括的语言来表达。

模糊语言指外延不确定、内涵无定指的弹性语言,它是克服语言表达局限性的一种有效手段,语言有限的表达力和客观世界无限的丰富性这一对矛盾决定了模糊语言使用的必要。2012年5月27日《非诚勿扰》中男嘉宾黄俊强在VCR中展示了自己每星期都要做美容,他跟七号女嘉宾有这样的对话:

七号女嘉宾:男嘉宾你好,我首先想说一下,我不是说女生该生活得多么精致,男生该生活得多么粗糙,但是你每天敷面膜,然后每星期去做美容,然后你觉不觉得这太……反正我知道我管这样的男的称为"水一样的男人"。(笑声)就是……你觉着是不是你过得太……那个什么了?

孟　非:你懂她的意思吗?

黄俊强:我懂得她那个什么。(笑声,掌声)

加点的部分,结合上下语境大家都能听出是什么意思,但这些意思如果用准确的语言说出来,一是表达起来比较麻烦,二是说出来可能不太好听,所以男女主人公都用了模糊语言来表示,不仅彼此心知肚明,而且观众那里还收到了很好的传播效果。由此可见,模糊性的语言有很强的表现力,它所传达的信息往往由外围语义成分承载,以简洁、凝聚的表层形式包含丰富的深层语义,表达多层次的内容,荷载最大的信息量,从而使语言有了更强的表现力。

三、即兴口语中的智性艺术对接

即兴口语使用中异乎寻常的、出其不意的表达,称为"反常合道"。"反常"是不合常理常规,用语别出心裁;"合道"指不脱离内在事理,即这种别出心裁是合乎规律的,令人感受奇特而又合乎情理。口语表达往往要随着生活的发展不断出新,与时俱进。2010年冬运会,韩乔生和英达的解说组合为中国队与芬兰队的女子冰球比赛增加了

不少看点,他们不失时机地将数据知识转换成妙趣横生的"软描绘":

韩乔生:芬兰是冰球界的巴西,在冰上跳着桑巴舞。

……

英　达:这个队员,接受了双规。

韩乔生:就是在规定地点接受规定两分钟时间的处罚。

……

英　达:你看他们的衣服,和俄罗斯队的队服都有些相似,我甚至一度怀疑就是中央陆军俱乐部的队服,仔细一看不是,金字写的俄罗斯。

韩乔生:他把那徽一换就行了啊!符合节约、低碳、环保、绿色、减排……

英　达:哎呀,幸亏没请韩老师给他们当球队经理,不然就穿着训练服参加奥运会来了。

……

韩乔生和英达解说冰球,一个是韩大嘴,一个是导演加笑星,如果说冰球场像是一个盛着运动员意志、速度和聪明才智的容器,两人的解说则像冒着泡的可乐,让欢乐伴随激烈的运动不断充盈。再如,黄健翔和李承鹏解说欧洲杯奥地利对克罗地亚一场时:

李承鹏:不好意思,又要说一下中国对澳大利亚的邵佳一的那点球,也是中路,想贴着地面踢勺子,脚法没掌握好。

黄健翔:结果踢成了叉子。

在荷兰对意大利一场,两位解说员说到有些队员某些技术不精,比如××不会头球,×××不会铲球等,李承鹏说:

就像马明宇,不会头球,一场比赛下来,全身衣服脏兮兮的,可发型还没乱。

智性对接在艺术性的口语表达中可说是无处不在,时时常新,有着巨大的生命力和与时俱进的特征。口语中的"趣"就多生发于智性的艺术对接,主要在智性因素中催生,它的呈现往往具有突发性,在人们意想不到处突然抖出一个"包袱"或其他"有意味的形式",在突然间凝聚人们的思维。

大跨度的语词使用方法可以体现口语智性对接的特点。相声大师马三立就留下了很多经典的单口相声"现挂"语料:

我不用减肥,我没地儿减了。再减,就剩猴儿架子了。(一指赵忠祥)他胖,他的袜子也能给我改个背心。

"袜子"如果改成"补丁",由于跨度小,就没有那么强的笑料,但是改成"背心",由于特殊对接,就给听众带来了意想不到的乐趣。没有智性对接,许多口语艺术形式就无法存在,以"反逻辑"作为主要现场效果的相声就是这样:

这个礼拜下了两场雨,一场三天,一场四天。

我喜欢吹笛子,我告诉我老婆,我死的时候把笛子一块和我埋了;我喜欢二胡,我告诉我老婆,我死的时候把二胡一块和我埋了;最近我又喜欢上了编钟……我老婆说:"国家好容易刨出来,别埋了。"

晚上睡觉没被窝,身上盖个创可贴。

人干点好事总想让鬼神知道,干点坏事总让鬼神不知道,我们太让鬼为难了。

这是郭德纲相声里的句子,这些表达方法由于打破了惯常的语言组接形式而带来了出人意料的爆笑效果。"通感"也属于智性对接,通过一种心理上的错觉造成语言搭配上的变异。

口语历来奉行应用的多元化和欣赏的差异性,现代人常说"生动有趣","趣"是和"生动"联系在一起的,浓郁的生活气息、多样化的生活方式以及深厚的文化积淀,使得口语在表达时素材无限,可以海阔天空。口语变异性就是造成生动有趣的重要手段之一,其理论根源是语言的陌生化。

四、即兴口语的陌生化

在口语表达中通过对语言的扭曲、变形、重新组接,通过一种不同寻常的特殊的表达,可以重新恢复人们对语言本身的感觉。口语是博大精深的,可以用多种方式来表现同样的含义。语言的发展有生命力,它与人的生活态度、思维方式和心灵感受紧密相连。当一个熟词引起审美疲劳时,就会有千千万万个"生词"从博大精深的口语运用中涌现出来,弥补语言表现力的不足,不仅丰富了日常沟通,还给口语使用带来意想不到的美感体验。

很多口语的变异是把人的内在体验化为可感性、具象性较强的外部感觉。如形容人脸型的口语用词:

椭圆脸　　鸭蛋脸　　国字脸　　猪腰子脸　　鞋拔子脸

由一个纯表形的词到某个别致的物体,再到一个形象化的汉字,再到两个与"脸"风马牛不相及的东西:猪器官和提鞋用品。由于这种感觉的传输是不等量的,越是这样越是一步步达到了陌生化的效果。

口语仅仅要想实用,达到交流的目的即可,然而要达到艺术化表达的境界,就要鼓励新词"侵略",强调古为今用、洋为中用。最具陌生化美感的,历来属于那些最具变异性的语言。以郭德纲的相声语言为例:

怎么跟您形容他的这个长相呢?烤白薯见过吧,刚烤的、好的,拿在手里太烫,一不小心没拿住,掉地上了。那边呢,跑来个小孩,穿钉子鞋,一脚踩这块白薯上了……他这脸就跟这会儿这块白薯似的。(捧哏:他这长相能编出一个故事来。)

再如,白岩松解说里约奥运会开幕式的语言:

中国体育代表团的"鸡蛋炒西红柿"的入场服装,还可以吧,毕竟很多中国人学会炒的第一个菜就是西红柿炒鸡蛋。

在爱沙尼亚的队伍中有三胞胎姐妹。30岁,将参加马拉松比赛,天哪,三胞胎参加马拉松比赛,如果她们一人只跑一段儿,还以为是一个人跑的。

语言在传递信息的同时,还可以作为审美媒介提供充满趣味的意象引起人的美感。汉语口语由单音节字组成,表达力与仿声力极强,具备了印欧语言所没有的海纳百川的能力,给即兴口语的使用提供了取之不尽的资源。作为即兴口语表达者,不仅使用语言来表达意思,而且在使用中将自己的语言潜力充分发掘与创新,也是发现美、表达爱的重要方式。

感悟与训练

一、即兴口语陌生化练习

下面有几组口语的普通表达和陌生化表达,对照体会一下这几种表达方式有什么不同:

天太冷了,冷得都结冰了——天太冷了,冷得我的思绪都凝结了

她美得像花——她美得像茶——她美得像玉——她美得像青花瓷——她美得像法语

他累得像一摊泥——他累得像一只蚯蚓

模仿这种陌生化表达的样式,根据下面的提示做口语陌生化创新练习:

他长得太丑了——

她长得太瘦了——

他是最棒的——

他是个特别的人——

他的裤子太肥了——

她做饭很差——

他心里乱得像一团麻——

他忙得像没头的苍蝇——

这片地里的郁金香开得真好看——

他笨得像头猪——

二、积极词语与消极词语

如果在两分钟内,要求你随意写下尽可能多的表示情绪的词语,你会写下哪些词呢?

结果,很可能让你与美国宾州大学应用语言学副教授罗伯特·施劳夫一样感到吃惊。无论文化和年龄的差异,人们所使用的词语中,表示消极情绪的词要比表示积极情绪的词多得多。为什么会这样呢?这是否意味着人类和人类生活本身就是消极的呢?

积极词语如:青春 活力 幸运 活泼 轻盈 甜美 纯净 休闲 关爱

消极词语如:衰老 消沉 负担 义务 责任 隐患 遗憾 制约 打发

就人们的口头禅来说,负面以及中性的口头禅占绝大部分,积极向上的口头禅所占比例较少,可能消极语言更能给说话人留下深刻印象从而被调取出来。但是,消极词语用多了会给整个对话乃至人们的情绪带来负面的影响。请找出你的语言中消极的部分,分析一下,并试着用积极的词语来替代,也许你的生活就会随之发生改变,并改变周围的人。